Glaubensfragen

Roger Schutz
Die Gewalt der Friedfertigen
Band 421   128 Seiten   2. Aufl.

Marc Oraison
Der Buchstabe tötet
Band 417··   192 Seiten

Johannes B. Lotz
Erfahrungen mit der Einsamkeit
Band 420·   144 Seiten   2. Aufl.

Helmut Thielicke
Die geheime Frage nach Gott
Band 429·   208 Seiten

Hans Urs von Balthasar
Klarstellungen
Band 393·   192 Seiten   2. Aufl.

in der Herderbücherei

Nachschlagewerke

in der Herderbücherei

Herderbücherei

Band 441

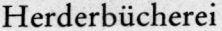

Über das Buch

Schon mancher Denker ist an dem Versuch gescheitert, Gott so schlüssig zu beweisen, daß man den Beweis für seine Existenz schließlich klar auf der Hand liegen hätte. Daß derartige Versuche verfehlt sind, müssen besonders heute alle die Menschen erfahren, für die Gott keine greifbare Realität mehr ist, die aber dennoch Suchende sind und vielleicht bitter unter ihrer existentiellen Richtungslosigkeit leiden.

Wenn Gott schon nicht im empirischen Sinne bewiesen werden kann, so können doch Wege zu ihm aufgezeigt werden, so kann doch die Haltung eingeübt werden, die für ihn offen macht. Damit ist das Anliegen dieses Bändchens gekennzeichnet. Der Autor zeigt an der Person Jesu auf, daß der heutige Mensch, um Gott existentiell erleben zu können, das meiste vergessen muß, was er über Gott gehört hat. Statt dessen bietet er einfache Betrachtungen an: wie Jesus gesprochen hat, wie er die Haltung der Liebe, der Demut, des Erbarmens verwirklicht hat, wie er geschwiegen hat und so fort. Bei all diesen Betrachtungen zeigt er, daß sich in Jesus einerseits Menschlichkeit erfüllt hat, daß bei ihm zugleich aber die Grenzen des Nur-Menschlichen gesprengt sind. Diesen Weg mitzugehen lädt der Verfasser ein.

Über den Autor

Ladislaus Boros ist 1927 geboren, studierte Philosophie in Szegedin, Innsbruck, Chieri und promovierte an der Universität München. Die theologischen Studien – er trat dem Orden der Gesellschaft Jesu bei – absolvierte er in Belgien, Frankreich und England. Seit 1959 ist er in Zürich in der Redaktion der „Orientierung". 1963 Lehrauftrag für Religionswissenschaft an der Universität Innsbruck.

Ladislaus Boros

Der anwesende Gott

Jesus menschlich betrachtet

Herderbücherei

Veröffentlicht als Herder-Taschenbuch
Lizenzausgabe
mit freundlicher Genehmigung des
Walter-Verlag AG Olten und Freiburg i. Br.

Inhalt

Einleitung

Dieses Buch wendet sich an Menschen, die – aus welchem Grund auch immer – in einer ‚Gottesferne‘ leben. Es können Menschen sein, für die selbst das Wort ‚Gott‘ leer, inhaltslos geworden ist. Es können Suchende sein, die bitter darunter leiden, keinen Weg zu dem zu finden, in dem sie die Erfüllung vermuten. Es können schließlich auch Christen sein, die in einem schrecklichen Augenblick entdeckt haben, daß Gott nicht mehr im Mittelpunkt ihres Daseins steht, daß ihr Leben oberflächlich, ohne wirkliche Tiefe, existentiell ‚gottlos‘ geworden ist. Obwohl es ein philosophisches Buch ist, setzt es keinerlei fachphilosophische Bildung voraus. Nur das ‚unruhige Herz‘. Nur die Erfahrung der eigenen Unzulänglichkeit und der existentiellen Richtungslosigkeit. Hingegen sollen sich jene Menschen vor diesem Buch hüten, die selbstzufrieden sind. Es wurde nicht für sie geschrieben.

Gleich zu Beginn möchten wir den Leser beruhigen: Es werden ihm hier keine Gottesbeweise vorgelegt. Das Anliegen dieser Schrift ist wesentlich bescheidener. Sie will von der Lebenserfahrung unserer Zeit aus, die sich im existentiell-personalen Denken auch einen philosophischen Ausdruck geschaffen hat, Wege zu Gott bahnen. Es geht hier also nicht darum, die alten Gottesbeweise durch neue zu ersetzen. Wege zu Gott bahnen heißt nicht notwendig Gottesbeweise erarbeiten. Der ‚Weg‘ ist eine logisch und syllogistisch kaum aufschlüsselbare Wirklichkeit, also eigentlich kein Beweis. Er ist vielmehr ein Ursymbol menschlichen Daseins. Er besagt Ausgang, Anstrengung, Hindernis, Suchen, Finden und Heimkehr. Wege zu Gott sind demnach nicht so sehr Gedankenübungen als existentielle ‚Einübungen‘, die persönliches Nachvollziehen verlangen und erst in einem solchen Nachvollzug verstanden werden. Sie werden eigentlich erst zu ‚Wegen‘, indem man sie persönlich, einsam, Entscheidungen treffend durchwandert.

In den zehn Abschnitten dieser Schrift soll etwas unternommen werden, das auf den ersten Blick befremden mag: eine philosophische Erforschung der Existenz des Menschen Jesus. Wir möchten einmal den Versuch wagen, die Gestalt Jesu in Begriffe menschlichen Denkens ‚einzufangen'. Wir wollen zeigen: Es gab einen Menschen, der nicht nur vollkommener und menschlicher, sondern grundsätzlich anders lebte als wir alle. In einem konkreten, geschichtlich kontrollierbaren Dasein wurde das offenbar, was wir in der Tiefe aller Tiefen vermuten, was uns näher ist als wir selbst, Gott. Der Ausdruck ‚Gott' soll uns in diesem Zusammenhang nicht stören. Wir wollen damit zunächst nur eine letzte Tiefe des Seins bezeichnen. In diesem Sinn ist fast niemand ein Atheist oder ein Ungläubiger. Denn die wenigsten werden sagen: Das Sein ist ohne Tiefe, es ist reine Oberfläche. Die letzte Tiefe, das Innerste aller Innerlichkeit, hat sich in einem jungen Mann aus einem fernen Flecken, aus Nazareth, vollkommen verwirklicht. Eine ungeheure Behauptung! Denn wir wissen: Niemand von uns hat die letzte Tiefe je ausgelotet. Wenn es dennoch jemandem gelang, so muß er völlig anders gelebt haben als die Menschen überhaupt. Um zu zeigen, daß in Jesus die letzte Innerlichkeit allen Seins offen geworden ist, müssen wir ihn zunächst einmal so anblicken, als ob er nur ein Mensch und sonst nichts gewesen wäre. Diese unsere Bemühung, Jesus so zu verstehen, wie wir alle sind, wird scheitern. Bei den einzelnen Überlegungen dieses Buches wird uns jenes Seltsame und Erschütternde widerfahren, von dem uns Paulus berichtet: „Ich verderbe die Weisheit der Weisen. Den Verstand der Verständigen mache ich zunichte." Wir wollen also in dieser Schrift nur das eine zeigen: daß und wie unsere menschlichen Begriffe an Jesus von Nazareth versagen[1].

Indem wir das Scheitern unserer Philosophie an Jesus erfahren, begegnen wir dem Ganz-Andern, der letzten Tiefe aller Wirklichkeit. Das menschliche Sichabmühen und Scheitern wird für uns – hinter der konkreten Wirklichkeit Jesu oder vielmehr durch sie hindurch – den Bereich des Göttlichen offenbaren. Im Brennpunkt der einzelnen Versuche wird sich das Nicht-zu-Fassende, das Menschlich-nicht-Erreichbare abzeichnen. Darin werden wir jene existentielle Erschütterung erleben, durch die wir Gott gegenübergestellt werden. Es ist für den menschlichen Verstand eine große Bestürzung, zu erfahren, wie all seine Wege zu Jesus im Ungreifbaren, in Gott münden. Um aber Gott in solcher Weise zu erleben, muß der heutige Mensch wahrscheinlich das meiste vergessen, was er über Gott gehört hat, vielleicht sogar seinen Namen, damit er des unfaßbaren Geheimnisses inne wird, das sich hinter diesem Namen verbirgt.

Doch möchten wir die Erwartung des Lesers nicht allzu hoch spannen. Die einzelnen Abschnitte dieser Untersuchung vermögen, je für sich, keine hinreichende, fraglose Sicherheit hervorzurufen; ihre Verbindung, ihre Konvergenz, ihre ,Bündigkeit' erzeugen aber eine Gewißheit, die den Sicherheitsgrad der Einzelerkenntnisse überragt[2]. Daraus erhellt, daß die Logik dieser Untersuchung keine ,fortschreitende', sondern eine ,einkreisende' ist. Der eigentliche Fortschritt der Gedankenführung vollzieht sich nicht im Buch selbst, sondern im Leser, indem er die einzelnen Versuche zusammenschaut, sie in personale Entscheidung umwandelt und so, in einem individuellen Entschluß, zur letzten Wirklichkeit Jesu, zu Gott durchbricht. Der Leser wird also gebeten, die einzelnen Hinweise zu überblicken, um – im echten Mitphilosophieren – zur existentiellen Synthese, zur personal errungenen Ineinssetzung der Teilaspekte zu kommen. Die einzelnen Abschnitte sollten deshalb ,durchmeditiert' und darum im Abstand von höchstens (für andere Leser: mindestens) einer Woche gelesen werden. Die Meditationen dieser Schrift stellen keine bereits ausgearbeitete These dar. Sie wollen eine neue Denkmöglichkeit eröffnen, einen neuen Weg für unsere Theodizee bahnen. Die aufgezeichneten Gedankengänge können ,auf dem Papier' gar nicht vollendet werden. Sie erlangen ihren Abschluß erst, indem sie sich im Leser, der dadurch zum Mitverfasser wird, in eine gelebte Daseinshaltung umformen.

Bündig ausgesprochen: Die nachfolgenden Versuche wollen nur zeigen, *daß die Begriffe unseres menschlichen Denkens an der Wirklichkeit Jesu versagen und wie, gerade im Scheitern unserer Denkbemühung, Jesus zum existentiellen Weg zu Gott wird.*

Es handelt sich bei diesen Entwürfen nicht um die Arbeit eines Fachexegeten, obwohl der Verfasser darauf bedacht war, sich möglichst genau an die in den neutestamentlichen Quellen gezeichnete Gestalt Jesu zu halten. Während der ganzen Arbeit leitete und stärkte ihn jedoch die Überzeugung, daß die Person Jesu im Evangelium auch dem einfachsten Menschen offensteht. Die gewöhnliche Umgebung Jesu war ja der Kreis der einfachen Leute, der Armen und der Bedrängten. Solche Versuche dürfte man eigentlich erst am Ende eines langen, stillen, der Betrachtung Jesu gewidmeten Lebens schreiben. Wenn sie unvollkommen oder gar oberflächlich sind, so hat sich der Verfasser wahrscheinlich zu früh an die Arbeit gewagt und bittet deshalb den Leser um Geduld und Nachsicht.

Es werden in diesen Betrachtungen einfache Fragen behandelt. Etwa: wie Jesus sprach; wie er jene tief menschlichen Haltungen verwirklichte, die wir Liebe, Demut und Erbarmen nennen; warum er keine Reue zeigte; warum er nicht nach Menschenart (das heißt in die Dunkelheit hinein) glaubte und hoffte; wie er schwieg; weshalb er in der menschlichen Daseinssphäre ‚fremd‘ war. Wir werden bei jeder dieser Fragen erleben, daß er dermaßen anders war (anders liebte, sprach, Demut und Erbarmen vollzog und so fort), daß sein Wesen die Grenzen des Nur-Menschlichen sprengte. Dieses Anderssein Jesu ist für uns, Menschen des zwanzigsten Jahrhunderts, nicht leicht zu erleben. Tausendfach wurden Worte, Parabeln und Handlungen Jesu ‚wiederholt‘ und ‚beredet‘, so daß man das eigentliche Wesen oft nicht mehr leuchten sieht. Unsere Kenntnis von Jesus ist weitgehend zur Schablone geworden, unlebendig und starr.

Es hat sich ein Klischee von Jesus gebildet, das nur wenig mit der Gestalt zu tun hat, die uns die neutestamentlichen Quellen schildern. Wer Jesus heute genau sehen will, muß den Blick langsam einüben, muß erleben, wie das menschliche Denken bei ihm ständig an eine Grenze gerät. Jeder Schritt verliert sich im Unbegreiflichen, im Unfaßbaren, das alle Gedanken übersteigt. Langsam zeichnen sich die Linien seines Wesens ab. Sie münden alle miteinander im Unverstehbaren[3]. Wenn der heutige Mensch Jesus von Nazareth in seinem eigentlichen Wesen erfassen will, muß er viele Gewohnheiten abstreifen: das ‚ungenaue Lesen‘, das die Existenz Jesu von vorgefaßten Schemata her zu verstehen sucht, die ‚eingeübte Sprache‘, die mit ihrer klischeehaften Begrifflichkeit das Eigentliche des Daseins Jesu mehr verdeckt als offenbart, das ‚verzeichnete Bild des lieben Heilands‘, das ihn oft voll von Gefühlsseligkeit darstellt und sein Geheimnis in die sentimentale Durchschnittlichkeit umdeutet. Alles Unechte, Gewohnte und Verniedlichte sollte er wegtun, bis er fühlt, wie beunruhigend und geheimnisvoll Jesu Dasein im Grunde war. Wir vermögen heute Jesus vielfach nicht mehr zu ‚sehen‘ und zu ‚hören‘. Das kann jedoch aus keinem Buch gelernt werden, denn es setzt eine radikale Umkehr des Denkens und der Existenz voraus.

Es ist durchaus möglich, die ‚Gottfremdheit‘ des heutigen Menschen als ein Werk der göttlichen Vorsehung zu deuten. Sie ist wahrscheinlich nichts anderes als das ‚Wachsen Gottes‘ im Geiste der Menschheit. Die seelische Situation unserer Zeit hat eine gewisse Verwandtschaft mit der Stimmung der Emmausjünger. Die zwei Jünger Jesu verließen ihre im Abendmahlssaal versammelten Brüder. Sie hielten es einfach nicht mehr aus. Sie hatten einen Schlußstrich gezogen und kehrten, zwar wunden Herzens, zur sogenannten ‚Wirklichkeit‘ zurück. Sie hatten gehofft, Jesus werde sich als Gott offenbaren, er werde Israel befreien, die Römer vertreiben, die Gottesherrschaft errichten, die Heuchelei entlarven, der Priester zweideutiges Tun aufdecken, die Krämerei der Äußerlichkeiten beseitigen, das Spinngewebe der Schriftgelehrten zerreißen und einer freien, echten Gläubigkeit den Weg bereiten. Nichts von dem war scheinbar eingetreten. Jesus war unterlegen. Das Ende dieser traurig-schönen Geschichte ist bekannt. Der Herr stieß zu den beiden Jüngern. Er ging lange neben ihnen her, sprach mit ihnen. „Sie erkannten ihn aber nicht.“ Erst am Ende, bei einer unscheinbaren Geste, „gingen ihnen die Augen auf“. Ein Unbekannter geht auch heute neben uns her, die wir unsere unbefangene Sicherheit verloren haben, eines kleinen und kleinlichen Gottes überdrüssig wurden. Und dieser Unbekannte ist der Herr. Überall dort, wo Menschen mit aufrichtigem, ehrlichem Willen nach etwas Reinem streben, geht der Herr neben ihnen her, vielleicht unbekannt, aber dennoch ‚da‘. Die Christen sollten diese ‚Jünger Christi‘ nicht mit unverstandenen Forderungen und unverständlichen Sätzen niederdonnern. Sie gehen vielleicht von uns weg, die wir im Abendmahlssaal versammelt sind. Trotzdem geht schon der Herr neben ihnen, auch wenn ihr Weg in die falsche Richtung führt. Die Christen sollten vielmehr zu diesen Menschen ein gutes Wort sagen, ihnen gegenüber eine selbstlose Haltung zeigen, damit ihnen die Augen aufgehen und sie – wie die Emmausjünger mit ‚brennendem Herzen‘ – erkennen, daß der Herr bei ihnen ist.

In diesem Geist wurde dieses Buch verfaßt. Der Autor weiß sehr gut darum, daß sein menschgewordener Gott nicht in prachtvollem und machtvollem Glanz erschienen ist, daß er nach seiner Auferstehung sich stets unscheinbar offenbarte: als Hungriger, als Gärtner, als Wanderer, als Mann am Ufer, immer von innen nach außen wirkend. Auch ist er sich bewußt, daß er Gott oft dort gesucht hat, wo er nicht war, und ihn dort nicht erkannte, wo er neben ihm herging. Deshalb kann er vielleicht seinen ‚ungläubigen Brüdern‘ besser zeigen, daß Christus, der unscheinbare Wanderer, bei ihnen ist. Er bittet alle, denen die gleiche ‚Sache‘ am Herzen liegt, um Nachsicht, wenn dieses Buch ihren Erwartungen nicht voll entspricht.

Die Liebe

Liebe ist das zentrale Geheimnis eines jeden Menschen. In diesem ersten Kapitel suchen wir zu zeigen, wie Jesus von Nazareth jene menschliche Grundhaltung vollzog, in der der Mensch seine letzte Eigentlichkeit erlangt und die wir Liebe nennen. Es wird sich erweisen, daß Jesus derart ‚anders' liebte als alle andern Menschen, daß wir ihn unmöglich als bloßen Menschen verstehen können.

In seiner Rede über das Brot des Lebens (Jo 6, 25–58) hat Jesus den Willen geäußert, sein konkretes, leibseelisches Dasein als neues Lebensprinzip und als Nahrung zu geben. Nahrung bedeutet in diesem Zusammenhang die Dichte und Innigkeit der personalen Vereinigung durch Glauben und Liebe: Das liebend bejahte und innerlich aufgenommene Du Jesu soll die nährende und lebenspendende Kraft für den Menschen sein. In personaler Kommunikation soll der Glaubende ganzheitlich aus ihm heraus leben. Jesus weigerte sich, diese ungeheure Forderung aus menschlichen Rücksichten abzuschwächen. „Von da an zogen sich viele seiner Jünger zurück und begleiteten ihn nicht mehr auf seinen Wanderungen" (Jo 6, 66). Er bekräftigte sogar seine Forderung durch die letztwillige Einsetzung der Eucharistie, durch das Gebot der sakramentalen Kommunion (Mt 26, 26–28; Mk 14, 22–24; Lk 22, 19–20; 1 Kor 11, 23–26).

In einer philosophischen Untersuchung können wir die volle Bedeutung dieses Tuns Jesu nicht ermessen. Deshalb klammern wir die Frage aus, ob und wie eine solche Vereinigung (Kommunikation und Kommunion) sich ereignen kann. Das ist eine Frage der Theologie. Philosophisch beschäftigt uns hier die seelische Haltung Jesu, die dieser Forderung zugrunde liegt. Unsere Frage lautet: Kann ein Mensch überhaupt so etwas wollen? Kann ein Mensch aussprechen: „Ich liebe dich so sehr, daß ich wünsche, du würdest ganzheitlich, wie aus einer Nahrung, aus mir leben"?

Kann so etwas menschlich gewünscht, ja gefordert werden? Gehen wir dieser Frage denkend nach[4].

Romano Guardini gibt uns dafür einen wertvollen Hinweis: „Aus Christus soll der Glaubende leben und dazu ,ihn essen'. Sein Wesen ist also die Substanz ewigen Lebens. Welch ein Bewußtsein der Wesenhaftigkeit! Und welch ein Bewußtsein der Reinheit! Wenn man einen liebenden Menschen fragte: ,Willst du dem, der dir teuer ist, geben, was du besitzest?' – dann würde er ohne weiteres zustimmen. ,Willst du dich für ihn opfern?' – Auch darauf würde er, im Maße er liebt, mit Ja antworten. ,Willst du, daß er dich, dein konkretes Sein, als Nahrung seines Lebens in sich aufnehme?' – Hier müßte er stutzen. Wir sprechen von einem wirklich großmütigen Menschen, der weder Feigheit noch Selbstsucht kennt; gerade ihm müßte die Frage kommen: ,Bin ich denn so, daß ich den, den ich so sehr liebe, mit mir erfüllen darf?' Würde er in diesem Augenblick nicht all das Verworrene, Böse, Unreine im eigenen Innern empfinden und sich dagegen wehren, daß es in jenen komme? Hätte er nicht Furcht, für ihn zum Gift zu werden? Jesus aber sagt: ,Wenn ihr mein Fleisch nicht esset und mein Blut nicht trinket, werdet ihr das Leben nicht in euch haben.' "[5]

Dieser Hinweis hat unsere Frage noch mehr zugespitzt: Kann ein Mensch, der wirklich und reif liebt, das aussprechen und wollen, was Jesus in der Rede über das Brot des Lebens und bei der Stiftung der Eucharistie aussprach und wollte? Und umgekehrt, kann Jesus, falls er wirklich liebt und trotzdem das klar sagt und will, als ein bloßer Mensch betrachtet werden? Noch einmal: Unsere Fragestellung will nicht die theologische Wahrheit der Eucharistiestiftung abwägen. Hier wird einzig gefragt, ob ein Liebender so etwas im Ernst überhaupt wünschen und verlangen kann. Die Antwort setzt eine zweifache Erwägung voraus: Wir müssen zuerst den Begriff der menschlichen Liebe klären und dann untersuchen, ob Jesus tatsächlich geliebt hat. Der erste Schritt unserer Betrachtung, die erste Erwägung ist also eine *phänomenologische Erhellung der menschlichen Liebe*[6].

Es ist nun gar nicht leicht, ein klares und eindeutiges Bild der menschlichen Liebe zu zeichnen. Es ist schon deshalb schwer, weil die Liebe unserem Herzen sehr naheliegt. Das Nächstliegende ist aber am schwersten zu sehen. Zudem ist das Erscheinungsbild der Liebe außerordentlich vielfältig und läßt am Ende verschiedene Auslegungen zu. Da hilft nur, in aller Einfachheit voranzugehen und zu fragen: Was geschieht im Grunde überall, wo geliebt wird? Genauer: Was meint ein Liebender mit seiner Liebe trotz aller Dunkelheit und Verworrenheit seines Liebesbewußtseins?

Was im Erscheinungsbild der Liebe zunächst überrascht, ist eine seltsame Unklarheit darüber, weshalb einer gerade diesen Menschen liebt. Zwei Menschen stehen da, jeder an sich eine geschlossene Ganzheit. Sie sind aus verschiedenen Voraussetzungen erwachsen, tragen ein anderes Schicksal, stehen in einem anderen Beruf, sind innerlich verschieden geprägt. Zwischen den beiden herrscht Andersheit. Plötzlich ist etwas Neues da: die wesenhafte Einheit der Liebe. Wie geschah der Übergang? Möglicherweise werden die beiden dies gar nicht beantworten können. Vielleicht haben sie miteinander gesprochen; vermutlich über belanglose Dinge. Dann war ‚es‘ auf einmal da. Vorher waren sie nur ‚nebeneinander‘ oder einfach ‚zusammen‘. Jetzt sind sie ‚mit-einander‘. Wie geschah all das? War es wegen einer äußeren Eigenschaft? Lag es an der Stimme des andern, an seiner äußeren Erscheinung, an seiner menschlichen Wärme? Gewiß auch, aber nicht nur das. Andere sind sogar, rein äußerlich gesehen, angenehmer, anziehender und schöner. Die äußere Erscheinung spielt mit. Sie bringt Menschen einander näher. Das Eigentliche der Liebe vermag sie aber nicht zu erzeugen. Lag es eher an den seelischen Eigenschaften des andern, an seiner Großmütigkeit, an seiner inneren Anmut, an seinen interessanten Gesprächen oder an seiner ergreifenden Stille? Doch andere sind intelligenter, großmütiger, interessanter und ergreifender. Trotz allem liebt dieser Mensch gerade diesen ‚andern‘, und zwar so, wie er ist. Er wird ihn auch lieben, selbst wenn ein Unfall seine Schönheit zerstört, selbst wenn eine große Krankheit oder ein Unglück sein Gedächtnis, seine Intelligenz oder seine Zurechnungsfähigkeit vernichtet. Er wird ihn lieben, selbst wenn er schlecht wird und Verbrechen begeht. Ja, seine Liebe wird vielleicht dadurch noch erhöht. Sie wird reiner, größer, noch unbedingter, liebender. Was ist der eigentliche Grund der Liebe?

Aus dem Gesagten ist klargeworden: Durch psychologische Motivation auf der Ebene der Eigenschaften kann unsere Frage nicht beantwortet werden. Die Liebe erfaßt offenkundig nicht einen Teilbezirk des Daseins, sondern die Ganzheit des Seins des geliebten Wesens. In der Liebe wird jenes Letzte erfaßt, das in keiner Weise aus Merkmalen, Eigenschaften und Tätigkeiten zusammengesetzt werden kann. Oft werden zwar solche Gründe aufgeführt, um die ‚Motivation‘ einer Liebe zu erklären. Wir suchen Gründe, sofern wir das Eigentliche der Liebe nicht erfassen und die Liebe nach Analogie anderer seelischer Akte uns vorstellen wollen. Solange aber eine Personbeziehung nur auf der Ebene der Eigenschaften bleibt, können wir sie Sympathie, Bewunderung, Verehrung oder sonstwie nennen; nie wird ihr die Bezeichnung ‚Liebe‘ zukommen. Nehmen wir all unsere Hinneigungen zu den verschiedenen Eigenschaften des geliebten Wesens zusammen, die Summe wird nie eigentliche ‚Liebe‘ ergeben. In der Liebe wird offenbar die Oberfläche der Eigenschaften durchbrochen und jener Ort erreicht, wo die Person als Person existiert. Es gibt keine andere Antwort auf unsere Frage. Dieser Mensch liebt die andere Person, weil sie ‚sie‘ ist; er sucht ihr Ich; er sucht das, worin sie eben diese einmalige Person ist. Lieben heißt aussprechen: Es ist gut, daß du du bist. Ja, es ist gut. Warum! Wird der Liebende dadurch reicher, erhält er dadurch Ergänzung, Vorteile; wird er etwa in seiner Karriere schneller vorankommen? Nein, das ist es nicht. Nicht auf diese Weise ist es gut, daß der andere ist. Dann aber wie? Ist es gut für den Liebenden, daß die andere Person ist, weil er bei ihr so sein kann, wie er ist, weil sie nichts von ihm will, weil sie ihn freiläßt? Auch das ist nicht das Eigentliche der Liebe. Er bekommt von ihr nichts Dinghaftes, kein ‚Etwas‘; er erhält sich selbst in ihr. Bevor er angefangen hat zu lieben, war er gleichsam nicht ‚er selbst‘. Er ‚war‘ nur gleichsam jene Rollen, die er spielen mußte vor der Welt und vor sich selbst. Seitdem er aber liebt, ist er. Er liebt, und darum ist er. Und die andere Person macht die gleiche Erfahrung mit ihm. Auch sie ‚ist‘ sie selbst in gewonnener Festigkeit, seitdem sie einander lieben. Das besagt etwas Unschätzbares: der eine bekommt sich selbst vom andern in gegenseitigem Geschenk. Beide ‚sind‘, indem sie ‚mit-einander‘ ein ‚Wir‘ sind. Ihr Sein heißt ‚Mit-Sein‘.

Die Liebe besteht also erst, wenn zwei Personen seinsmäßig aussprechen: „Wir“. In diesem Wir-Sprechen ist eine endgültige Verpflichtung ausgesagt: Ich will ‚mit‘ dir sein und möchte auch, daß du ‚mit‘ mir bist. Von diesem Augenblick an gehöre ich dir und bleibe zu deiner ‚Verfügung‘. Nie wirst du von nun an einsam sein; selbst wenn Räume uns trennen, ja selbst wenn der Tod uns scheidet, ich bleibe ‚mit‘ dir. Über alles, was ich habe und bin, sollst du verfügen. Und ich weiß, daß ich immer in dir bleiben werde und daß meine Person in deinen Händen sicherer geborgen ist als in meinen eigenen.

In diesem seinshaften Wir-Sprechen der Liebe wird ein neuer Wesensraum erschaffen. Die ganze Welt erhält eine Dimension der Tiefe. Dieser neue Wesensraum ist nicht einfach ‚gegeben‘: Er entsteht als Funktion der freien Selbstschenkung. Er entspringt der Haltung und dem Streben, die andere Person nicht wie einen Besitz, wie ein Ding zu behandeln. Die Liebe vollzieht sich unter dem Zeichen der ‚Ohnmacht‘. Sie verzichtet auf jeglichen ‚Zu-Griff‘ und flieht jeden Drang nach Versklavung des andern. Im Gegenteil, sie bietet an. Und was sie anbietet, ist nicht dies oder das, sondern ‚sie selbst‘; im Grunde schenkt sie nicht den Leib, nicht die Talente, Eigenschaften, Reichtümer oder sonst was ‚Gehabtes‘, sondern das Eigentlichste der Person, ihr Ich. In diesem reinen Schenken wird der Mensch dann zum Beschenkten. Der andere öffnet, schenkt sich ebenso, und das ist Gnade. Jeder erkennt, daß er dieses Beschenktwerden, in dem der andere ihm das Eigentlichste erschließt, nie verdienen kann. Und das macht das Leuchtende und Wunderbare der Liebe aus. Was da geschenkt wird, ist im Tiefsten immer der Schenkende selbst. Alle anderen Geschenke, die der Mensch in der Liebe erhalten mag, werden vom Glanz dieses Selbstschenkens durchflutet. Das eigentliche Schenken der Liebe geht nicht auf der Ebene des Habens und Besitzens, sondern auf der Höhe des Seins vor sich. Das Sein des andern kommt unter der Gestalt von Geschenken, seien sie noch so klein, uns entgegen; die Liebe verklärt diese Gaben und wirkt aus ihnen Mittel des personalen Mitseins; die Gaben der sich schenkenden Liebe strömen uns, gleich Wogen, von der geliebten Person zu. Deshalb erfährt der Liebende, selbst in der unscheinbarsten Liebesbegegnung, eine Freude, ein Hellwerden des Daseinsraumes. Diese Freude, dieses Licht ist eine Begleiterscheinung der Liebe, zugleich eine Offenbarung dessen, daß der Liebende dem Ursprung allen Seins nahegekommen ist.

Damit haben wir bereits ein Letztes der Liebe berührt. Was in der Liebe gemeint ist, scheint uns wesenhaft jede existentielle Verwirklichung zu übersteigen. In der Liebe geschieht ein Vorgriff auf das Ganze des Seins, auf die endgültige Vollendung. So hat sie den Charakter der Übersteigung. Das letzte Ziel der Liebe ist wesenhaft mehr als alles, was ‚jetzt‘ von dieser Liebe verwirklicht werden kann. Die Hingabe an ein endlich Seiendes ist bereits ein Übersteigen des Begrenzten, zielt auf ein Unbedingtes.

Die Liebesbewegung der Hingabe ist nur möglich und verständlich, wenn sie schon immer auf das eine, absolute und unbedingte Sein als auf die unbedingte Bedingung ihres eigenen Vollzugs und Bestandes seinsmäßig verweist. In seiner Liebe sucht der Mensch ein Unbedingtes jenseits alles Bedingten, den Unendlichen jenseits alles Endlichen[7].

Zunächst erfahren wir zwar in der Liebeshingabe die beglückende Bestätigung unserer endlichen Existenz. In der Liebe eines Du fühlen wir uns in einer zur Selbstentfaltung gelangten Welt. Unsere Weltlichkeit, selbst das Nächste, das längst Bekannte, verändert sich im Lichte der Liebe; vieles erleben wir wie zum erstenmal; das Alte erhält neue Bedeutung. Das ist die eine Seite der Liebe: „Amo (et amor), ergo sum", ich liebe (und werde geliebt), also bin ich; ja, insofern ich liebe und geliebt werde, ‚bin ich'. Zugleich wird aber über diese Bestätigung des Selbstseins hinaus die andere Seite der Liebe sichtbar: die grundlegende Forderung, die konkrete Verwirklichung der Liebe zu übersteigen. Unser Liebesdrang trägt uns mit innerer Notwendigkeit über die konkrete Gestalt hinaus, die wir unserer Liebe gegeben haben. Sie hört nie auf. Die Sprache selbst bezeichnet mit dem Wort ‚Liebe' etwas Statisches und Dynamisches. Philipp Lersch erklärt dazu: „Dies ist nicht von ungefähr und beruht keineswegs auf einer Phantasielosigkeit der Sprache, sondern auf der Tatsache ... daß die Liebe ihrem Wesen nach nie zu Ende geht und auch noch in der Erfüllung ... als Strebung lebendig ist."[8]

Die Erfahrung der Liebe zeigt eindeutig diese Dialektik: Wir werden mit dem Menschen, den wir lieben, und mit der Welt, in der dieser Mensch lebt, nicht fertig. Man höre die Dichter; sie sprengen die Welt ihrer Erfahrungen, sie suchen nach Vergleichen, greifen nach Gegensätzen, nach allen Dingen im All, um das geliebte Du und die in seiner Liebe aufleuchtende Welt zu beschreiben. Oft begreift ein Dritter nicht, was denn Besonderes an diesem Menschen sei, auch wenn er dem Liebenden zuliebe darüber schweigt. Das Besondere eines geliebten Wesens ist aber: So wie das All, die unermeßliche Geräumigkeit der Welt, schrankenlos und aller Geheimnisse voll ist, so unfaßbar ist der Mensch, den man liebt; nicht weil er in sich selbst bereits so reich wäre, sondern weil er für uns mehr ist, als er in der Wirklichkeit ist; sein gegenwärtiges Wesen besteht darin, ein Vorläufer zu sein; in seinem endlich-unvollendeten Sein öffnet sich ein transzendentes Mehr[9]. Damit wird in der Liebe eine ‚dynamische

Grenzenlosigkeit' des geliebten Wesens mitbehauptet, wird noch ein neues Wort vernommen: Ich liebe dich grenzenlos, und deshalb mußt du grenzenlos werden. So ist die Unsterblichkeit mitbejaht, mitgesetzt und miteinbeschlossen in jedem Akt der menschlichen Liebe[10].

Diese Größe der Liebe ist aber zugleich ihre Bedrohung. Das Geschöpf in seiner endlichen Zerbrechlichkeit, in seinem vergänglichen Wesen wird in der Liebe für uns zum ‚Gegenstand‘ unseres Strebens ins Unendliche. Eine Forderung, die kein Mensch wirklich erfüllen kann. Er muß notwendig die ihm entgegenströmende Liebe enttäuschen, kann in seinem metaphysischen Wesen einer solchen Liebe gar nicht gewachsen sein. Diese Enttäuschung der Liebe auszuhalten und trotzdem in der Liebe zu verharren, die Grenzen des geliebten Wesens zu erleben und trotzdem das eigentliche Wort der Liebe, ‚du bist grenzenlos‘, auszusprechen, das ist die größte Tat des menschlichen Herzens. Sie heißt Treue. Und sie muß ihrem Wesen gemäß bis zum Tod geleistet werden. Diese Forderung bedeutet für das Herz eine große Bedrängnis und für das Gefühl eine dunkle Verwirrung, besonders wenn das Ausbleiben der Gegenliebe uns grausam erleiden läßt, daß der Geliebte sich nicht zu dem aufschwingt, was er sein könnte und sollte. Alle wirklich Liebenden haben diese schmerzhafte Erfahrung durchlitten. Sie versuchen deshalb, im täglich neuen Ringen gegen die Macht der unmittelbaren Evidenz (du bist begrenzt), in täglich, ja stündlich geübter Treue ihre Liebe immer neu aufzubauen (und zu sagen: du bist grenzenlos). Versäumt der Liebende diese immer neu zu leistende Überwindung des Herzens, so kann es geschehen, daß er den Menschen, den er einmal wirklich und ehrlich geliebt hat, plötzlich nicht mehr sieht. Er geht jahre-, jahrzehntelang an ihm vorbei (im besten Fall mit höflicher Interesselosigkeit), ohne die hilflosen Blicke, die flehende Anrufung des andern zu bemerken. Eigentliche Liebe verwirklicht sich immer nur in der Treue; in der bis zum Tode durchgehaltenen Gemeinschaft.

Die hier aufrißartig gezeichnete Gestalt der Liebe verwirklicht sich im Tiefsten überall, wo ernst und ehrlich geliebt wird. Sie kommt zwar oft in der Verworrenheit menschlicher Existenz nicht klar zum Ausdruck, ist aber im tiefsten Meinen der Liebenden selber lebendig. Nicht alles, was wir hier über das Geheimnis der Liebe zu ergründen suchten, gehört zu unserer unmittelbaren Beweisführung. Doch mußte es erwähnt werden, damit eine Wesensschau dessen entsteht, was in der Liebe eigentlich gemeint ist. Liebe heißt Seinsaustausch. Das Sein des einen wird aus dem ‚Seinsstoff‘ des andern aufgebaut. Der Liebende soll den Geliebten ganzheitlich in sich aufnehmen, aus ihm leben. Und das ist nicht ein Vorgang, der sich nur auf der Ebene des Psychologischen abspielt. Das Sein des Liebenden ist metaphysisch ‚Mitsein‘; die geliebte Person ist ontologische Mitbegründung des Seinsbestandes des Liebenden. Hier erwächst nun angesichts einer letzten Bedrohung eine neue Forderung der menschlichen Liebe; nämlich dem Geliebten nur das zu geben, was rein und hell ist im eigenen Dasein. Durch die Liebe zur Selbsterkenntnis erweckt, sieht der Liebende sehr tief in seine eigene Existenz. Er sieht die Verfallenheit, die Selbstsucht, den Machtwillen, die Schwäche, die eigene Seinsarmut, die Trägheit des Herzens und zutiefst das Böse. Voll Verantwortung muß er sich da fragen, ob er im Selbstschenken nicht die Verfallenheit des eigenen Daseins dem andern übergebe. Er hat um so mehr Angst, als er den andern zutiefst liebt und ihn nicht mit seiner eigenen Seinsverworrenheit anstecken oder vergiften will. Das geliebte Du soll rein und leuchtend sein; das Lautere soll in ihm ständig wachsen. Als Liebender wird man freilich in seinem Selbstschenken, in der schöpferischen Treue weiter verharren. Aber das Selbstschenken wird verhaltener, braucht eine ständige Läuterung. Es soll nur das Reine, das Würdige, das Seinsaufbauende zum andern hinübergehen. Damit sind wir in unserer phänomenologischen Erhellung der menschlichen Liebe dort angelangt, wo wir noch einmal die anfängliche Frage in aller Schärfe stellen müssen: Darf ein Mensch, der tief, ehrlich und reif liebt, wünschen und wollen, daß der andere sein gelebtes Dasein ganzheitlich aus ihm bezieht?

Lassen wir dahingestellt, ob und wie dieser Wunsch tatsächlich verwirklicht werden kann. Uns kommt es nur auf die existentielle Möglichkeit eines solchen Wollens an. Darf ein Mensch verlangen, daß eine solche Beziehung zwischen ihm und dem andern, den er liebt, besteht? Wir antworten: Kein wirklich liebender Mensch würde das wagen. Jesus sprach aber ruhig das Wort aus und verpflichtete alle, die ihn liebten, sein gelebtes Dasein in sich aufzunehmen, das Leben selbst aus ihm zu beziehen: Sein ganzes Dasein mit all seinen Empfindungen, Gedanken, Wünschen, Erkenntnissen und Gefühlen sollte zur inneren Nahrung seiner Freunde werden. Er verlangte und wünschte also gerade das, was sich aus unserer phänomenologischen Erhellung der menschlichen Liebe als innerlich unmöglich herausgestellt hat. Hat er sich das alles vielleicht gar nicht überlegt, sondern handelte er unter dem Impuls einer momentanen Verwirrung? Viele Jünger verließen ihn bei seiner Rede über das Brot des Lebens in Kapharnaum. Er ließ sie gehen, nahm aber kein Wort zurück. Vor seinem Tode, beim letzten Abendmahl, hob er sogar seine Forderung in die Sphäre des Sakramentalen hinein. Er mußte also sehr wohl gewußt haben, was er da tat. Wer den Bericht über die Lebensbrotrede im sechsten Kapitel des Johannesevangeliums betrachtet, kann sich dem Eindruck nicht entziehen: Hier spricht ein Mann in der Klarheit des Bewußtseins, ein Mann, dem das Ungeheuerliche dessen, was er sagt und tut, nicht verborgen ist. So bestehen nur zwei Möglichkeiten, diesen Menschen aus Nazareth zu verstehen: Entweder haßte er seine Freunde so abgründig, daß er so etwas tat, und dann ist er nur ein Mensch, ein schlechter Mensch, oder er liebte die ‚Seinen‘ reif und innig, dann ist er aber unendlich mehr als ein Nur-Mensch. Damit kommen wir zum zweiten, zur Beantwortung der Frage, *ob Jesus wirklich geliebt hat.*

Es soll nun jene innere Einstellung Jesu, die Paulus ‚Menschenfreundlichkeit‘ nennt (Tit 3, 4) und die in der Tat eine große und milde Liebe war, mit sparsamen Strichen aufgezeichnet werden. In den Evangelien wird wenig über Empfindungen geredet. Deshalb müssen wir vor allem die gelebte Atmosphäre um Jesus herum zu schildern suchen. Bei den einfachsten Begebenheiten eines Lebens offenbart sich die Gesinnung des Herzens. In den schlichten Handlungen Jesu entdecken wir eine Echtheit und Tiefe der Liebe, die unsere (rein denkerisch aufgestellte) erste Möglichkeit, das Vorhandensein des Hasses bei ihm, unbedingt ausschließen.

Die Begegnung Jesu mit seinen Jüngern vollzog sich sehr einfach. Zwei Jünger Johannes' des Täufers gingen ihm nach und fragten: „Meister, wo wohnst du?" Sie blieben dann bei ihm zum abendlichen Gespräch (Jo 1, 35–39). Petrus und Andreas verließen alles auf ein einziges Wort Jesu hin (Mt 4, 18–20). Die zwei Söhne des Zebedäus folgten ihm auf die gleiche Weise nach (Mt 4, 21–22). Das Volk ging mit ihm in die Wüste ohne Verpflegung. Eine große menschliche Anziehungskraft muß bei diesen Ereignissen in Jesus aufgestrahlt haben. Aus diesen zufälligen Begegnungen entstand nach und nach eine Gemeinschaft um Jesus herum. Die ersten Sympathien machten langsam einer tieferen

Haltung Platz. Ihre Wege kreuzten sich immer öfter. Die ersten Kämpfe mit den Pharisäern schmiedeten die kleine Gruppe immer enger zusammen. Lange vorbereitet, aber doch unerwartet kam dann der Umbruch zur Liebe: „Dann stieg er auf den Berg und berief diejenigen, die er selbst berufen wollte, zu sich, und sie kamen zu ihm. Ihrer zwölf bestellte er, damit sie *mit ihm* seien und, von ihm gesandt, die Botschaft verkündeten" (Mk 3, 13–14; siehe auch Mt 10, 1–4; Lk 6, 12–16). Das war der Anfang des Mitseins, der Anfang der Seinseinheit in der Liebe. Und tatsächlich wurden diese Menschen von Jesus von nun an Freunde genannt: „Euch, meinen Freunden, sage ich . . ." (Lk 12, 4). Jenes ‚Ineinandersein‘, jene ‚Vertauschbarkeit‘ der Personen stellte sich ein, die nur in der Liebe möglich ist: „Wer euch aufnimmt, nimmt mich auf" (Mt 10, 40). „Wer euch hört, hört mich, und wer euch zurückweist, weist mich zurück" (Lk 10, 16). Selbst der Verräter wurde von Jesus am Ende noch ‚Freund‘ genannt (Mt 26, 50).

In der kleinen Gruppe verwirklichte sich eine besondere Atmosphäre der Innigkeit. Jesus öffnete sich: „Ich nenne euch nicht mehr Knechte; denn der Knecht weiß nicht, was sein Herr tut; euch habe ich Freunde genannt, weil ich euch alles . . . mitgeteilt habe" (Jo 15, 15). Die Jünger erfuhren von ihm von seinen Erlebnissen des Alleinseins, etwa von der Versuchung in der Wüste oder von gewissen Gesprächen, die er allein mit andern geführt hatte, zum Beispiel mit Nikodemus. Jesus wollte, daß seine Freunde ihn ganz verstehen, und so gab er ihnen – wie etwa bei seinen großen Abschiedsreden – sein Innerstes preis. Nicht das kleinste seiner Leiden muß das gewesen sein, worauf Lukas ein wenig schwermütig – hinweist: „Sie verstanden nichts davon" (Lk 18, 34). Doch darüber soll in einem anderen Zusammenhang eingehender gesprochen werden. Diese Liebeshaltung Jesu war aber sehr unaufdringlich, diskret. Er wollte seine Freundschaft niemandem aufzwingen. Die Antwort der Jünger sollte wirklich frei, das heißt eine Antwort der Liebe, sein. Wenn sich das nicht einstellte, hielt sie Jesus nicht zurück (Jo 6, 67). Er hoffte aber immer darauf, daß sie bei ihm bleiben werden; ja er flehte sie förmlich an: „Meine Seele ist zu Tode betrübt. Bleibet hier und wachet mit mir" (Mt 26, 38).

Diese Liebe bedeutete für Jesus einen letzten Sinnwert. Er war bereit, dafür alles zu opfern. Die Schwestern seines Freundes Lazarus schickten einmal eine Botschaft zu ihm: „Herr, den du liebhast, ist krank." Unter Todesgefahr ging Jesus daraufhin nach Judäa, denn „er liebte Maria und ihre Schwester und Lazarus". Nachdem die Jünger ihn vergeblich zurückzuhalten suchten, zogen sie mit ihm: „Laßt uns mitgehen und mit ihm sterben." Und als dann Jesus ‚weinend' und ‚tief ergriffen' vor dem Grabe stand, sagten die Juden: „Seht, wie lieb er ihn hatte" (Jo 11, 1–44). – Die Liebe der Seinen bedeutete für Jesus mehr als der Tod. Bei seiner Gefangennahme bat er noch die Soldaten: „Wenn ihr also mich sucht, so laßt diese gehen" (Jo 18, 8). Bis zum Ende lebte er im Bewußtsein, daß ihm seine Liebe den Tod bereiten wird: „Niemand hat eine größere Liebe, als wer sein Leben hingibt für seine Freunde" (Jo 15, 13). Er faßte aber dieses Opfer als ein freies Geschenk der Liebe auf: „Niemand nimmt mir mein Leben, sondern ich gebe es von mir aus hin" (Jo 10, 18).

Von dieser ‚Menschenfreundlichkeit' Jesu angesprochen, entstand langsam ein Kreis liebender Freunde um Jesus herum. Es waren auch Frauen darunter: Maria, Martha, die Frau mit dem Alabastergefäß, die Samaritanerin und viele mehr. Eine Gruppe ‚heiliger Frauen' begleitete ihn auf seinen Wanderungen und sorgte für die kleine Gemeinschaft. Diese Frauen harrten bis zum Ende bei ihm aus. Es gab dann auch solche Freunde, die nicht ständig mit ihm gingen, bei denen er aber oft einkehrte. Und auch eine nicht kleine Gruppe öffentlich abgestempelter Männer, in den Evangelien ‚Zöllner und Sünder' genannt. Man hat den seltsamen Eindruck, daß gerade diese Jesus am meisten Liebe und Verständnis entgegenbrachten. Jesus wurde ihretwegen von den Vertretern der herrschenden Anschauung angegriffen („dieser nimmt Sünder auf und ißt mit ihnen", Lk 15, 2). Er ließ sich aber dadurch niemals beirren. Als es für ihn zu gefährlich wurde, zog er sich mit seinen Freunden in Gegenden zurück, wo ihn die Mächtigen nicht erreichen konnten: „Sie durchwanderten Galiläa. Doch wollte er nicht, daß jemand davon wisse. Denn er dachte, seine Jünger zu unterweisen" (Mk 9, 30).

Im kleinen Kreis der Freunde fühlte er sich geborgen: fern von Menschen, die ihm unaufhörlich auflauerten, gehässige Fragen stellten, seine Worte ins Gegenteil verdrehten, ihn bei der Obrigkeit denunzierten; fern von einem Volk, das seine Botschaft in ihrer Reinheit nicht zu erfassen vermochte und an ihm immer mehr irre wurde. Es ist ergreifend, zu sehen, mit welcher Geduld – eine Eigenschaft der sehr großen Liebe – er diese schwerfälligen Menschen, die er in seine Freundschaft nahm, in die Geheimnisse seines Lebens einzuweihen suchte. Ganz unscheinbare Begebenheiten genügten ihm – etwa ein kleines Kind auf seinem Schoß –, um ihnen Wesentliches von seiner Botschaft beizubringen. Er lehrte sie auch, wie sie beten sollen, und betete, in Momenten des Überströmens, selber vor ihnen, zum Beispiel nach der Rückkehr der Zweiundsiebzig, nach den Ereignissen im Hause von Lazarus, bei den Abschiedsreden. Eine große Milde herrschte um ihn herum, an der aber nichts Kleines, Niedliches und Süßliches war. Seine Liebe konnte hart und schneidend werden: Er wurde unwillig, als die Jünger die Kinder von ihm fernhalten wollten (Mk 10, 13–14); er konnte es nicht sehen, daß seine Jünger gegen andere neidisch wurden (Lk 9, 49–50) oder wegen des Vorranges miteinander in Streit gerieten (Mk 10, 35–45); er wurde geradezu vom Zorn gepackt, als Jakobus und Johannes die ungastlichen Samariter mit Feuer vom Himmel belehren wollten: „Ihr wißt nicht, wessen Geistes ihr seid" (Lk 9, 55); er konnte sogar die härteste Absage und Zurückweisung erteilen, etwa an Petrus: „Weiche von mir, Satan" (Mt 16, 23). Diese Schärfe ist aber nur die Reinheit und die Geradlinigkeit einer sehr großen Liebe, das Kristallene einer Seele, die sich gar nicht im Egoismus einrollt und gerade deshalb die Wahrheit, selbst die harte, ruhig und heilend aussprechen kann.

Zugleich war diese Liebe von einer großen Zartheit. Sie nahm im Hause Simons des Aussätzigen Maria vor den Jüngern in Schutz: „Was seid ihr dieser Frau lästig? Sie hat eine gute Tat an mir getan" (Mt 26, 10). Jesus fühlte sich zu den Schwachen und Verlassenen hingezogen: „Er sah die große Menge, und er hatte Erbarmen mit ihnen; denn sie waren wie Schafe, die keinen Hirten haben" (Mk 6, 34); er wollte die Verlorenen retten, und deshalb war er sehr mild zu ihnen: „Auch ich verurteile dich nicht. Gehe hin und sündige von nun an nicht mehr" (Jo 8, 11); er konnte nicht zuschauen, wie eine arme, reuige Sünderin von einer kaltherzigen und geistig blinden Gesellschaft hochmütig und abweisend behandelt wurde (Lk 7, 36–50). In solchen Momenten zeigte sich die Liebe Jesu in ihrer Feinheit und vornehmen Zurückhaltung.

Unter der furchtbaren Bedrohung des Todes, beim letzten Abendmahl, das Jesus mit seinen Freunden zu verbringen „mit großer Sehnsucht" verlangt hat (Lk 22, 15), brach dann die Liebe Jesu mit einer ungeheuren Macht in Wort und Tat durch. Jesus ahnte bereits, daß er zum letztenmal mit seinen Freunden zusammen war. Er wollte ihnen noch einmal „seine Liebe beweisen" (Jo 13, 1). Er faßte in einer Endbotschaft seine ganze Haltung zusammen, in einer Forderung, die der Ausdruck all dessen war, was sie in all den schönen und schweren, festlichen und alltäglichen Monaten miteinander erlebt hatten: „Kindlein, nur noch eine kleine Weile bin ich bei euch . . . Ein neues Gebot gebe ich euch: Liebet einander! Wie ich euch geliebt habe, sollt auch ihr einander lieben. Daran werden alle erkennen, daß ihr meine Jünger seid, wenn ihr Liebe zueinander habt" (Jo 13, 33–35). Er sagte, er wolle nicht, daß das Herz der Jünger erschrecke (Jo 14, 1); er versprach ihnen geheimnishaften Trost durch seinen Geist (Jo 14, 15–17); er kündete ihnen großen Frieden an (Jo 14, 27) und wiederholte mehrmals das Gebot der Liebe (Jo 15, 10; 12; 17). Als ob er sein eigenes Schicksal vergessen hätte, versuchte er die Verwirrung seiner Freunde zu lösen, ihr „Herz voll Traurigkeit" (Jo 16, 6) zu erleichtern, und bewies ihnen seine Liebe durch kleine Aufmerksamkeiten. Das war die Situation der Eucharistie, des größten Vollzugs dieser tröstenden, schenkenden und selbstvergessenen Liebe Jesu.

Wir haben mit wenigen Strichen ein Bild der menschlichen Liebe Jesu entworfen. Diese Andeutungen konnten keineswegs Vollständigkeit erreichen. Nur aufrißartig wollten wir die Gestalt Jesu zeichnen. In diesem Leben war die Liebe das letzte Grundgefüge: Alles wurde von ihr beherrscht, durchtönt und geeint. Sie war der Daseinsakt Jesu.

Wenn dem so ist, dann muß unser menschliches Verstehen an Jesus von Nazareth scheitern. Wir hatten die Alternative erarbeitet: Wenn Jesus das wünschte, was er in der Rede vom Lebensbrot und in der Stiftung der Eucharistie aussprach, dann mußte er entweder seine Freunde menschlich hassen, oder wenn er sie trotzdem innig und reif liebte (und dabei immer noch auf der Forderung der Eucharistie beharrte), dann kann er unmöglich in nur-menschlichen Begriffen faßbar sein, das heißt, dann war er etwas grundsätzlich anderes als ein Nur-Mensch. Nach unseren Darlegungen über die Liebe Jesu scheidet die erste Möglichkeit aus. So enthüllt sich in der Daseinsgestalt Jesu ein höherer Sinnzusammenhang: Es bricht in seinem Menschendasein das Ganz-Andere, das menschlich nicht mehr Erfaßbare einer ‚überirdischen' Liebe durch.

Die Demut

Nach dem ersten, bereits an einem Beispiel konkret dargestellten ‚Weg zu Gott durch Christus' könnte es nützlich sein, unsere Methode noch einmal zusammenzufassen. Wir bemühen uns, die geschichtliche Wirklichkeit Jesu rein menschlich, das heißt mit den Mitteln unseres philosophischen Daseinsverständnisses, zu erfassen. Deshalb erarbeiten wir jeweils zuerst einen Grundbegriff menschlichen Existierens und fassen ihn so weit, daß er die Grenze des Menschseins überhaupt anzeigt. In einem zweiten Teil versuchen wir dann, diesen Grundbegriff auf Jesus anzuwenden. Der Versuch scheitert. Die Gestalt Jesu wächst über das menschlich Faßbare hinaus.

Diesmal möchten wir das Scheitern eines rein menschlichen Jesus-Verständnisses von einer neuen Seite her erleben. Wir wollen zeigen, wo die Grenzen der menschlich realisierbaren Demut liegen und daß Jesus in seiner Daseinsverwirklichung diese Grenzen durchbrochen hat. Er hat die menschliche Demut bis zu jenem Grad der Unbedingtheit verwirklicht, den wir Menschen – und zwar aus dem Wesen unserer Demut heraus – nie erreichen können. Der erste Schritt dieser Beweisführung ist *der Begriff der menschlichen Demut.*

Es ist heute nicht leicht, über die Demut zu sprechen. Das Wort ist, als positive Wertbezeichnung, aus unserem Sprachgebrauch fast vollständig verschwunden. Es bedeutet für den heutigen Menschen oft nur unwürdige Gefügigkeit, Abhängigkeit unguter Art, sklavische Gesinnung, Haltung der Schwäche oder noch Schlimmeres. Daß die eigentliche Demut mit alldem nichts zu tun hat, geht daraus hervor, daß sie eine positive Tugend, genauer eine besondere Qualität der Liebe ist. Mit der phänomenologischen Erhellung der Demut knüpfen wir unsere Betrachtung unmittelbar an die vorangehende Analyse der Liebe an. Demut und Liebe gehören wesenhaft zusammen. Man könnte behaupten, Demut sei die zur letzten Reinheit sich emporhebende Gestalt, gleichsam die Spitze der Liebe. Die Demut ist jene äußerste Kraft der Liebe, welche diese zur Selbstlosigkeit befähigt.

Selbstlosigkeit ist der Weg menschlicher Selbstwerdung. Der Mensch findet sein eigentliches Wesen, indem er sich dahingibt. Erst indem er sich fraglos schenkt und sein unverfügbares Sein andern zur Verfügung stellt, bewahrt er sich selbst und erlangt er seine Vollendung. Der Mensch kann sich nur halten, indem er den gierigen Griff seiner Selbstsucht lockert, indem er sich nicht mehr an sich selbst klammert. Das menschliche Dasein ist seinshaft auf eine Ekstase hin gebaut: Es findet sich selbst nur dadurch, daß es sich aussetzt. Je mehr der Mensch an sich selbst festhält, desto weniger ist er ‚er selbst‘. Eingesperrt in seinem eigenen Ich, findet er sich selbst leer und ohne Verheißung.

Wie sieht ein Dasein aus, das aufgehört hat, ‚von sich weg‘ zu leben? Der Mensch hat sich zurückgezogen in sein eigenes Ich, in die Einsamkeit und Verlassenheit, in ein unerbittliches Alleinsein. Er läuft herum in seiner eigenen, finsteren Leere, führt ein totes Gespräch mit sich selbst, dem niemand zuhört. Er weist jede Hilfe zurück, will niemandem sein Leid klagen. Verlassen, nur noch mit sich allein geblieben, muß er sich aushalten. Ein solcher Mensch wird ‚uneigentlich‘. Er verliert seinen personalen Stellenwert im Dasein. All das deutet bereits an, daß der Mensch ohne Selbstlosigkeit gar kein Mensch mehr ist. Der Mensch in uns bricht zusammen, wenn er sich nicht mehr schenkt, wenn er nicht ‚von sich weg‘ lebt, das heißt, wenn er nicht demütig ist. Wir möchten das noch genauer zeigen. Der Mensch, der sich nicht in Demut aufgeben kann, wird seinsleer. Das zeigt sich sofort an vielen Symptomen:

Unbestätigtsein. In der Liebe erfahren wir unser Dasein als einmalig und wichtig. Unsere Seinsmitte leuchtet gleichsam als Brennpunkt der uns entgegenströmenden Liebe auf. Verzichtet ein Mensch grundsätzlich auf die Gegenliebe, das heißt, setzt er sich ihr nicht mehr aus, so verliert er langsam sein eigenes Seinszentrum: Er kann nicht mehr erfahren, daß er (wenigstens für einen Menschen) auf dieser Erde ‚alles‘ ist, unvertretbar, unersetzlich und bis zum Grund seines Wesens bedingungslos ‚anerkannt‘. Er läßt dabei sein eigenes Wesen verkümmern. Er wird antlitz- und wesenlos. Er ist nicht mehr ‚mit‘ den Menschen, sondern bloß ‚unter‘ den Menschen. Und im bloßen Untereinandersein büßt der Mensch sein Personhaftes ein, seine Unterschiedlichkeit und Ausdrücklichkeit. Ohne ein geprägtes Antlitz, ohne ein in der Liebe anerkanntes und bestätigtes Sein fühlt sich der Mensch als ein Wesenloser, ein Niemand. Deshalb auch seine nervöse Hast nach Selbstbestätigung, nach Erfolg, nach Reizen, Eindrücken, nach Reichtum. Er stürzt sich hinein in die Selbstvergessenheit, gerade weil er sich nicht vergessen will. Er überantwortet sein Dasein der

Durchschnittlichkeit. Der Mensch ohne Selbstlosigkeit wird alltäglich und banal. Er verzichtet auf jene Einmaligkeit des Seins, die uns nur die selbstlose Liebe zu schenken vermag. Deshalb ist ein solcher Mensch bestrebt, nur das gelten zu lassen, was für ihn erreichbar ist, das heißt alles niederzuhalten, was das Einmalige und Unerzwingbare der freien Personbeziehung ausmacht. So entsteht um ihn herum eine Welt, in der jede seinshafte Vorrangstellung unmöglich ist. Alles Ursprüngliche und Geschenkte wird neidhaft abgetan. Alles mit dem Herzen Erkämpfte wird durch Handliches, Eroberbares und Besitzhaftes ersetzt. Das Geheimnis des Lebens verliert seine lebensgestaltende Macht. Ein kümmerlicher Zustand der Welt entsteht, den wir alle sehr gut kennen: alles ist bekannt, gewöhnlich, erfaßbar, einschätzbar; Neues und Niedagewesenes ist unmöglich geworden, und wenn es doch vorkommen sollte, wird es für unwichtig, unernst erklärt. So entsteht die

Tiefenlosigkeit. In einem solchen Leben tut sich nirgends echte Tiefe auf. Das Erschütternde wird verschleiert, zugedeckt. Das Leben wird eingeebnet. Was wir gewesen sind und was wir in der Zukunft noch sein werden, könnte genausogut mit allen anderen Menschen geschehen. Unsere rein persönliche Geschichte wird allgemein lebbar. Wir leben heute weitgehend in einer Welt, die durch die Selbstsucht gestaltet wurde. Deshalb wird in uns immer wieder die Sehnsucht lebendig, in die Tiefe der Bedeutsamkeit, zum Einmaligen, zum Geschenkten und nicht Erbeutbaren zu gelangen. Verzweifelt suchen wir danach, unser von Selbstsucht eingeebnetes, oberflächliches Leben aufzureißen. Darüber hinaus bedeutet Selbstsucht auch

Profanierung. Im Leben, in dem das Geschenk der selbstlosen Liebe keinen Seinswert mehr darstellt, verschwindet das Geheimnis des Einmaligen. Das selbstsüchtige Sein wird massiv, eindeutig, manipulierbar, allbekannt und zuhanden. Das Leben wird zum Gemeinplatz. Erst in der selbstlosen Liebe erfahren wir, daß ein Wesen mehr ist als seine Erscheinung. „Nur ein solches Sein ist auf die Dauer erträglich. Nur ein mit Geheimnis Begabtes ist auf die Dauer liebenswert. Etwas Geheimnisloses kann man nicht lieben; es wäre höchstens eine Sache, über die man verfügen, keine Person, zu der man aufschauen könnte ... Die Liebe selbst erhebt die Forderung nicht nur nach Besitz und Enthüllung, sondern ebenso stark nach Verehrung und daher nach Verhüllung. Überall, wo der Mensch das Seltene, Kostbare und Heilige achtet, trennt er und sondert aus; er entzieht das Geweihte den Blicken der Öffentlichkeit; er verbirgt es in der Zelle seines Heiligtums, im Halbdunkel eines sakralen Raumes; er entrückt es durch eine wunderbare Legende dem Alltag der gewöhnlichen Geschichte; er läßt es umwittert sein vom Geheimnis. Denn nur wo Geheimnis ist, ist Tiefe." [11] Sperrt man den Weg zum Geheimnis und zieht das Eigene der Seinsmitteilung des anderen Wesens vor, so wird die Welt beziehungs- und geheimnislos. In einer geheimnislosen Welt verlieren aber die Worte ihre Bedeutung. Sie bringen die Dinge nicht mehr nahe, sondern machen die Welt uns fern; sie decken das Eigentliche zu. Die Worte entspringen nicht mehr dem Herzen; sie vermögen die Dinge nicht mehr aus der Finsternis zu reißen und in das Licht der Menschen zu führen. Es entsteht das wesenlose Gerede, der Schwall von geltungslosen Worten. Der Selbstsüchtige muß ferner eine seinshafte

Rastlosigkeit erfahren. Da das selbstbezogene Dasein seine Welt entwertet hat, findet es keinen Ort mehr für die Verwunderung, für das staunende Verbleiben, für das Berührtwerden vom Bedeutenden. Sein Alltag ist einer bitteren Aufenthaltslosigkeit preisgegeben. Mag es noch so vielen Dingen nachjagen, es findet überall das gleiche Bedeutungslose. Das ist der Grund der großen Unzufriedenheit, Unruhe, Aufregung, Neugier, Unbeständigkeit und Zerstreuung. Der Mensch ohne Demut möchte überall sein und ist nirgends: Seine Welt hat nichts, wofür es sich lohnt, ein Schicksal auf sich zu nehmen. Schicksalslosigkeit heißt aber zugleich innere

Erschöpfung. Der Mensch der Selbstsucht ist äußerlich immer ein Entlasteter: Es gibt für ihn keinen Raum für Wagnis, Opfermut, Einstehen und Verantwortung. All diese Taten würden ihn von sich selbst wegtragen, den Zirkel seines Insichgesperrtseins sprengen. Das Erkämpfte, das Erlittene und das mühsam Ausgetragene fehlen in seinem Leben fast gänzlich. Er wird mattherzig, träge, schwunglos, müde und abgestumpft. Jene Leichtigkeit fehlt in seinem Leben, die nur aus einem Herzen kommen kann, das nicht auf sich selbst zurückschaut, nicht rechnet und mißt, sondern sich fraglos schenkt. Das Leben des Selbstsüchtigen wird langsam trüb und kleinlich. Es fehlt in ihm jede Größe. Daraus erhellt: Wer sich entlastet, wird müde; wer aber frei die Last wesenhafter Verantwortung auf sich nimmt, wird leicht und jung.

Diese Analyse der menschlichen Selbstsucht und ihrer wie ein dürres Blatt eingerollten Welt zeigt eindrücklich, daß Selbstsein Selbstlosigkeit heißt. Das bewußte Sicheinlassen auf diese Selbstlosigkeit ist Demut. Demütig ist der Mensch, der sich mit seinem wahren Selbstsein, das heißt mit seiner Selbstlosigkeit, identifiziert. Deshalb nennt man die Demut gelegentlich auch Wahrheit: in ihr geschieht wahres Sein. Im selbstlos anerkannten andern kommt der Mensch zugleich zu sich. Ein Mensch von reifer Demut wird den Mächtigen der Welt immer ‚klein‘ erscheinen, das heißt den Menschen der Wesenlosigkeit. Er wird sparsam sein mit seinen Worten, hörsam in seinem Denken, behutsam in seinem Urteil, einfach, ja dürftig in seiner Lebenshaltung, ehrfürchtig gegenüber allem Leben. Vielen wird diese Haltung als Zeichen der Schwäche erscheinen. Sie ist es nicht. Wer einen Sinn für menschliche Größe besitzt, wird bald merken, daß hier Großes am Werden ist. Größe entsteht zunächst in denen, die vom Demütigen anerkannt werden: Der demütige Mensch gibt dem andern Raum, anerkennt sein Wesen und seine Eigenart, macht ihn groß, indem er sich weigert, ihn zum Mittel seiner Selbstbehauptung herabzuwürdigen. So stehen wir vor dem Paradox, daß Demut letztlich eine Quelle ist, aus der dem andern eine neue Kraft zuströmt. Demut ist freigewählte Ohnmacht in allen Bereichen, wo es um den eigenen Vorteil und die eigene Selbstbehauptung geht. Sie ist eine Macht, die unser Dasein bestätigt, es als unantastbar, als heilig achtet, vor dem man zurücktreten muß. Die wahre Demut ist somit eine schöpferische Kraft. Nur eine große Liebe, die einzig sich schenken will, die sich nicht an ihren Rückwirkungen bemißt, die ihre Hand an den ‚Pflug legt‘ und nicht mehr zurückschaut, nur eine solche Liebe kann den andern Menschen heben, ihn von seiner Armseligkeit erlösen und ihm neuen Seinsbestand verleihen. Aber die Demut, diese letzte Vollendung der Liebe, hebt auch den Demütigen selber. Eine solche Haltung kann nur vollziehen, wer in unzerstörbarer Sicherheit wurzelt. Diese Sicherheit ist vielleicht nicht vorgängig da; sie entsteht eher, indem man die Haltung der Demut einnimmt. Sie ist ein inneres Gesammeltsein in einer sich selbst nicht aufdrängenden Mitte, eine klare, ‚unbewußte‘ Freiheit, die eine zarte Größe des Daseins schafft. Zart ist diese Größe und nur geistig erkennbar. Den Augen der unmittelbaren Nützlichkeit erscheint sie nutzlos, und sie ist es auch im vornehmsten Sinne des Wortes: nicht auf den eigenen Nutzen bedacht und nicht auf greifbare Erfolge gerichtet. So empfängt der demütige Mensch jenes beglückende Geschenk, das die restlos anerkannte Andersheit des Mitmenschen zu gewähren vermag. Das ist leuchtend gewordenes geistiges Sein. Seine Begründung ist die Demut.

Da jedes Sein nach Vollendung und Hellwerdung verlangt, ertönt aus der Welt von überallher ein Ruf an unsere selbstlose Hingabe, an unsere Demut. Wenn wir diesen Ruf nicht hören, kann es dazu führen, daß wir uns verhärten, der Uneigentlichkeit ausliefern, seinshaft minder werden. Gabriel Marcel nennt dieses zentrale Versagen „refus de l'invocation" (Zurückweisen des Anrufes). Umgekehrt aber: Wenn wir unsere demütige Hingabe immer wieder vollziehen, wenn wir den Ruf der armen Kreatur an unsere Demut immer neu erlauschen, wächst die geistige Potenz unseres Daseins, wächst unsere Aufnahmefähigkeit dem Sein gegenüber. Hingabe und Wachsen der Empfänglichkeit sind im Geistesleben miteinander eng verbunden. Sie sind zwei ineinanderwechselnde Phasen der Demut. Unsere geistige Eigentlichkeit ist eine aus Hingabe entspringende Empfänglichkeit. Schöpferisch sein heißt im Grund Empfangenkönnen. In der Demut wird man mehr, als man bereits ist. Hingabe öffnet das Sein auf das Geschenk. Sichhingeben, Empfangen und neues Sichhingeben sind gleichsam das Atmen des Geistes. Darin ist die geistige Größe des Menschen begründet. Sie vollzieht sich also in der Haltung des Sichloslassens, in den Gebärden des einfachen Dienstes im Alltag. Im geistigen Bezug ist der letzte Platz der vornehmste. Aus der Haltung der Demut erwächst so eine neue, ‚wesenhafte‘ Welt, anders wirklich als die vorher geschilderte Welt der Selbstsucht, der ‚Unwesenhaftigkeit‘.

Der Demut, dieser seinsschaffenden Liebe, ist nun in unserem menschlichen Dasein eine innere Grenze gesetzt. Demut ist auch das Geständnis, daß wir die Demut nicht ‚besitzen‘. „Jeder bleibt ein Stück hinter seinem aufgetragenen Menschsein zurück ... Es klafft in uns ein Riß zwischen Idee und Existenz, zwischen dem, woraufhin der Gang unseres Lebens entworfen ist, und dem, woraufhin wir tatsächlich leben . . . Immer bleiben wir unserem eigenen ‚Selbst' entfremdet, nie ganz eins und vertraut mit dem Abgrund unseres Ich."[12] Das zu sehen und auf sich zu nehmen ist auch Demut. Unsere Empfänglichkeit ist zu schwach, um das Sein zu erhalten, ehe es die abgründige Demut des Todes durchlitten hat. Das ist die Demütigkeit unserer Demut. In ihr sind wir unfähig, unser Elend zu Ende zu leiden, unfähig für die letzte Ohnmacht, die Demut.

Unsere Demut ist für uns unvollendbar. Sie bestünde in einer ganzheitlichen, seinshaft nachvollzogenen Selbstauslieferung. Damit würden wir jedoch unser eigenes Sein aufheben und nicht mehr sein, das heißt uns auch nicht mehr verschenken können. Das zeigt, daß der Mensch eine letzte Grenze in sich hat, über die hinaus seine Demut nicht greifen kann: die Grenze seines endlichen Wesens. Ganzheitlich sich verschenken könnte der Mensch nur, wenn er den Grund seines Selbst in sich trüge, wenn er gänzlich ‚selbststehend' wäre und nicht abkünftig in seinem Sein. Wir sind aber überall ‚abkünftig'. Wir werden gedrängt zum Sein. Es lebt in uns eine Urdynamik des Seins ‚vor' jeglicher Daseinsregung. Wir können nie ganz ‚hinter' unsere eigenen Taten kommen. Wir sind uns aufgegeben, unausweichlich, unwiderstehlich, schicksalhaft. Der Seinsdrang in uns ist ein ‚schicksalhaftes Muß'. Der Mensch kann sich ihm nirgends entziehen. Das Drängen geschieht selbst gegen sein Wollen. Ein Ausweichen oder Sich-Aufbäumen wäre noch ein Werk dieses Dranges. Selbst das ‚Nichts-tun-Wollen' ist noch ein Wollen. Gerade das zeigt uns, daß wir uns nirgends gänzlich in Griff bekommen können und folglich uns nirgends ganz verschenken können. Nicht sich selbst gehörend, kann der Mensch kein vollkommenes Geschenk sein. Die (ontische) Beschaffenheit unseres abkünftigen Seins drückt sich aus in unserer (ontologischen) Unfähigkeit zur vollendeten Demut. Die menschliche Demut hat immer den Charakter einer zu erfüllenden Aufgabe und nie den eines verwirklichten Seins. Das Ringen um die Demut ist ein Versuch, das Unvollendbare zur Vollendung zu bringen. Erst im Tode wäre der Mensch, wenn er zudem seinen Zustand bewußt nachzuvollziehen vermöchte, dermaßen seinshaft ‚von sich genommen', daß er fähig wäre, vollendet demütig zu sein, das heißt das vollendete Sein zu erreichen, indem er sich vollends verliert[13]. Vor dem Tode ist also unsere menschliche Demut immer bruchstückhaft, zwiespältig, ohnmächtig und zerfallen. Eine letzte Tiefe der menschlichen Demut besteht demnach darin, unsere Unfähigkeit zur Demut demütig anzunehmen und dennoch zu streben, die vollendete Demut zu verwirklichen. Was die Demut von uns will, ist unvollendbar. Daß wir es dennoch weiterwagen, ist wohl vollendete menschliche Demut. Es ist fast unmöglich, diese letzten Bezüge der geistigen Wirklichkeit adäquat in Worte zu fassen. Wer aber bereits versucht hat, demütig zu sein, dabei scheiterte und dann den Versuch dennoch nicht aufgab, wird das Gemeinte verstehen. Im Grunde ist es die schlichte Erfahrung: Unsere bereits verwirklichte Demut bleibt immer ein Auftrag, noch demütiger zu sein; erst indem wir anfangen, uns zu verschenken, bemerken wir, daß wir noch fast nichts, jedenfalls nicht das Eigentliche unseres Seins, geschenkt haben.

Wir möchten jetzt zeigen, *daß Jesus die Demut in jener Vollendung verwirklicht hat, die uns ob unserem begrenzten Menschsein versagt ist.* Wir können das freilich nicht anhand einiger ‚großer Ereignisse‘ im Leben Jesu beweisen (eine so ‚groß‘ zutage tretende Demut wäre übrigens im Grunde keine mehr). Wir können das erst aus den ganz feinen Zusammenhängen seines demütig gelebten Daseins erspüren. Wir haben ja in der Einleitung darauf hingewiesen, daß es sich hier um keine ‚Beweise‘, sondern um existentielle ‚Einübungen‘ handelt. Blättert man unvoreingenommen die Schriften durch, die uns von Christus Kunde geben, so steigt einem unwillkürlich die Frage auf: Soll das ein ‚großer‘ Mensch gewesen sein? Seine Erscheinung macht auf uns zunächst gar keinen ungewöhnlichen Eindruck. Bei anderen Religionsstiftern begegnet man oft ganz unmittelbar einer Größe, die uns in Bewegung setzt. Man kann im Evangelium lange herumsuchen, bis man merkt, worin das Gewaltige in Jesus eigentlich besteht [14].

Sobald aber diese erste Schwierigkeit überwunden, der ‚Schein der Unscheinbarkeit‘ durchbrochen ist, leuchtet in Jesus etwas Gewaltiges auf. Vertieft man sich – in einem geduldigen und stillen Umgang mit dem Evangelium – in die unauffällige Daseinshaltung Jesu, so wird man von einer Einsicht überwältigt: Dieser Mensch gehörte nicht sich selbst; er vollzog sein Leben, und zwar grundsätzlich, aus einer sich ständig ins Leben hinein umsetzenden Freiheit heraus, ganz ‚von sich weg‘. Dieses ‚Von-sich-weg-Sein‘ nannte er ‚Wille des Vaters‘. Wir wollen den Inhalt des damit Gemeinten hier nicht näher untersuchen. Worauf es uns hier ankommt, ist die formale Funktion dieser Wirklichkeit: ihre Auswirkung auf den existentiellen Lebensvollzug Jesu. Dieser Mensch aus Nazareth war ganzheitlich frei von sich selbst. Nichts gehörte ihm.

In kleinen, unscheinbaren Sätzen, über die eine oberflächliche Lesung leicht hinweggeht, beteuert das Johannesevangelium unaufhörlich das ‚Von-sich-genommen-Sein' Jesu. Dieses hat zunächst den Charakter eines unbedingten Gehorsams („Ich tue allezeit, was ihm wohlgefällt", Jo 8, 29), ist aber mit dem Begriff Gehorsam nicht ganz zu erfassen. Es war nicht ein Sich-Unterwerfen, das sich von einem Zustand der Eigenmächtigkeit zu dem einer bewußten Unterwerfung hätte emporarbeiten müssen. Jesus war von vornherein, in allen seinen Handlungen, über sich hinaus: „Ich tue nichts von mir aus" (Jo 8, 28). Dieses ‚Bei-dem-Vater-Sein' vollzog sich als gegenseitiges Innewohnen: „Ich lebe durch den Vater" (Jo 6, 57) – „Der Vater, der in mir wohnt, tut sein Werk" (Jo 14, 10) – „Ich und der Vater sind eins" (Jo 10, 30). – Es sei noch einmal betont: Wir wollen die theologische Aussage dieser Sätze hier nicht ermessen. Sie sollen zunächst einmal nur als Hinweise auf die Existentialität Jesu verstanden werden. – Sein ganzes Leben sollte die Darstellung dieses ‚Beim-Vater-Leben' sein: „Die Welt soll erkennen, daß ich den Vater liebe und so handle, wie mir der Vater es aufgetragen" (Jo 14, 31). Jesus verstand seine Existenz als Sendung vom Vater: „Ich bin gekommen, um den Willen dessen zu tun, der mich gesandt hat" (Jo 6, 38). Seine Lehre stammte nicht von ihm: „Ich habe nicht von mir aus geredet, sondern der Vater, der mich gesandt hat, hat mir Auftrag gegeben, was ich sagen und reden soll" (Jo 12, 50). Er trat hinter seinen eigenen Werken zurück. Diese sollten einzig und allein den Vater offenbaren: „Würde ich nicht die Werke meines Vaters tun, so brauchtet ihr mir nicht zu glauben" (Jo 10, 37). Seine Freunde wurden alle in diese grundsätzliche Beziehung hineingehoben. Sie waren gleichsam konkrete Verdichtungsstellen dieser Beziehung: „Alle, die mir der Vater gibt, werden zu mir kommen" (Jo 6, 37) – „Niemand kann zu mir kommen, wenn nicht der Vater, der mich gesandt hat, ihn zieht" (Jo 6, 44) – „Wie mich der Vater geliebt hat, so habe ich euch geliebt" (Jo 15, 9). Seine ganzheitliche Hingabe, sein Tod, galt auch diesem Großen in seinem Leben: „Deshalb liebt mich der Vater, weil ich mein Leben hingebe" (Jo 10, 17). Das letzte Sich-genommensein des Menschen im Tod erschien ihm als Vollendung dieses Grundaktes: „Soll ich etwa den Kelch nicht trinken, den mir der Vater gegeben hat?" (Jo 18, 11). So war der letzte Aufschrei Jesu im Tod gleichsam die Verdichtung seiner Existenz: „Da rief Jesus mit lauter Stimme: ‚Vater, in deine Hände befehle ich meinen Geist.‘ Nach diesen Worten verschied er" (Lk 23, 46). Man könnte mit dem Aufzählen dieser kleinen, aber die innere Einstellung Jesu tief offenbarenden Sätze fortfahren. Aus dem bereits Gesagten geht aber schon genügend hervor: Jesus lebte nicht in sich eingeschlossen; alles, was er tat, kam vom anderen her; für dieses Geheimnishaft-Andere hat er gearbeitet und gelitten; seine Existenz war ganz still und horchend; das Vernommene hat ihn geleitet von Mal zu Mal; es war die lebendige Kraft seines Daseins, die in jeder neuen Situation immer neu wirksam wurde; Jesus war ein ganz ins andere hineingerissener Mensch.

Diese zentrale Haltung Jesu (von Johannes in eine umfassende theologische Schau hineingestellt) begegnet uns auch bei den Synoptikern. Sie schildern uns einen Menschen, der in seiner ganzen Existenz ‚beansprucht‘ war, der ganzheitlich ‚beim Bruder‘ lebte. Sie berichten darüber ganz unaufdringlich, fast naiv, mit der Echtheit des Unbeabsichtigten. Es lohnt sich, einmal bei den Synoptikern nachzulesen, wie Jesus in der Zeit stand, was für ihn die Zeit bedeutete. Die Zeit offenbart das Innere eines Menschen: Das Zeichen des ‚Sich-selbst-Gehörens‘ ist ja, daß ein Mensch über seine Zeit verfügt, sie eigenmächtig gestaltet; der Rhythmus eines Lebens ist sozusagen die Stelle, an der der ‚Selbstand‘ eines Lebens am eindringlichsten faßbar wird. Bei Jesus hat man den Eindruck, daß er keine eigene Zeit hatte. Seine ganze Existenz war ihrer eigenen Verfügung beraubt. Er wurde ständig von den sich momentan offenbarenden Nöten der anderen beansprucht. Seine Zeit gehörte nicht ihm selbst. Besonders Markus kann diese Seite des Lebens Jesu mit einer ungekünstelten Anschaulichkeit schildern: „Als es Abend geworden, nach Sonnenuntergang, brachte man alle zu ihm, die krank oder von bösen Geistern besessen waren. Die ganze Stadt war vor der Tür versammelt. Und er heilte viele, die von verschiedenen Krankheiten befallen waren . . . In aller Morgenfrühe, während es noch dunkel war, erhob er sich und ging hinaus, um sich an einen einsamen Ort zu begeben und dort zu beten. Simon eilte ihm mit seinen Gefährten nach, und da sie ihn gefunden, sagten sie zu ihm: ‚Alle suchen dich!‘ Er aber sprach zu ihnen: ‚Gehen wir anderswohin in die benachbarten Ortschaften, damit ich auch dort die frohe Botschaft verkünde'" (Mk 1, 32–38). Manchmal nahmen die Menschen ihn so sehr in Anspruch, daß er nicht einmal Zeit zum Essen fand: „Die Apostel fanden sich wieder bei Jesus ein und meldeten ihm alles, was sie getan und was sie gelehrt hatten. Da sprach er zu ihnen: ‚Nun kommt, ihr sollt ein wenig für euch an einem stillen Orte sein und ausruhen!' Denn es kamen und gingen so viele Menschen, daß sie nicht einmal Zeit zum Essen fanden" (Mk 6, 30–31). Das Bedeutsamste ist dabei: Jesus war nie gespannt; er fühlte sich nie bedrängt; er war zwar in seiner Zeit völlig in Anspruch genommen, wurde aber nie ungeduldig; er war nie ‚geschäftig'; er zählte nicht die Augenblicke, die ihm verlorengingen. Er blieb bei seinem unaufhörlichen ‚Nicht-für-sich-Sein' ständig in sich gesammelt. Hier scheint die menschliche Psychologie gänzlich durcheinandergeworfen zu sein.

Einen der Höhepunkte des ganzen Neuen Testamentes bildet die Stelle, an der Lukas über die Heilung der blutflüssigen Frau berichtet. Das Ereignis spielt sich auf drei Ebenen ab. Jesus wurde von einer großen Volksmenge umringt und gierig betastet. Diese Masse hatte aber keine wirklich innere Beziehung zu ihm. Er ließ alles über sich ergehen, einfach, schlicht und geduldig. Unter der Volksmenge befand sich aber eine unscheinbare, kranke Frau, die seit zwölf Jahren an Blutfluß litt. Sie wagte nicht, ihn zu stören, sondern berührte einfach den Saum seines Gewandes. Zur gleichen Zeit vollzog sich etwas anderes. Der Synagogenvorsteher Jairus flehte Jesus an: „Da kam ein Mann namens Jairus, welcher der Synagoge vorstand; der fiel Jesus zu Füßen und flehte ihn an, ihn in sein Haus zu begleiten: er habe nämlich eine einzige Tochter, etwa zwölf Jahre alt, und sie liege im Sterben." Jesus war von der Not des Vaters zutiefst beeindruckt und folgte Jairus nach. Plötzlich aber blieb er stehen. Seine Aufmerksamkeit war ganz auf die arme Frau gerichtet, die ihn gar nicht anzusprechen wagte, sondern nur die Quaste seines Gewandes berührte. Er verweilte bei ihr, als ob er den ungeduldig, ja verzweifelt wartenden Vater ganz vergessen hätte. Inzwischen kam die Botschaft: „Deine Tochter ist gestorben, bemühe den Meister nicht weiter." Jesus ging aber hin, ruhig, gelassen, unter der zuerst weinenden, klagenden, dann aber lachenden Menge und gab die Tochter dem Vater zurück (Lk 8, 40–56). Ein Vorgang von unerhörter innerer Dramatik, der besser als alle

Deutungen zeigt, wie vorbehaltlos empfänglich Jesus für das fremde Sein war.

Man hat den Eindruck, als ob bei Jesus kein an sich selbst haftendes Ich vorhanden gewesen wäre. Er hörte den Menschen zu. Er hatte in sich einen Raum, in den der andere hineintreten konnte. Sein Inneres schwieg, drängte sich nicht vor, war von sich losgelöst. Er wollte bei den Menschen nichts ‚erreichen‘; er war für das Eigentliche des andern offen, für sein Selbst; er verzichtete auf jeglichen seelischen Eigenbesitz, nahm sich nicht wichtig, löste sich vom eigenen Ich, ließ die Nöte der anderen in sein Inneres hineinströmen, wollte die Menschen nicht für seine eigenen Zwecke gebrauchen. Niemand war für ihn bedeutungslos. Er hörte allen zu, ließ alle zu sich kommen: die Armen, die Kranken, die Bedrängten, die Aufdringlichen, die Kinder, die Frauen, die Gebildeten. Um so selbstlos zu sein, muß man wirklich eine Seinsfülle in sich tragen, die sich nicht aufbraucht, die man gleichsam nach allen Seiten verschleudern kann. Ein Sein, das keine äußeren Stützen braucht.

Diese Selbstlosigkeit Jesu erscheint in den Evangelien vornehmlich unter der Gestalt der ‚Milde‘. Sie war nicht nur ein Wesenszug der geistigen Physiognomie Jesu, sondern geradezu der Kern seiner Botschaft. Je länger man sich mit der Gestalt Jesu beschäftigt, je öfter man die Macht seiner Person auf sich wirken läßt, desto überwältigender entsteht vor dem Betrachtenden das Bild einer geradezu beunruhigenden Milde. Hinter den äußeren Erscheinungen der Sanftheit (wie er zum Beispiel die Sünder vor den sogenannten Gerechten verteidigte – Lk 5, 31; 15, 1–7; 18, 9–14 – und die kleinen Kinder gegen die Apostel – Mk 10, 14 – oder Maria vor Martha – Lk 10, 41 – und vor Judas in Schutz nahm – Jo 12, 7 –, wie er überhaupt die Milde als die Grundbedingung seiner Nachfolge hinstellte) verbargen sich eine innere Freiheit und ein allumfassender geistiger Friede[15]. Dieser Mensch war dermaßen frei, daß er des Gegensatzes und der Feindschaft gar nicht bedurfte, um sich daran, wie es bei uns der Fall ist, zur Freiheit zu entzünden. Eine geradezu unnachvollziehbare Einsicht befällt uns vor Jesus: Dieser Mensch war ganzheitlich, von seinem Wesen aus, feindlos. Deshalb vermochte er auch, ganz offen, restlos aufgeschlossen zu sein. Seine Milde war durchdringende Offenheit. Dadurch schuf er in seiner Umgebung Wahrheit. Eine Wahrheit aber, deren Berührung überaus sanft war. Die krafterfüllte, feindlose und ganzheitlich offene

Milde Jesu war im Grunde eine ‚mütterliche' Haltung allem Sein gegenüber, ein Gebahren, das von vornherein darauf verzichtete, irgendeinem Wesen Leid anzutun. Dies ist aber nur eine negative Formel, in der das Positive der Haltung Jesu nicht eingefangen ist. Dieses ist fast unausdrückbar. Möglicherweise ist es aber in einer der allerersten Wesensbezeichnungen Jesu angedeutet, die von Petrus in seiner ersten Predigt ans Volk im dritten Kapitel der Apostelgeschichte gebraucht wurde. Petrus nennt Jesus – noch unmittelbar unter dem Einfluß seiner mächtigen Gegenwart – „archegos tes zoes", Fürst des Lebens (Apg 3, 15). Die Lebenskraft Jesu erschien diesem Apostel zart, feinfühlig und im wortwörtlichen Sinne ‚harm-los'.

Im Leben Jesu finden wir nirgends Ausgefallenheit oder Überspanntheit. Er wollte sein eigentliches Wesen nirgends derart aufleuchten lassen, daß es überwältigte. Dieser Wesenszug Jesu wurde bei Matthäus, in einer bereits theologisch durchkonstruierten Deutung[16], in der Geschichte der Versuchung ausgesprochen. Wenn wir hinter dem theologisch Strukturierten dieser Erzählung die verborgene Intention der Darstellung und damit das ursprünglich Wahrgenommene erspüren, ergibt sich folgendes: Jesus hat in seinem Leben eine Haltung eingenommen, die im Grunde eine ungemein scharfe Absage an jegliche Selbstverherrlichung war. Durch die Negativität der Versuchungen macht uns der Evangelist das Wesen der Person Jesu offenbar. Die Geschichte der Versuchung Jesu führt uns so zur eigentlichen Gesinnung dieses Menschen, der für seine Welt nichts anderes sein wollte als ein unscheinbarer, unbekannter Jude aus dem fernsten Flecken. Er wollte lieber hungern als für sich Wunder wirken; er wollte lieber die Herzen der Edelmütigen erfassen als sich durch ein Zauberstück, durch die Ankunft von der Zinne des Tempels, der Menge offenbaren; er wollte lieber das Schicksal der Entrechteten und in ihrem Dasein Bedrohten, der Armen Israels teilen als durch den Reichtum des eigenen Seins die Augen der Welt blenden. Hinter dieser Erzählung erahnen wir jenen Eindruck, den Jesus auf seine Mitmenschen gemacht hat: er lebte in radikaler Selbstentäußerung (Mt 4, 1–11). Das war das eigentliche Geheimnis des Daseins Jesu.

Dieses Geheimnis, das zunächst so menschlich anmutet, führt uns zur göttlichen Wirklichkeit Jesu. Es war in Jesus offenbar kein Riß zwischen der Forderung nach Selbstentäußerung und ihrer Verwirklichung. Er hat gerade das vollzogen, wozu kein

Mensch fähig ist: er hat seine eigene Demut vollendet. Das heißt aber, er stand im Sein an einem Ort, der hinter dem eigenen Dasein liegt; er konnte sich ganz verschenken, weil er in seinem Sein nicht abkünftig war; er hielt sich ganz in der eigenen Hand. Dies kann aber kein endlich Seiendes aus dem Wesen der Endlichkeit, das heißt ,Abkünftigkeit', heraus tun. Die Selbstentäußerung Jesu steht außerhalb der Grenzen der menschlich, ja überhaupt geschöpflich vollendbaren Demut. Über diese geheimnisvollen Zusammenhänge nachdenkend, stieß Paulus bis zum göttlichen Sein Jesu vor. Er stellte die Beziehung zwischen der Gottheit und der radikalen Demut Jesu her. Die beiden gehören wesenhaft zusammen: „Er war in göttlicher Gestalt und wollte doch nicht gewaltsam an seiner Gottheit festhalten. Er gab sich vielmehr hin, nahm Knechtsgestalt an und ward den Menschen gleich. In seiner ganzen Erscheinung als Mensch erfunden, entäußerte er sich selbst und ward gehorsam bis zum Tod, ja bis zum Tod am Kreuze" (Phil 2, 6–8).

Das Sprechen

In diesem dritten Abschnitt versuchen wir zu zeigen, daß Jesus von Nazareth wesenhaft ,anders' sprach als die Menschen sonst. Auf diese Tatsache machte uns Blaise Pascal in einer dunklen und nur wenig beachteten Aufzeichnung der ,Pensées' aufmerksam. Das Fragment 799 sagt in rätselhafter Kürze: „Ein Handwerker spricht über Reichtümer, ein Prokurator spricht vom Krieg, vom Königtum usw. Aber der Reiche spricht gut von den Reichtümern, der König spricht kühl von einem großen Geschenk, das er eben gemacht hat, und Gott spricht gut über Gott [17]."

Étienne Périer, der Neffe Pascals, schrieb in seinem um 1669 veröffentlichten Vorwort zu den ,Pensées' darüber: „In diesem Fragment ist ein sehr schöner Gedanke enthalten. Es sind aber nur wenige, die ihn zu sehen vermögen, da er sehr unvollkommen ausgedrückt und in einer dunklen, kurzen und abgekürzten Form dargelegt ist. Es wäre sehr schwierig, einen Gedanken in so verworrener und dunkler Ausdrucksweise zu erkennen, hätte man ihn nicht so oft aus seinem (Pascals) Munde vernommen. Dieser Gedanke müßte ungefähr folgendermaßen dargelegt werden. Er (Pascal) hat viele eigenwillige Bemerkungen über den Stil der Heiligen Schrift und hauptsächlich über den des Evangeliums gemacht. Er hat darin Schönheiten gefunden, die bis anhin niemand bemerkt hatte. Unter anderem bewunderte er die Naivität, die Einfachheit und – um es einmal so zu bezeichnen – die Kälte, mit der Jesus Christus von den größten und höchsten Dingen spricht, etwa vom Reich Gottes, von der Glorie der Heiligen im Himmel, von den Qualen der Hölle. Er (Jesus Christus) verbreitet sich nicht über diese Dinge, wie es bei den Vätern und den anderen, die von diesen Sachen geschrieben haben, zu bemerken ist. Er (Pascal) sagte oft, der wahre Grund dafür sei, daß die Dinge, die für uns wirklich unendlich groß und erhaben sind, es für Jesus Christus gar nicht sind. Und so braucht man sich nicht zu wundern, wenn er von ihnen ohne Staunen und Bewunderung spricht. Man muß keine großen Vergleiche ziehen, um dies einzusehen. Wie einfach und ohne großes Aufheben spricht doch ein General von der Einnahme eines wichtigen Stützpunktes und vom Gelingen einer großen Kampfhandlung. Und ein König spricht ganz kaltblütig über eine Summe von fünfzehn oder zwanzig Millionen, über die ein Privatmann oder ein Handwerker mit großen Übertreibungen sprechen würde. Das ist der Gedanke, der in den Worten dieses Fragments enthalten und gleichsam eingeschlossen ist. Für Menschen von geistiger Einsicht und guten Glaubens könnte diese Überlegung, wenn man sie mit anderen ähnlichen Überlegungen verknüpft, sicherlich als eine Art Beweis der Göttlichkeit Jesu Christi gelten [18]." In diesem Text ist der ganze Gedankengang unseres dritten Versuchs ausgesprochen. Wir wollen in einem ersten Teil zeigen, *wie das geschöpfliche Sprechen sich vollzieht,* und dann in einem zweiten Teil aufweisen, daß Jesus die mit diesem geschöpflichen Sprechen wesenhaft gegebene Grenze sprengt.

Die innersten Bereiche einer Person öffnen sich erst im Gespräch. Um einen Menschen richtig zu erkennen, muß man ihm zugehört haben. Das Hören, das Zuhörenkönnen ist eine große Kunst, die nur wenige beherrschen. Das ‚Verstehen' vollzieht sich in großen Linien folgendermaßen: Wir treten einer Person zuerst mit einer Reihe von Annahmen gegenüber, die nur die allgemeinsten Züge ihres Menschseins enthalten. Im dialogischen Verkehr wird dann dieser allgemeine Rahmen mit einzelnen Charakterzügen ausgefüllt. Die Zeichnung des personalen Antlitzes wird immer schärfer, bis der Prozeß der Aneinanderreihung von Einzelzügen aufhört und der Personschau, dem ‚Verstehen', Platz gibt. Darin wird die ‚Existenzmitte' eines Menschen erfaßt, wo alle Eigenschaften – die physischen, psychischen, intellektuellen, willens- und gefühlsmäßigen – in unlösbarer Einheit verknotet sind, wo die Person in ihrer Einmaligkeit begründet ist. In diesem Erkenntnisprozeß kommt dem Sprechen eine wesentliche Bedeutung zu.

Was vernehmen wir, wenn zum Beispiel ein Mensch über sich selbst erzählt? Ohne Zweifel hören wir zunächst das, was er sagt. Er teilt uns mit, was er erfahren, ausgedacht, erlebt, in Freude und Schmerz durchgemacht hat. Das nennen wir direkte Personoffenbarung: Die Person selbst ist hier ‚Gegenstand' sprachlicher Mitteilung. Wir hören aber nicht nur, was dieser Mensch über sich aussagt, sondern auch, wie er es sagt. Wortwahl, Rhythmus, Tonlage, Gebärde, Gesichtsausdruck und ähnliches drücken erstaunlich viel von einer Person aus. Dieses ‚Wie‘ des Sprechens ist die Stelle, an der ein Mensch vielleicht noch mehr sein Verborgenstes erschließt. Das Selbst als Gesprächsthema muß dabei nicht unbedingt vorhanden sein. Trotzdem kann an einem Tonfall, an einem besonders gewählten Wort sich die Liebe zu einer Person entzünden, nicht des Wortes oder des Tonfalls wegen, sondern weil dort eine Person uns ihr Innerstes geschenkt hat. Diese indirekte Personoffenbarung macht es möglich, zu einem innigen Verstehen von Menschen zu kommen, die über sich selbst nie ausdrücklich zu uns gesprochen haben. Diese indirekte Personmitteilung bildet die wichtigste Quelle unseres Personverstehens.

Wenn das ‚Wie‘ des Sprechens über gewöhnliche Dinge schon erstaunlich viel von einem Menschen kundgibt, so ist das ‚Wie‘ des Sprechens über Gott geradezu der Schlüssel zur menschlichen Person. ‚Gott‘ nennen wir jetzt nur das letzte, unbedingte Anliegen des Menschen, in dem nicht bloß ein Teilbezirk des menschlichen Daseins in Anspruch genommen ist, sondern die Totalität des Personseins: Der ganze Mensch faßt sich zusammen, nimmt sich ganzheitlich in die Hand. Spricht ein Mensch also von ‚Gott‘, so wird die metaphysische Stellung seiner Person klar.

‚Wie‘ spricht aber ein Mensch über Gott? Wir wollen bei der Beantwortung dieser Frage nicht die Sprache des Durchschnittsmenschen als Beweisgrundlage nehmen. Der Mensch des Alltags spricht kläglich: Selbst das Größte und Erhabenste wird oft in seinem Munde trüb und klein. Wir sollten die Sprache jener Menschen beobachten, in denen der menschliche Geist seine äußersten und edelsten Möglichkeiten verwirklicht hat. Mit Recht hat Henri Bergson in bezug auf die christlichen Mystiker den Ausdruck „robustesse intellectuelle" geprägt[19]. Ihre Geisteserfahrungen gehören zweifellos zu den edelsten und höchsten, die der Menschengeist je gemacht hat. Sie könnten uns zeigen, wie ein wirklich kraftgeladener Geist über Gott zu sprechen vermag. Ihre Wege waren recht verschieden und doch gemeinsam. Es liegt dem Mystikerdasein eine Gestalt zugrunde, welche wir bei jedem christlichen Mystiker wiederfinden. Der Anfang des ‚Mystikerseins‘ scheint darin zu bestehen, daß der Mensch von sich selbst

‚befreit' wird; der auf sich zurückbiegende Bogen des Daseins bricht; der Mensch wird der göttlichen Präsenz inne und gibt sich ihr restlos hin. In dem Maße, als sich das Dasein weggibt, wächst Gott. In der höchsten Übereignung wird die Seele mit Gott vereinigt. Die Mystiker beschreiben diesen Zustand auf verschiedene Weise. Manche von ihnen sprechen sachlich und wortkarg, andere jubelnd und bildkräftig. Eines dürfte aber sicher sein: Nach allen Regeln der Beurteilung von geistigen Erscheinungen erreicht der menschliche Geist in diesem Zustand seine höchste Erfüllung. Und doch geschieht gleichzeitig etwas Unheimliches: Je eindringlicher der Mystiker Gott erfährt, desto fremder wird Gott für seine Erfahrung. Die größte Immanenz ‚bewirkt' eine radikale Transzendenz. Die mystische ‚Enthüllung' Gottes nimmt die Form einer undurchdringlichen ‚Verbergung' an. Indem sich Gott in die mystische Wahrnehmbarkeit begibt, entschwindet er aus dem Bereich der Wahrnehmung in die unüberschreitbare Entzogenheit. Der Geist des Mystikers schwebt im Bodenlosen, Ungreifbaren, Ermattenden. Nichtend tritt Gott der Seele nahe. Je näher er kommt, desto unerträglicher wird seine Ferne. Das ist die Erfahrung der dunklen Nacht der Seele. Der Mensch erfährt sich darin als Verlorenheit. Gott wird zur Verdammnis. Doch vollzieht sich in diesem Vorgang der ‚Verwüstung der Seele' etwas, das die Finsternis ins grenzenlose Vertrauen umwandelt. Im Übermaß der Finsternis bricht ein Übermaß des Lichtes auf. Wer Gott so verliert, gewinnt alles. Gott erscheint in der mystischen Erfahrung als Finsternis, weil er die Überfülle des Lichtes; als Tod, weil er die Überfülle des Lebens, als Bedrohung, weil er die Überfülle der Liebe ist. Das ist die blendende Finsternis des Kreuzes, die selige Gottesnähe der Gottverlassenheit. Das Dunkel Gottes ist die Chiffre seines überlichten Lichtes. So verwirklicht sich jenes Große, worin die Mystiker die letzte Ekstase des mystischen Daseins zu verdeutlichen suchen: das Brautwerden der Seele, das heißt ein Selbstwerden des Menschen in der gesammelten Hingabe, ein Sichfinden durch Sichverlieren, ein letztes Selbstsein im Sichgenommensein. Gott wird zu jenem, dem die Seele Braut ist[20].

Nach diesen zeitlosen Momenten des ‚Gottspürens' kommen die Mystiker zurück zur Gewöhnlichkeit des Menschlichen und fangen an, über diesen Gott ihrer mystischen Erfahrung zu sprechen. Augustinus sagt: „Dann seufzten wir auf und kehrten zu unseres Mundes Wortgeräusch zurück, wo das Wort beginnt und endet." [21] Da geschieht etwas Bemerkenswertes. Alles, was sie über den Gott ihrer innigsten Erfahrung zu sagen vermögen, scheint ihnen farblos und nichtig. Sie suchen zwar die schönsten Namen für ihn aus; aber wenn sie einmal gewagt haben, ihn zu benennen, dann schicken sie gleich tausend Worte nach, um das Wagnis gleichsam zu widerrufen. Sie fangen an zu stammeln. Ihr Mund bleibt mehr und mehr geschlossen. Sie verharren am Ende in einem heiligen Schweigen. Gregor von Nazianz spricht die ganze Not des um einen würdigen Gottesnamen ringenden Mystikers aus:

„O du, der Jenseitige von allem! Ist dies nicht alles, was man von dir sagen kann? Welcher Hymnus wird eine dir gemäße Sprache führen? Kein Wort drückt dich aus. Woran soll sich der Geist festhalten? Du überragst allen Verstand. Allein du bist unaussprechlich; denn alles, was aussagbar ist, ist aus dir hervorgegangen. Alle Wesen, ob sie reden oder schweigen, verkünden dich. Alle Wesen, ob sie denken oder nicht denken, erweisen dir Ehre. Das Sehnen des Alls, das Seufzen des Alls, sie steigen zu dir. Alles, was ist, betet zu dir, und zu dir läßt jedes Wesen, das deine Welt denkt, einen Hymnus des Schweigens emporsteigen. Alles, was bleibt, bleibt durch dich. Durch dich beharrt die Bewegung des Alls. Du bist aller Wesen Ziel. Du bist jedes Wesen. Und doch bist du kein einziges davon. Nicht ihre Gesamtheit. Dir gebühren alle Namen. Doch wie soll ich dich nennen? Dich, den man nicht nennen kann. Welcher himmlische Geist wird die Nebel durchdringen können, die den Himmel verhüllen? Hab Erbarmen! O du, der Jenseitige von allem! Ist dies nicht alles, was man von dir sagen kann?" [22]

Tauler spricht über eine ‚geheimnisvolle Dunkelheit‘, die alle Sinne blind macht. Sie bewirkt, daß der Mystiker nicht sagen kann, was er im Zustand der Gottvereinigung erfahren hat [23]. Ruysbroeck dagegen berichtet von einem ‚unvorstellbaren Licht‘, das die Seele blendet und sie ihrer Bilder beraubt [24]. Die bedeutendsten Aussprüche über das Stammeln der Mystiker finden wir aber beim Altmeister der mystischen Theologie, bei Augustinus: „Was auch der Mensch denken mag: nichts, was geschaffen ist, ist dem ähnlich, der alles schuf. Gott ist unaussprechlich. Leichter sagen wir, was er nicht ist, als was er ist." [25] „Was sollen wir also über Gott sagen? Wenn du nämlich etwas sagen willst und hast es schon in Worte gefaßt, dann ist es nicht Gott. Wenn du ihn begreifen konntest, hast du statt Gott etwas anderes begriffen. Er ist keineswegs das, was du begriffen hast. Wie willst du also das, was du nicht begriffen hast, aussprechen?"[26] „Alles kann über Gott gesagt werden, aber nichts, was seiner würdig ist, wird über ihn ausgesagt. Nichts ist so weit gespannt wie diese Not. Du suchst einen passenden Namen, du findest ihn nicht. Du suchst Gott dennoch irgendwie zu bezeichnen, du findest alles."[27] „Gott kann nicht einmal das Unsagbare genannt werden, weil auch damit noch etwas gesagt wird. Und so entsteht ein Ringen der Worte: Was nicht gesagt werden kann, ist doch unsagbar, und was wenigstens als das Unsagbare benannt werden kann, ist letztlich nicht mehr unsagbar. Da ist es besser, wenn man schweigt."[28] Die Kirche bekennt sich ausdrücklich zu dieser Unsagbarkeit Gottes: „Wir glauben an Gott, den Unermeßlichen und Unendlichen, den Unveränderlichen und Unbegreiflichen, den Unfaßbaren und Unnennbaren."[29] Das Erste Vatikanische Konzil bezeugt den „unermeßlichen und unbegreiflichen Gott ..., der über alles unaussprechlich erhaben ist, was außer ihm ist und gedacht werden kann."[30]

Diese Unsagbarkeit Gottes bewirkt eine seltsame Dialektik unserer Aussagen über Gott. Der auf Gott abzielende Dynamismus des Geistes muß sich in einem konkreten Aussagezusammenhang verwirklichen, sonst bleibt er unbestimmt und für den Geist selbst unnachvollziehbar. Zugleich droht aber Gefahr, daß das ganze Aussagesystem über Gott sich zu einer fixierten Gegenständlichkeit verdichtet und daß die Aussage die auf Gott abzielende Intentionalität absorbiert. Deshalb muß die einmal gesetzte Aussagewelt, soweit sich diese auf Gott bezieht, verneint werden. Diese Negation sucht die inhaltliche Aussage über Gott aufzuheben und unsere Gottesbegriffe ständig in Schwebe zu halten. Dadurch versetzt sie den Geist unaufhörlich in Selbstwiderspruch. In dieser dialektischen Bewegung zwischen Aussage und Aussageverneinung geschieht eine Übersteigung: Indem das Ungenügen der Aussage über Gott erlebt und durchlitten wird, eröffnet sich derselben Aussage ein tieferer Sinn. Erst in solcher Übersteigung sammelt der Geist die Frucht des einmal Ausgesagten und vollzieht die eigentliche Grundbewegung des Geistes in der Richtung des aus allen Aussagebezügen enthobenen Gottes. Doch kommt wiederum der Moment, in dem diese bereits tiefer gewordene Aussage beginnt, sich wieder zu verfestigen, undurchsichtig zu werden. Dann muß unbedingt eine neue Bewegung der Verneinung einsetzen. Der Geist durchleidet wiederum den dialektischen Prozeß der Aussage, Verneinung und Übersteigung. Gott ist für den endlichen Geist der „immer größer werdende Gott". Sonst ist er kein Gott. Der endliche Geist kann einen immer größeren Gott nur in einem Schwebezustand und Selbstaufhebungsprozeß erfassen[31].

Das Stammeln, das Häufen der Gegensätze und Verneinungen scheinen also das vornehmste Sprechen des Menschen über Gott zu sein. Unsere Gottesbilder zeigen das Gemeinte deutlich. Licht und Finsternis, Höhe des Himmels und Tiefe des Abgrunds, blühendes Leben und ausgebrannte Wüste, Vater und Kind, König und Bettler sind für die Bezeichnung Gottes gleich geeignet[32]. Darin ist ein allgemein menschliches, ja allgemein geschöpfliches Phänomen angedeutet: In der ‚Gotterfahrung' scheint der Mensch die Rand- und Bruchstelle des Daseins zu erreichen. Jedes endliche Wesen, auch der reine Geist, muß in der ‚Gotterfahrung' dieses Randerlebnis haben: Mit dem Wesen der Endlichkeit ist mitgegeben, daß es im endlichen Wesen einen Seinsrand gibt, an dem es aufhört; das Unendliche muß immer jenseits dieses Randes stehen, das heißt das ‚Ganz-Andere' sein. Das ‚Ganz-Andere' beginnt dort, wo wir aufhören. Ihm können wir immer nur am Ende unserer Kräfte, am äußersten Rand unseres Seins wirklich begegnen. Dort, wo nichts mehr vom Geschöpf übrigbleibt, beginnt der ‚Ganz-Andere' in seiner reinen Gestalt. Die Theoretiker der mystischen ‚Gotterfahrung' bezeichnen diese letzte Stelle des Daseins als ‚Seelengrund', ‚Seelenfunke' oder ‚Spitze des Geistes'. Durch diese Ausdrücke wird nur verdeutlicht, daß in der ‚Gotterfahrung' die äußerste Grenze des lebendigen Daseins erreicht wird, jene Stelle, wo das Dasein wirklich ‚am Ende ist'. Wenn nun diese Randerfahrung des endlichen Geistes in der Sprache Ausdruck findet, entsteht das Stammeln über Gott. Dieses ist nur die Übersetzung des geschöpflichen Brüchigkeitserlebnisses in die Brüchigkeit der Sprache. Das Stammeln über Gott ist also der Ausdruck dafür, daß ein Mensch eine innige Gotterfahrung besitzt und daß er weiß, wovon er redet. Niemand spricht gut über Gott. Niemand, nicht einmal ein reiner Geist, kann über Gott flüssig reden.

Am Ende jeder Aussage über Gott steht aber das Schweigen. Der endliche Geist stürzt sich wortlos in die Arme des unerforschlichen, unbenennbaren und entzogenen Gottes. Dieses Schweigen über Gott ist nicht etwas Negatives, nicht ein bloßes

‚Nichtsprechen‘, sondern etwas völlig Positives und Uranfängliches, durch das der Mensch an dem einen Urhaften teilnimmt. Alles Ungefähre, Zufällige muß in der Seele verstummen; alle Erinnerungen der Vergangenheit und alle Beunruhigungen der Zukunft. Das Buch der Weisheit beschreibt diese Begegnung Gottes mit dem Geschöpf: „Tiefes Schweigen hielt alles umfangen, die Nacht hatte in ihrem Lauf die Mitte ihres Weges erreicht, da kam, Herr, aus dem Himmel vom Königsthron herab dein allmächtiges Wort" (Weish 18, 14–15). In diesem Schweigen lebt der alles Aussagbare gänzlich übersteigende Verweis auf die Unendlichkeit. Es ist der bewußte Nachvollzug der Stummheit aller Kreatur vor Gott. Indem man das Unsagbare umschweigt, wird seine Größe noch leuchtender. Es kommt eine Zeit in jedem Leben, in der es gilt, die Worte zu verlernen, die Namen abzulegen, die Spiegel zu verhängen, irdisch zu erblinden und sich der Gefahr des Schweigens zu weihen. Erst dann erkennt man wirklich, wie klein, oberflächlich und unbedeutend, wie nichtig oft über Gott geredet wird. Schweigen und Stammeln sind Wesenshaltungen des endlichen Geistes vor Gott. Sie zeigen an, daß das Unbedingte in einem Dasein zur Macht gekommen ist.

Nach dieser kurzen Analyse des menschlichen Sprechens über Gott können wir uns jetzt wieder der Gestalt Jesu zuwenden. *Wie sprach Jesus von Nazareth von Gott?* Das ‚Wie‘ des Sprechens Jesu steht im radikalen Gegensatz zu aller Brüchigkeit, Verkrampfung, zu allem Stammeln. Seine Rede über Gott quoll mit einer ungebrochenen Selbstverständlichkeit aus der Tiefe einer innigen Gotterfahrung. Er sprach als einer, dessen Sprechweise gar keine Geschichte hat: Es ist in seinem Sprechen jene Wandlung gar nicht spürbar, welche die Rede der Mystiker kennzeichnet, die Wandlung vor und nach dem Durchbruch zur Vereinigung mit Gott. Es ist fast unmöglich, all das im Rahmen unserer Untersuchung zu zeigen. Die Beispiele könnten beliebig vermehrt werden; doch wird die Darstellung nicht erschöpfend. Auch unter diesem Gesichtspunkt müßte eigentlich das Evangelium nochmals aufmerksam durchgelesen werden, damit die großartige Einfachheit des Sprechens Jesu aufleuchtet. Wir versuchen trotzdem, einige Hinweise zu geben. So wird wenigstens die Sinnrichtung unserer Argumentation klargestellt.

Vielleicht wäre als erstes zu bemerken, daß Jesus in seiner Verkündigung nicht hastig vorging. Bedenken wir nur folgendes: Er hatte für sein Wirken höchstens vier Jahre Zeit gehabt (nach der niedrigsten Annahme nicht einmal zwei Jahre)[33]. Er hat diese Zeit gar nicht ‚ausgenützt'. Lange Stunden verweilte er im einsamen Gebet oder auf Wanderungen oder im einfachen Zusammensein mit seinen Freunden. Sein Leben vollzog sich nicht unter dem Zeichen der Rastlosigkeit, der Ungeduld und des Ungestüms jener, die, aus erleuchteter Einsamkeit kommend, ihr Wissen über Gott zu den Menschen hinaustragen. Die Wesensgebärde seines Lebens war die Gelassenheit. Seine Verkündigung war nicht gehetzt, nicht angriffig, nicht eigentlich kühn und auch nicht furchtsam – nur ganz gelassen. Beim Prozeß Jesu brach diese mächtige Gelassenheit klar durch: Jesus kämpfte nicht mit dem großartigen Pathos der religiösen Verkünder, und auch in seiner Niederlage zeigte er keinerlei Verzweiflung. Da ist wieder nur Gelassenheit; als ob dieser Mensch gar nicht in unserer menschlichen Situation gestanden hätte.

Wenn man seine Verkündigung unter dem stilistisch-formalen Gesichtspunkt betrachtet, fallen sofort die Gleichnisse auf. Er hat in Gleichnissen geredet; das war die geradezu typische Art seines Sprechens über Gott. Im Evangelium finden wir mehr als siebzig Gleichnisse Jesu. Einige, die aller Wahrscheinlichkeit nach authentisch sind, wurden nicht aufgezeichnet[34]. Die Gotterfahrung hat offensichtlich die Seele Jesu nicht der Bildlosigkeit ausgeliefert. Eher im Gegenteil. Für Jesus wurde die Welt durchsichtig. Sie enthüllte sich vor ihm als Gleichnis Gottes. Dieses Durchsichtigwerden der Welt auf Gott hin war aber für Jesus ein sehr stiller, ruhiger und völlig ‚undramatischer' Vorgang. Es wurden in diesen Gleichnissen die einfachsten Vorkommnisse des Lebens gewählt. „Alles redet ihm von Gott und vom Reich Gottes: die Vögel des Himmels und die Blumen des Feldes, das rauschende Wasser und der fahle Blitz, die reifende Traube und das verirrte Schaf, die Frau, die den Teig knetet, und der Dieb in der Nacht, Könige und Sklaven, Kinder und Bettler, Soldaten, Dirnen, Pächter, Priester, Hirten und Handelsleute. Die bunte Fülle der Wirklichkeit, der Reichtum der Natur des Lebens, alles beginnt zu sprechen, zu klingen und zu tönen. Alles wird zum sichtbaren Wort, durch das der unsichtbare Gott zum Menschen spricht. So wird der Unsichtbare sichtbar und der Unhörbare hörbar. Der Unvergleichliche tut sich kund im Gleichnis."[35] Dieses Sprechen in Gleichnissen hatte bei Jesus etwas ganz Ruhiges und Abgeklärtes. Sie wurden mit einer ungebrochenen Selbstverständlichkeit gebraucht und nicht, weil der Sprechende um einen Ausdruck rang und sich bei seinem mühsamen Gang in etwas Handgreifliches zurückversichern wollte. Sie dienten dem Hörer und nicht dem Sprecher: Jesus konnte, wenn er wollte, seine Verkündigung ohne Gleichnisse klarmachen. „Jetzt sprichst du offen und nicht mehr in Gleichnissen" (Jo 16, 29). Die Worte Jesu flossen mit einer machtvollen Gelassenheit aus einem Personzentrum, das durch die Gemeinschaft mit Gott nicht zerrissen, sondern ruhiger, weltnaher, einfacher und in sich vereinigter wurde. Die Sprache dieser Gleichnisse offenbart uns etwas Erschütterndes: da spricht einer schlicht und gut über Gott.

Die Worte Jesu, die er bei seinen Wundern gesprochen hat, sind besonderer Aufmerksamkeit würdig. Das Sprechen der Wundertäter aller Zeiten ist von einem mächtigen Pathos getragen. Es ist aber nur der Ausdruck eines hintergründigeren Vorgangs: Der Wundertäter, selber oft ein gebrechlicher Mensch, wagt sich bis zum äußersten Rand seiner Existenz, um von dorther, aus dem Bereich des Darüberhinausliegenden, überirdische Kräfte herbeizurufen. Lassen wir dahingestellt, wie das Wunder selbst zu beurteilen und zu erklären ist [36]. Uns kommt es hier auf die seelische Struktur des Vorgangs an. Wir geben hier ein Beispiel dafür, wie ein Wundertäter gewöhnlich spricht. Die Worte des Propheten Elias bei seinem Feuerwunder lauten: „Herr, Gott Abrahams, Isaaks und Israels, heute laß es kundwerden, daß du Israels Gott bist und ich dein Diener und daß ich auf deinen Befehl hin dies alles tue. Erhöre mich, Herr, erhöre mich, damit das Volk erkenne, daß du, Herr, der wahre Gott bist und daß du ihre Herzen wieder wendest" (1 Kg 18, 36–37). Dieses dramatische Sprechen entspricht ganz genau der inneren Logik der ungewöhnlichen Handlung. Jesu Wunderworte hören sich aber ganz anders an. Da sprach einer einfach und sicher, als wäre er die letzte Instanz: „Nimm dein Bett und gehe nach Hause" (Mk 2, 11), oder: „Mädchen, ich sage dir, stehe auf" (Mk 5, 41), und wieder: „Ich will, sei rein" (Mk 1, 41). Dieses Sprechen zeigt eindeutig: Dieser Mensch verwirklichte in seinem Wunderwirken die oben angedeutete Struktur des Durchbrechens in die Sphäre des Darüberhinausliegenden nicht; er stand schon von vornherein dort, sonst hätte er ja gar nicht mit solch erschütternder Gelassenheit sprechen können.

Die gleiche Einfachheit und Gelassenheit, ja sogar Selbstverständlichkeit sehen wir, wenn Jesus zu Gott spricht. Sichere, einfache und sozusagen karge Worte sprach er da aus. Seine Gebete lauten: „Vater, ich danke dir, daß du mich erhört hast" (Jo 11, 41); „Mein Vater, wenn es möglich ist, so gehe dieser Kelch an mir vorüber. Doch nicht wie ich will, sondern wie du willst" (Mt 26, 39); „Vater, ich will, daß die, die du mir gegeben hast, allzeit bei mir seien" (Jo 17, 24). Unbefangen stand dieser Mensch vor Gott; offen und ungezwungen sprach er mit seinem Vater, mit der Selbstverständlichkeit dessen, der gleichsam ein angestammtes Recht hat, da zu sein und zu reden, der ohne Angst Gott ins Antlitz schauen kann und sich ihm nicht in einer vorgeschriebenen Sprechweise nähern muß. Er hatte einen freien und freudigen Stand vor Gott. Das Reden dieses Menschen aus Nazareth mit Gott schuf den offenen Seinsraum einer neuen Art des Gebetes, eine neue Mächtigkeit des Sagens. Von dieser Macht mögen jene Menschen etwas erspürt haben, die über Jesus staunten: „Denn seine Rede war machtvoll" (Lk 4, 32).

Seine Lehre strahlte die gleiche Macht der einfachen Selbstverständlichkeit aus. Seine Zuhörer waren darob erschüttert oder zum Teil auch verärgert. Es herrschte offenbar ein tiefgreifendes Mißverhältnis zwischen seiner äußeren Erscheinung, seiner einfachen Herkunft und seinem machtvollen Sprechen: „Er hielt ihnen Lehrvorträge in ihrer Synagoge, so daß sie sehr erstaunt waren und sagten: ‚Woher hat er denn solche Weisheit und Wunderkräfte? Ist er nicht des Zimmermanns Sohn? Heißt nicht seine Mutter Maria; sind nicht seine Brüder Jakobus, Josef, Simon und Judas? Und seine Schwestern, sind sie nicht alle bei uns? Woher hat er dies alles?' So nahmen sie Anstoß an ihm" (Mt 13, 54–56). Seine Lehre offenbarte eine neue Sicherheit, die seine Zuhörer noch nie vernommen haben: „Als Jesus diese Reden beendet hatte, waren die Leute von seiner Lehre betroffen; denn er lehrte sie wie einer mit Macht und nicht wie ihre Schriftgelehrten" (Mt 7, 28–29). Diese Macht des Wortes versetzte seine Feinde in Unruhe: „Als die Hohenpriester und Schriftgelehrten davon hörten, überlegten sie, wie sie ihn aus dem Wege räumen könnten. Denn sie fürchteten sich vor ihm; war doch alles Volk voll Staunen über seine Lehre" (Mk 11, 18). Sie versuchten, den Ursprung dieser Macht zu ergründen: „In welcher Macht tust du dies; wer hat dir die Macht dazu gegeben?" (Mt 21, 23.)

Wer je versucht hat, einem von Zweifeln geplagten oder verwirrten Menschen Auskunft über die tiefsten Fragen des Lebens zu geben, steht betroffen vor diesem jungen Mann, der so einfach über die Beziehung des Menschen zu Gott, über die verborgenen Ratschlüsse des Vaters, über die Geheimnisse des göttlichen Lebens reden konnte. Man ist versucht zu denken, er wisse gar nicht, worüber er rede, er stelle ahnungslose Behauptungen auf, er sei ein grenzenlos naiver Mensch. Doch all das trifft nicht zu. Kein ahnungslos-naiver Mensch kann uns mit solcher Treffsicherheit sagen, was gut sei und worin die Vollkommenheit bestehe, was das Wesen des Gottesreiches ausmache, welche Beziehung herrsche zwischen zeitlicher Tat und ewigem Lohn, wer selig sei und wer nicht, wie man die Barmherzigkeit und die Güte Gottes verstehen solle, und so fort. Wir wollen hier die Beispiele nicht vermehren. Man könnte ja dabei eine ganze Theologie des Neuen Testamentes entwerfen. Das ist hier aber keineswegs unsere Absicht. Wir wollen nur darauf hinweisen, daß eine solche Einfachheit ‚in Sachen Gottes' eine unerhörte Vollendung des inneren Lebens verlangt. Hier zeigt sich uns ein Erkennen, das Vertrautheit mit Gott ist, Weisheit, welche die Wirklichkeit unaufhörlich von Gott her, in ihm und auf ihn hin schaut. Die Kargheit und die scheinbare Verarmung dieses Sprechens sind gerade das Zeichen dafür, daß dieser Mensch hineinragt in eine letzte Einfachheit des Seins. Eine ganz besondere Lebendigkeit ist darin enthalten, eine tiefe Konnaturalität mit dem Absoluten. Es ist dieses Wissen um das Göttliche aus einer Verwandtschaft des Seins, welche die einzelnen Erkenntnisse Jesu und folglich auch sein Sprechen durchtränkte. Letztlich muß dahinter eine Hingabe an Gott gestanden haben, die das Göttliche in seiner Positivität in die Nähe der Menschen bringt und in der ein Mensch zur Selbstdarstellung des Absoluten wird, die also in letzter Analyse nur eine tiefe Gottverbundenheit, Gottvereinigung sein kann.

Damit kommen wir aber in unserer Analyse zu einem Punkt, an dem die innere Logik des Lebens Jesu den Rahmen unserer menschlichen Kategorien sprengt. Wir haben gesehen, wie die Gottvereinigung die menschliche Seele einer Bildlosigkeit, einer Leere ausliefert, wie sie die Kräfte des Daseins gleichsam vernichtet, wie die ganze Seelenlandschaft verwüstet wird und daß diese Verwüstung das menschliche Sprechen über Gott zerstört, es brüchig und stammelnd macht. Hier haben wir aber einen Menschen vor uns, der, obwohl er sich zutiefst mit Gott vereinigt weiß, kein Zeichen von dieser Brüchigkeit alles Geschöpflichen vor dem Absoluten gibt. Hier versagt jegliche Deutung des Daseins Jesu mit den Mitteln unserer menschlichen, ja allgemein geschöpflichen Psychologie.

Denn wie kann ein Mensch, der reif ist und ehrlich sein Menschsein lebt, andere Menschen mit seiner Daseinsgewalt derart beunruhigen, ohne selber innerlich beunruhigt zu sein? Wie kann ein Mensch, der nie in einem schmerzhaften Suchen, in Erschütterungen, Wandlungen und Niederlagen zum letzten Geheimnis durchgestoßen ist, andere Menschen zu diesem Geheimnis führen? Wie kann ein Mensch über die letzten Wahrheiten vom ersten bis zum letzten Tag seines Wirkens mit derselben Klarheit, Innigkeit und Ruhe sprechen? Woher nimmt ein Mensch die Kraft dazu, den Heilsweg anderer Menschen zu bestimmen, für sie ewiges Schicksal zu sein? Wer sich schon einmal bemüht hat, in der Existenz eines anderen Menschen durch das Wort Klarheit zu schaffen, anderen einen Weg zu weisen, suchenden und leidenden Menschen eine Hilfe durch die dunklen und verworrenen Bereiche des Daseins zu sein, der weiß, mit wieviel innerer Unruhe, Angst und Unsicherheit das alles verbunden ist. Wie tief man am Leid und an der Not dessen, dem man helfen will, teilnimmt, können nur jene sagen, die diese Hilfe einmal aus ganzem Herzen geleistet haben. Sie werden höchstwahrscheinlich darüber schweigen, aber sicherlich ohne viel Mühe verstehen, was das hier so mühsam Angedeutete besagen will. Oft finden diese hilfsbereiten Menschen die richtigen Worte gerade dann nicht, wenn der andere sie am nötigsten hätte. Diese Erfahrungen muß man wohl durchlitten haben; man muß wohl innig erlebt haben, wie die Not des andern uns die Kehle gleichsam zuschnürt, wie die Verzweiflung in uns übermächtig werden kann angesichts eines Menschen, der flehend auf unsere Hilfe wartet, auf eine Hilfe, die wir ihm gerade jetzt nicht geben können, weil uns die Worte dazu fehlen. Wenn man in solchen Momenten an Jesus denkt, der mit einigen einfachen Worten die Leidenden aus ihrer Not herausführen konnte, der uns ruhig zu sagen vermochte, wie wir aus der Verworrenheit unseres Daseins den Weg zum Licht finden können, der die Bedrohung, die gleichsam todbringende Not unseres geschöpflichen Seins dem Absoluten gegenüber ,gelassen' aushalten konnte, dann erlebt man, daß dieser Mensch aus Nazareth unendlich mehr war, als wir sind, daß in ihm etwas waltete, das wir nie erreichen können. Er sprach ruhig und gut über Gott zu uns armen Menschen, weil er Gott selber war. So verstehen wir den tiefen Sinn der Worte jener Männer, die die Hohenpriester und Schriftgelehrten beauftragt haben, sich Christus' zu bemächtigen, und die dann zu ihren Auftraggebern zurückkehrend erklärten: „Noch nie hat ein Mensch *so* gesprochen wie dieser" (Jo 7, 46).

Die hier angedeuteten Gedanken führen uns in die nächste Betrachtung hinüber. Wir werden die Frage stellen, wie Jesus in seinem Leben die vielleicht schwierigste und die menschliche Liebeskraft am meisten verbrauchende Haltung, die Barmherzigkeit, vollzog.

Das Erbarmen

Das Erbarmen bezeichnet eine der größten Taten des menschlichen Herzens. Seine Quelle heißt Liebe. Ist die Liebe in einem Menschen wirklich ,tief' geworden, das heißt, hat sie von seinem ganzen leibseelischen Dasein Besitz ergriffen, so hat sie ihn zugleich dem Leid ausgeliefert. Die Menschen merken erstaunlich schnell die Selbstlosigkeit und die Offenheit des Herzens. Sie suchen bei der selbstlosen Liebe Hilfe und vor allem menschliche Wärme: Die Hungrigen suchen bei ihr Speisung, die Durstigen Trank, die Nackten Bekleidung, die Fremden Heimat, die Gefangenen Erlösung, die Kranken Beistand, die Sterbenden Hilfe, die Ungerechten Geduld, die Unwissenden Lehre, die Betrübten Tröstung und alle Menschen, die Lebenden und die Toten, Gebet. So macht man gewöhnlich die sieben Werke der Barmherzigkeit namhaft. In ihnen wird die ganze Not unserer Existenz sichtbar[37].

Diese Not auf uns zu nehmen bringt Leid mit sich, manchmal unerträglich schweres Leid. Die Not der andern verbraucht uns mehr als das eigene Leid. Unser Dasein ist mehr durch die fremde als durch die eigene Gebrechlichkeit bedroht. Oft wird die Hilflosigkeit des leidenden Menschen übergroß. Ein Mensch kommt zu uns mit leiddurchfurchtem Gesicht, und wir stehen ihm machtlos gegenüber, ohne helfen zu können. Da bleibt noch ein letztes Werk der Barmherzigkeit übrig, das nicht einfach neben die anderen sieben gestellt werden kann, weil es einfach der Grund allen Erbarmens ist: Wenn das Leid wirklich tief geht, dann kann man oft nicht anders helfen, als daß man einfach ,mit-leidet'. Das einzige, was man da noch tun kann, ist: das Herz weit öffnen, das Leid des andern hereinströmen lassen, in diesem Mitleiden verharren, bis der Leidende sich gehoben findet, weil ein liebender Mensch sein Leid mitträgt. Wer meint, es sei leicht, in der Liebe bis zu diesem bitteren Ende auszuharren, das heißt sie zu unserer eigentlichsten Lebenstat zu machen, der weiß noch nicht um das Tiefste der menschlichen Liebe. Wir möchten jetzt versuchen, *die Wesensgestalt des Erbarmens* zuerst phänomenologisch zu erhellen und nachher, in einem zweiten Teil, dieses Erbarmen bei Jesus von Nazareth aufzufinden. Dabei wird die völlige Andersheit Jesu vor uns aufleuchten.

Das Wort ‚Barmherzigkeit' ist, wie alle Worte, die auf ein Letztes hinweisen, religiösen Ursprungs. Es ist deshalb sehr nützlich, auf seine Wurzel zurückzugreifen und uns zu fragen, welche menschlichen Erfahrungen sich in den verschiedenen Wortbildungen durch die Jahrtausende religiöser Geschichte verdichtet haben. Im Hebräischen wird für das Erbarmen nicht selten der Ausdruck ‚rahamim' gebraucht. Dieses Wort ist offenbar die Mehrzahl von ‚rehem', das Mutterschoß bedeutet. ‚Rahamim' besagt demnach jene Verbundenheit, die im Bereich der Mütterlichkeit gedeiht: eine Verbundenheit mit einem hilflosen Wesen, dessen Leben ganz von uns abhängt. Es deutet jenes Gefühl an, das eine Mutter ihrer Leibesfrucht gegenüber empfindet, eine Liebe also, die ihrem Wesen nach zärtlich ist. Wärme, Nähe, Vertraulichkeit, Seinsgemeinschaft sind die Begriffe, die in diesem Wort mitschweben. Im Griechischen der spätjüdischen und urchristlichen Literatur wird oft für eine von innen her aufsteigende Barmherzigkeit das Bildwort ‚splagchna' gebraucht, das das Innere des Leibes, die Eingeweide, bedeutet. In diesem Wort schillert eine ähnliche Bedeutung wie im hebräischen ‚rahamim'. ‚Splagchna' meint die ganze menschliche Persönlichkeit, insofern sie im tiefsten Sinne betroffen und ergriffen ist. Bei Paulus bezeichnet dasselbe Wort die Fähigkeit des Menschen zur Liebesergriffenheit oder einfachhin den Menschen als Liebenden[38]. Das lateinische Wort ‚misericordia' und seine germanische Lehnübersetzung ‚Barmherzigkeit' nehmen für die Bezeichnung des Erbarmens ein leicht verschiedenes Bild, das Herz. ‚Barmherzig' ist jener, der ‚ein Herz hat' für das Unglück, das Elend und die Not des andern. ‚Herz' als ganzmenschliches Urwort besagt die ursprünglichste und innerste Mitte einer Person, jene letzte Einheit des Wesens, aus dem sich all das entfaltet, was ein Mensch ist und tut. ‚Herz' ist also sowohl der Inbegriff des konkreten Menschen als auch der Ursprung seines Tuns, seiner existentiellen Grundhaltung. Es deutet die Gesinnung des Menschen an: wie er es überhaupt mit den anderen Menschen, mit dem Leben und mit dem Sein meint. ‚Barmherzig' ist demnach jener, der diese innerste Mitte seiner Person dem Elend und dem Leid des andern öffnet und der diese existentielle Offenheit als bleibende Gesinnung treu verwirklicht.

Aus diesen spärlichen Hinweisen wurden bereits drei Wesenseigenschaften des menschlichen Erbarmens ersichtlich. Das Erbarmen ist (erstens) die Fähigkeit der Liebe, vom Leid des andern innerlich ergriffen zu werden; es ist (zweitens) die Bereitschaft, mit dem leidenden Wesen eine Seinseinheit einzugehen, und es ist (drittens) der Wille, in dieser Seinseinheit mit dem Leidenden in tätiger Treue auszuharren. Versuchen wir, diese drei Eigenschaften des Erbarmens in der eben angegebenen Reihenfolge kurz zu kommentieren.

Das Erbarmen ist die Fähigkeit der Liebe, vom Leid des andern innerlich ergriffen zu werden. In der Tiefe der menschlichen Liebe west eine Innerlichkeit, aus der wir dem Hilflosen als solchem begegnen, in der die Hilferufe der Leidenden gleichsam widerhallen. Das Leid des andern berührt unser eigenes Wesen dort, wo dieses ‚wesentlich‘ wird, das heißt in seiner ursprünglichsten Mitte. Schaut man die uns begegnenden Menschen mit den Augen der selbstlosen Liebe an, so enthüllen sie uns ihr eigentliches Gesicht hinter den Masken ihrer alltäglichen Sicherheit. Es überkommt uns eine Ahnung von all dem Leidvollen, das in allen Menschen ist; wir spüren in der Tiefe ihres Lebens eine große Sorge, eine Enttäuschung, eine Bitterkeit; sie tragen eine Zerbrochenheit und ein Kleinsein in sich und ein stilles, erstauntes Weinen, das Weinen von Kindern, die nicht begreifen, daß man ihnen weh tun kann. In solchen Momenten überfällt uns ein jähes Erschrecken: Wie, wenn diese Menschen uns mit ihrer Last beladen wollten, wenn sie sich an unserer Hand heraufziehen wollten aus ihren dunklen Tiefen; wir würden das nicht aushalten; wir würden daran zugrunde gehen. Welch eine ungeheure Last stellen doch die Menschen dar! Und welch einer furchtbaren Bedrohung setzt sich der Mensch durch seine Liebe aus! Ergriffen zu werden von all dem Leid, darin besteht das Unglück der Liebe. Hier erahnen wir den tief menschlichen Sinn des berühmten Gedichtes von Louis Aragon: „Il n'y a pas d'amour heureux" (es gibt keine glückliche Liebe). Es kann in einer Welt, in der die Liebe und das Leid zusammenleben müssen, keine glückliche Liebe geben, da die Liebe ihrem Wesen gemäß bereit sein muß, vom Leid des andern ergriffen zu werden. Dem Liebenden ist alles Fremde, Ausgestoßene und Heimatlose ein Freund. Die griechische Sprache bringt diese geheimnisvollen Zusammenhänge klar zum Ausdruck: ,xenos' heißt ,der Fremde' und zugleich auch ,der Freund'. Die echte Liebe zu den Menschen empfindet eine maßlose Entrüstung über das Leid und auch gegen alles, was Leid verursacht: gegen die Ausbeutung des Menschen durch den Menschen, gegen einen Zustand, in dem Menschen sich selbst entfremdet, in Elend gehalten, ihrer Eigentlichkeit, ja selbst ihrer Träume beraubt werden. Es gibt einen heiligen Zorn der Liebe, einen Zorn gegen das Leid und gegen denjenigen, der Leid bringt.

Das Erbarmen ist die Bereitschaft, mit dem leidenden Wesen eine Seinseinheit einzugehen. Durch die Liebe entsteht gleichsam ein Riß im eigenen Dasein. Sie sprengt die Grenzen des eigenen Selbst und läßt den andern in die Sphäre der Innerlichkeit eintreten. Der andere wird in der Liebe mein Ich. So wird auch sein Leid zu meinem eigenen Sein. Ich habe über meine Armseligkeit hinaus sein Gebrechen zu tragen. Jeder Schlag, der ihn trifft, züchtigt mein eigenes Herz. Das ist die grundsätzlichste Hilfe, die ein Liebender dem leidenden Menschen zu schenken vermag: die Seinseinheit mit ihm auf sich zu nehmen und damit auch die ganze Not des fremden Leides. Den Mißerfolg des andern, seine Krankheit, seine Müdigkeit, seinen alles entfärbenden Überdruß, die Sorgen, die ihn bedrücken, die Mühsal, die ihn aushöhlt. Der Liebende wird mit alldem eins, was im Leidenden unter dem Einfluß des Leides geschieht. Mit seiner Bedrängnis, mit seiner Ausweglosigkeit, mit der Finsternis, die über sein Dasein hereinbricht. Mit seiner Unsicherheit, Verlassenheit, ja Stumpfheit und Verwirrung. Mit seiner inneren Auflösung: mit einem Zustand, in dem man nicht mehr weiß, wohin man sich wenden soll, in dem das Innerste des Daseins gleichsam hüllenlos und wehrlos wird, in dem die bis dahin so sicheren Bezüge der Welt sich lokkern, in dem die Verzweiflung mit stummem Schrei in die Knie bricht, in dem ein Mensch in die Planlosigkeit und Vervielfältigung flüchtet, um von sich selbst loszukommen, in dem die Herzensenge, die Begrenztheit, die Schwächen und Fehler des eigenen Daseins mächtig ausbrechen, in dem die Kraft des Daseins gleichsam gebrochen ist. Diesen Zustand des Leides macht ein Liebender oft zu seiner eigenen Daseinssituation. Ja, oft scheint es so, daß der Liebende am Leid noch schwerer tragen muß als der Leidende selbst, da er das bei klarem Bewußtsein erleidet, was der andere, bereits vom Leid abgestumpft und gleichsam fühllos gemacht, über sich ergehen läßt. Oft muß der Liebende gerade unter dem leiden, was der andere nicht mehr zu spüren vermag. Erst später entdeckt der andere, was wir für ihn erduldet haben, daß er unsere Seele verwüstet und uns gleichsam dem Tod ausgeliefert hat. Sehr schön schildert diese Zusammenhänge Gertrud von le Fort in ihrem erstaunlichen Roman ‚Der Kranz der Engel‘. Veronika durchleidet die ganze Gottverlassenheit Enzios, ihres Geliebten, die dieser nicht mehr spürt. „Die Zerstörung meines ganzen inneren Menschen brach unaufhaltsam herein. Wie eine nicht mehr gültige Münze, so erschienen mir nun plötzlich alle Schätze meines inneren Besitzes entwertet. Ich fühlte meinen Christenglauben als eine ungeheure Hilflosigkeit, ich fühlte ihn als namenlose Einsamkeit, ja Verlorenheit, und ich sah die Bestätigung dieser Einsamkeit und Verlorenheit überall … Es war, als trüge ich ein fremdes Herz in meiner Brust, über das weder Gott noch ich selber Macht besaß, sondern ich war diesem fremden Herzen ausgeliefert … Es war jetzt, als könne alles und jedes widerstandslos in mich eindringen. Ich spürte, wie die Abgrenzungen meiner Person mehr und mehr hinfällig wurden. Überall in meinen inneren Räumen gab es Breschen, wo nichts mehr von mir standhielt. Mein Sein schien in lauter kleine Stücke zu zerspringen, ich erkannte mich selbst nur noch als eine Stätte bloßer Wahrnehmungen, so, als sei ich nichts mehr als der nackte, wehrlose Spiegel einer fremden, mir feindlichen Welt … Alles schien nur noch erfüllt und überspült von dem lautlosen Strömen zahlloser aufgelöster Wesenheiten. Die Welt war wie vom Menschen abgelöst, ein einziges Spiel der wilden, namenlosen Kräfte mit mir selbst … Die letzten Bollwerke meiner Persönlichkeit waren eben gefallen, die Gewalten brachen hemmungslos herein und rissen gleicherweise Leib und Seele ins Verderben. Selbstverständlich waren die Ärzte machtlos – wie hätten Menschenhände mich retten können? Ich war ja nicht mehr dort, wo der Mensch Macht besitzt; des Menschen Herrschaft war zu Ende … Ich hörte, wie das Brennen und Brausen des Feuers immer näher wogte. Niemand hielt es auf – niemand konnte es aufhalten, denn es gab ja keine Menschen mehr auf Erden. Es gab nur noch die letzte, schauerliche Einsamkeit."[39] Das einmalig Schöne an dieser großen Dichtung mag gerade darin bestehen, daß sie uns jenes Letzte und Bitterste zeigen kann, das ein Liebender für ein geliebtes Wesen auf sich zu nehmen vermag: Veronika tritt in Seinseinheit mit Enzio, läßt seine dunkle Verwirrung in sich hinein, leidet sein Leid selber zu Ende und erlöst ihn so gleichsam gegen seinen eigenen Willen. Diese Dichtung schildert uns einen unerhörten Höhepunkt menschlicher Barmherzigkeit.

Das Erbarmen ist der Wille, in der Seinseinheit mit dem Leidenden in tätiger Treue auszuharren. Erst die eben gezeichnete Seinseinheit macht überhaupt das Trösten möglich. Ein Krankenbesucher, der nur von ‚außen her‘ tröstet, das heißt dem Kranken erbauliche und stereotype Reden hält, kann die Lage des Leidenden verschlimmern, kann ihn zur Auflehnung und Revolte bringen. Der Kranke empfindet oft einen solchen Trost als Hohn: „Du sagst mir das, weil du dir nicht einmal vorstellen kannst, wie entsetzlich ich leide, weil mein Leid nicht das deine ist. Du hättest nur Recht darauf, mich zu trösten, wenn du so leiden würdest wie ich oder wenigstens mit mir leiden könntest." Der Tröster des Leidenden muß also zuerst zum Leidenden selbst werden[40]. Wenn er dann die Worte des Trostes ausspricht, kommen sie nicht mehr von außen, sondern von ‚innen her‘. Die Rede des Trostes kann nur aufgrund einer wirklichen Seinseinheit ertragen werden. Da gibt es nicht mehr einfach ‚das Leid‘, von dem man spricht, sondern ‚dein Leid‘, das durch unsere Liebe zueinander ‚mein Leid‘ geworden ist. Und überhaupt genügt es oft, wenn der Liebende den Leidenden anblickt, seine Hand nimmt oder nur bei ihm bleibt, unaufdringlich und schlicht. Durch die Gegenwart eines Liebenden hört meine Trübsal auf, ‚verzehrend‘ zu sein; ich finde neuen Halt im Sein, die Welt um mich herum ist verwandelt, mein Schicksal ist plötzlich anders geworden, ich bin nicht mehr eingeschlossen in die engen Grenzen meiner ausweglosen Situation; er hat für mich eine neue Welt geschaffen, ja, er hat mich zu einem neuen Leben erweckt, obwohl sich vielleicht nichts an meinem Zustand geändert hat. Das ist ‚schöpferische Gegenwart‘; darin vollzieht sich echter Trost. Wer aber so zu trösten wagt, muß die Konsequenzen seiner Hingabe auf sich nehmen, indem er seine schöpferische Gegenwart immer neu vollzieht, das heißt jene harte und unser Sein selbst verbrauchende menschliche Bindung eingeht, die Treue heißt. Wir nehmen das Leid des andern nicht auf uns, wenn wir es nur ein einziges Mal mit ihm tragen. Tun wir das dennoch, so trösten wir ihn nicht, sondern betrügen ihn und machen sein Leid noch schlimmer. Ein Leid wird erst durch seine Erstreckung in die Zeiträume des Lebens wirklich zum Leid. Erst dann wirkt es sich mit seiner ganzen Kraft der Zerstörung aus, erst dann fängt es an, in die Tiefe des Daseins einzudringen, die Quellen des Lebens zu vergiften, alle Fasern der Existenz zu zermürben. Diese langsame Auflösung eines Menschen mitzuerleben und ihm dabei immer neu eine schöpferische Gegenwart zu schenken, ist wohl die härteste Forderung des Erbarmens. Das zu tun, selbst wenn unser innerer Elan uns nicht mehr trägt, selbst im Zustande der äußersten Müdigkeit und des Überdrusses, selbst wenn sich langsam ein Ekel auf dem Grunde unserer Seele sammelt, selbst wenn unser Dasein durch die ständige Anstrengung der Liebe sich nach und nach entfärbt, selbst wenn unser Herz matt wird, weil der Leidende zu einer Gegenliebe nicht mehr fähig ist und unser Dasein durch die Beleidigung vergiftet, ja unser Leben langsam zerstört – das alles heißt nicht mehr nur schöpferische Gegenwart, sondern ‚schöpferische Treue‘, die Fülle der menschlichen Barmherzigkeit. Eine solche Treue übersteigt um ein Unendliches die Grenzen des Vorschreibbaren. Sie fordert große Geduld, letzte Selbstlosigkeit, unbeirrbare Liebe und vor allem stille, sanfte Demut. Die Herzen der Treuesten sind zugleich die demütigsten. Sie verschenken ihr eigenes Sein, bis ihnen fast nichts mehr übrigbleibt.

Diese mit hastigen Strichen entworfene Gestalt menschlichen Erbarmens offenbart uns eine letzte Forderung der Barmherzigkeit, die bis jetzt unausgesprochen blieb, obwohl sie überall bereits mitangedeutet war. Dem Erbarmen ist eine Absolutheit eigen. Es muß aus seinem Wesen heraus immer bis zur Grenze des Möglichen gehen. Das Erbarmen richtet sich immer auf die vollständige Aufhebung des menschlichen Leides. Der Liebende will nicht, und zwar unter keinen Umständen, daß das geliebte Wesen leidet. Er kann sich damit nicht abfinden. Es darf nicht sein, daß der Mensch, den ich liebe, zerstört wird. Die Liebe ist ja nichts anderes als die unbedingte Bejahung des geliebten Seins mit all dem, was dieses Sein an Möglichkeiten in sich schließt. Die Liebe spricht das Wort aus: Du sollst sein! Du sollst alles entfalten, was dein Sein besagt; du sollst schöner, herrlicher, mächtiger sein, als du bereits bist; du bist eine Welt für mich; eine Welt ohne dich wäre für mich keine; du bist von ewigem Bestand! Ich soll untergehen, wenn es sein muß, aber du sollst leben, ewig! Das ist das eigentliche Wort der Liebe. Im Theaterstück Gabriel Marcels ‚Le mort de demain‘ spricht eine Person den folgenden Satz aus: „Aimer, c'est dire: Toi, tu ne mourras pas." Die Unsterblichkeit ist mitbejaht, mitgesetzt und miteinbeschlossen in jedem Akt der menschlichen Liebe, ob wir ausdrücklich darum wissen oder nicht[41]. Das ist der Punkt, an dem die Liebe ihre letzte Unbedingtheit erreicht. Aus dieser unbedingten Bejahung des geliebten Wesens heraus fließen die einzelnen Taten des Erbarmens. Ich will alles verhindern, was diesen ewigen Bestand des andern in Frage stellen könnte. Es bestehen freilich Abstufungen in der menschlichen Hilfsmöglichkeit. Aber selbst dort, wo keine Menschenkraft mehr Hilfe zu schaffen vermag, bleibt die Unbedingtheit des Helfenwollens gültig, ja erreicht sie ihre letzte Tiefe. Wer je schon – und wenn auch nur ein einziges Mal – die Verzweiflung eines Menschen vor dem Leid eines geliebten Wesens, etwa einer Mutter am Sterbebett ihres Kindes, miterlebt hat, dem leuchtet das Gesagte mit einer unmittelbaren Evidenz ein.

Dies scheint uns die Wesensgestalt des Erbarmens zu sein, gewonnen aus der Sphäre der menschlichen Erfahrung. Jetzt bleibt als Aufgabe, *den Begriff des menschlichen Erbarmens auf Jesus anzuwenden.* Tun wir dies, so ergibt sich etwas Sonderbares. Zuerst scheint es, daß das eben gewonnene Bild des menschlichen Erbarmens in der Gestalt Jesu aufzufinden sei. Ja, er war erbarmungsvoll. Sein Erbarmen steigerte sich sogar ins Unheimliche. Es zeigte sich bei ihm das Phänomen des Wunders. Damit erweiterte sich seine Hilfsmöglichkeit ins Grenzenlose. Woher er diese Kräfte hatte, lassen wir hier noch dahingestellt. Das Phänomen des Wunders, das wir auch anderswo, in den mächtigen religiösen Gestalten des Alten Testamentes zum Beispiel, beobachten können, interessiert uns hier nur insofern, als es eine wesentliche Steigerung der Kräfte des Helfens in einer menschlichen Person besagt[42]. Das zweite jedoch – sonderbar und unbegreiflich – ist dies: Obwohl er wesenhaft gesteigerte Hilfskräfte besaß, begrenzte er seine Hilfeleistung. Diese Erscheinung ist aus dem Wesen menschlichen Erbarmens heraus nicht zu verstehen. Dieser Mensch, Jesus von Nazareth, verfügte offenbar über Kräfte, die es ihm möglich machten, das Leid von hilflosen Menschen, die er liebte, aufzuheben. Davon machte er, abgesehen von einigen, relativ wenigen Fällen, keinen Gebrauch. Die einzige Möglichkeit, dies menschlich zu verstehen, scheint in der Behauptung zu liegen, er habe kein wirkliches Erbarmen gehabt. Doch da wir dies angesichts der gegenteiligen Tatsachen nicht sagen können, scheitert unser Versuch, ihn rein menschlich zu verstehen.

Die zwei Punkte dieser Beweisführung sind also: erstens, er war wirklich erbarmungsvoll; zweitens, trotzdem nützte er die ihm zu Gebote stehenden Hilfsmöglichkeiten nicht voll aus. Diese zwei Tatsachen, einander gegenübergestellt, ergeben einen der eindrucksvollsten Hinweise auf die völlige Andersartigkeit Jesu.

Er war wirklich erbarmungsvoll. Das Erbarmen Jesu hat eine klar ausgeprägte und nicht schwer erfaßbare Gestalt. In den vorhergehenden Meditationen haben wir bereits herausgestellt, daß der eigentlichste Existenzakt Jesu eine große, sich selbst vergessende und ,von sich weg' lebende Liebe war. Es kann hier nicht darum gehen, das bereits Dargelegte zu wiederholen. Wir wollen hier unsere Erhellung der Existenz Jesu in eine neue Richtung weiterführen und zeigen, welche Bedeutung und welches Gewicht für dieses Leben das Menschenleid hatte.

Jesus hat das Leid der Menschen durchaus ernst genommen. Er ist dem Ruf der Leidenden nicht ausgewichen. Seine Existenz war gleichsam schutzlos dem von anderen Menschen her einströmenden Leid ausgesetzt. Er hat sich nicht verschlossen und war mit dem Hilflosen innig verbunden. Seine Liebe war verwundbar. Er war demütig, bescheiden und friedfertig. Sein Leben galt jenen, die ihr Dasein in Mühsal und unterm Joch verbringen müssen: „Kommt zu mir, all ihr Mühseligen und Überbürdeten! Ich lasse euch rasten. Legt mein Joch euch auf und lernt von mir! Denn ein Geringer bin ich und demütigen Sinnes, und finden werdet ihr Rast euren Seelen. Denn mein Joch ist lind und meine Last leicht" (Mt 11, 28–30). Er war zu den Kleinen, Niedrigen, Armen und Demütigen gekommen und hatte ihnen ein Himmelreich verkündet, ihnen verboten, die Kleinen geringzuachten, ihre Brüder zu bedrängen (Mt 18, 1–35). In der Synagoge von Nazareth hat er die folgenden Isaiasworte vorgelesen und sie auf sich bezogen, ja, sie in sich als erfüllt betrachtet: „Der Geist des Herrn ist über mir, denn er hat mich gesalbt und gesandt, den Armen frohe Botschaft zu bringen. Befreiung zu künden den Gefangenen, den Blinden neues Augenlicht, Geschundene in Freiheit zu entlassen, auszurufen ein Gnadenjahr des Herrn" (Lk 4, 18–19). „Da rollte er das Buch zusammen, gab es dem Diener zurück und setzte sich, während aller Augen in der Synagoge gespannt auf ihn gerichtet waren. So hub er an, zu ihnen zu sprechen: ,Heute ist dieses Schriftwort, wie ihr's gehört, erfüllt'" (Lk 4, 20–21). Matthäus bezieht ein anderes Isaiaswort auf ihn, das aber nicht weniger bezeichnend ist: „Nicht streiten wird er und nicht schreien, noch wird auf den Straßen jemand seine Stimme hören. Geknicktes Rohr wird er nicht brechen und glimmenden Docht nicht löschen, bis er zum Sieg gebracht das Recht" (Mt 12, 19–21). Den Männern, die Johannes der Täufer zu ihm geschickt hat, damit sie sich bei ihm nach seiner Sendung erkundigen, antwortet er: „Geht hin und meldet Johannes, was ihr gesehen und gehört habt. Blinde sehen wieder, Lahme gehen, Aussätzige werden rein, Taube hören, Tote werden auferweckt, und den Armen wird die frohe Botschaft verkündet" (Lk 7, 22). Die Sünder, Menschen, die unter der Last von Schuld gebeugt sind, fanden in ihm einen „Freund" (Lk 7, 34). „Danach ging er aus und sah einen Zöllner namens Levi an der Zollstätte sitzen. Er sprach zu ihm: ,Folge mir!' Jener ließ alles liegen, stand auf und folgte ihm. Danach veranstaltete ihm Levi ein großes Gastmahl in seinem Hause. Es war viel Zöllnervolk da und andere, die mit ihnen zu Tische saßen. Die Pharisäer und Schriftgelehrten ihres Anhangs murrten deshalb bei den Jüngern und sprachen: ,Warum eßt und trinkt ihr in Gesellschaft von Zöllnern und Sündern?' Da nahm Jesus das Wort und sprach zu ihnen: ,Nicht die Gesunden bedürfen des Arztes, sondern die Kranken. Ich bin nicht gekommen, Gerechte zur Umkehr zu rufen, sondern Sünder'" (Lk 5, 27–32). Und er tat all das nicht programmatisch, sondern in stiller Selbstverständlichkeit. Er wandte sich denen zu, die in der Ausweglosigkeit lebten, in einem Übermaß von Arbeit, Bedrängnis und Unterdrückung, die niemandem etwas bedeuteten und vom härtesten Schicksal dazu bestimmt waren, mit all ihren Sorgen und Leiden einfach spurlos aus dieser Welt zu verschwinden. Solchen Menschen gesellte er sich zu, den ,anawim', den Armen Jahwes, deren herrlichstes Lied seine eigene Mutter sang: „Hoch erhebt meine Seele den Herrn. In Gott, meinem Heiland, jubelt mein Geist. Er hat in Gnaden geschaut auf seine niedrige Magd. Großes hat der Gewaltige an mir getan, heilig sein Name. Und sein Erbarmen währt von Geschlecht zu Geschlecht über jenen, welche ihn fürchten … Niedrige hat er erhoben, mit Gütern gefüllt" (Lk 1, 46–53). Er fühlte sich denen zugetan, die in harter Erfolglosigkeit ihr Leben verbringen mußten, deren Reichtum Gott allein war [43]. Und auch denen, die meinten, nicht einmal von Gott Hilfe erwarten zu können, den innerlich Kranken, den Sündern.

Dieses Niederbeugen zum Bedrückten war aber bei ihm nicht

eine flüchtige Gefühlsregung, sondern gehörte zum zentralen Inhalt seiner Lehre von Gott und über das Heil. Gott hat ein erbarmungsvolles Herz. Dieses Herz erfreuen nicht jene, die sich für ‚gerecht' halten, sondern der Sünder, der sich bekehrt: Er ist wie das verlorene und wiedergefundene Schaf oder die Drachme, die eine Frau nach langem Suchen wiederentdeckt (Lk 15, 1–7 und 8–10). Gott ist der Vater, der nach seinem verlorenen Sohn Ausschau hält und ihm, wie er ihn, noch weit entfernt, herankommen sieht, eilends entgegengeht, ihm um den Hals fällt und ihn küßt (Lk 15, 20). Der Herr ist wie der Weinbergarbeiter, der selbst dem fruchtlosen Feigenbaum Zeit läßt und in Geduld darauf wartet, daß er endlich Frucht bringe (Lk 13, 6–9).

Von seinen Nachfolgern verlangte Jesus: „Seid barmherzig, wie euer Vater barmherzig ist" (Lk 6, 36). Die Barmherzigkeit ist eine Wesensbedingung des Reiches, das er aufrichten wollte; denn nur die Barmherzigen können von Gott Barmherzigkeit erlangen (Mt 5, 7). Er wiederholte die großartige Forderung des Propheten Osias: „Barmherzigkeit will ich, nicht Opfer" (Mt 9, 13; 12, 7). Diese Barmherzigkeit soll eine Zärtlichkeit sein. Sie soll mir den elenden Menschen, den ich auf meinem Weg finde, nahebringen, ihn zu meinem ‚Nächsten' machen, so wie jener arme Mensch, den die Räuber auf dem Weg nach Jericho überfielen, auszogen, wund schlugen und halbtot liegen ließen, dem Samariter ein Nächster wurde (Lk 10, 30–37). Ich muß Mitleid mit denen haben, die mir schuldig sind (Mt 18, 23–35), und werde einzig nach dem Maß meines Erbarmens gerichtet, eines Erbarmens, das ich – vielleicht nur unbewußt – durch den leidenden Bruder hindurch Jesus selbst erwiesen habe (Mt 25, 31–46). Also kreiste Jesu Verkündigung unaufhörlich um das Erbarmen. Er zeigte damit, wie tief er von der Not der Leidenden und Armseligen berührt war.

Lukas zeichnet das mit großer Ergriffenheit. Eines Tages begab sich Jesus in das kleine Dorf namens Naim. Als er in die Nähe des Stadttores kam, wurde gerade ein Toter herausgetragen, der einzige Sohn seiner Mutter. Sie war eine Witwe. Viel Volk aus dem Dorf begleitete sie. Als Jesus sie erblickte, erfaßte ihn Mitleid mit ihr. Er sprach zu ihr: Weine nicht. Die Träger blieben stehen. Er trat hinzu, berührte die Bahre und sprach: Jüngling, ich sage dir, steh auf! „Der Tote richtete sich auf und fing an zu reden. Und Jesus gab ihn seiner Mutter zurück" (Lk 7, 11–15). Ein erschütternder Vorgang, und er wurde von der

Menge als ein solcher empfunden. Lukas sagt ausdrücklich: „Ein Erschauern kam über alle" (Lk 7, 16). Doch ist er durchaus nach der menschlichen Struktur des Erbarmens gebaut. Nichts mutet uns da fremd an. Das Leid der Mutter traf Jesus unmittelbar ins Herz und erweckte in ihm jene tiefe Ergriffenheit (‚splagchna') der Liebe, die eine unmittelbare Gemeinschaft mit dem Hilflosen bedingt. Aus dieser inneren Berührung heraus kam dann sofort die Hilfe. Jesus wandte seine Wundermacht an, weckte den Toten auf und gab ihn seiner Mutter zurück. Hätten wir solche Mächte zur Verfügung, würden wir uns genauso verhalten.

Vielleicht noch inniger läßt uns die Darstellungskunst des Johannes das Erbarmen Jesu miterleben. Er zeigt uns, wie beim Tod seines Freundes Lazarus die ganze Empfindungswelt Jesu bis in die Tiefe aufgewühlt wurde. Johannes versteht es, mit kleinen Bemerkungen eine ganze Seelenlage zu schildern. Als Jesus die Schwester von Lazarus, Maria, weinen sah, „ergrimmte er im Geist", das heißt, es ergriff ihn jenes Gefühl, das ein innig liebender Mensch empfindet, wenn er zusieht, wie geliebte Wesen leiden müssen, zerstört werden; ein Zorn gegen das Leid und seine vernichtende Macht. Zugleich „erregte er sich", sagt Johannes, das heißt, er geriet in innere Bewegung, in die Ergriffenheit des Erbarmens und des Mitleids. Auf dem Weg zum Grab fing Jesus an zu ‚weinen'. Dann überkam ihn wieder das Gefühl des Zornes gegen das Leid: „Unterdessen kam Jesus, aufs neue ergrimmt in seinem Innern, zum Grabe." Schließlich brach die ganze Erschütterung des Erbarmens aus Jesus hervor, und er rief mit ‚gewaltiger Stimme' das Wort des Lebens ins Grab hinein (Jo 11, 33–34). Hier wird wiederum das Verwundetsein der Liebe Jesu gezeichnet. Der Vorgang ist im wesentlichen der gleiche wie vorher. Die Mittel, die er zur Hilfe gebraucht, sind ungewöhnlich; die innere Struktur des Erbarmens ist aber durchaus menschlich. In diesen Berichten – es wären hier wohl noch viele Heilungen Jesu nachzuzeichnen; überall würde die gleiche Figur des Erbarmens hervortreten – erweist sich Jesus als ein fühlender Mensch.

Es ist wirklich groß, was uns da gezeigt wird, aber nicht mehr als ‚menschlich groß'. Die Andersheit der Person Jesu geht aus alldem noch nicht hervor. Anders verhält es sich, wenn wir in die Gegenrichtung fragen und nicht mehr die Fälle seines wunderwirkenden Erbarmens betrachten, sondern uns die Frage stellen, warum er denn so wenig Wunder gewirkt hat. Das ist der zweite Schritt unserer Beweisführung. Er nützte die ihm zu Gebote stehenden Möglichkeiten der Hilfe nicht voll aus. Wir denken dabei nicht an jene Vorgänge, in denen er wegen der inneren Unmöglichkeit nicht helfen konnte. Das Wunder hat eine wesentliche Sinnbezogenheit auf den Glauben. Ein Wunder an einem Ungläubigen zu wirken hieße den inneren Sinn des Wunders zerstören. Die Bezogenheit des Wunders auf den Glauben geht klar aus vielen Wunderberichten der Evangelien hervor, so zum Beispiel aus der Heilung des Blinden von Jericho (Lk 18, 35–43) oder des Knechtes des Hauptmanns von Kapharnaum (Lk 7, 1–10). Es ist ja selbstverständlich, daß eine von außen hereinbrechende Kraft in einen Sinnbezug nach außen hineingestellt wird (das heißt ,Zeichen' des Außerirdischen ist). Wir finden das gleiche auch bei den Wundertätern des Alten Bundes und des Christentums. Diese Einschränkung trifft nicht die innere Struktur des Erbarmens.

Wohl aber trifft sie dies: In Christus sehen wir die Kräfte des Helfens ins Ungeheure wachsen. Bei ihm ist offenbar ein Durchbruch in jene Kräftesphäre geschehen, aus der er das ganze Leid seiner Mitmenschen, zumindest jener, die an ihn geglaubt haben oder geglaubt hätten, hätte wegfegen können. Es waren sicherlich noch viele Leidende da, die ohne weiteres in jene wundertätige Hilfe Jesu hätten miteinbezogen werden können, die so mächtig aus seinem reinen Erbarmen hervorquoll. Das Erstaunliche, ja Erschütternde in den Berichten des Evangeliums ist nicht so sehr, daß Jesus Wunder gewirkt hat, sondern daß die Zahl dieser Wunder so gering, ja verschwindend war. Hätte ein Mensch so hohe, wunderwirkende Kräfte zur Verfügung gehabt, dann wäre es diesem Menschen unmöglich gewesen, diese Kräfte nicht überall einzusetzen. Nicht zu seiner eigenen Verherrlichung, sondern weil dem Erbarmen eine Wesensbeschaffenheit inne ist, die unbedingte Forderung nach Hilfe. Das Erbarmen kann nur dort stehenbleiben, wo alle Möglichkeiten der Hilfe voll ausgeschöpft sind, wo alle Kräfte versagen. Würden die Evangelien von einem erbarmungsvollen Menschen sprechen, der aber nur ein Mensch und nichts mehr ist, dann wären sie ein Buch der tausend Wunder[44].

Beim aufmerksamen Durchlesen der Evangelien kommen wir auf die Schlußfolgerung, daß Jesus seine eigene Wundermacht gar nicht so wichtig nahm. Er wollte nicht durch Wunder auffallen. Er wollte seine Botschaft still und unauffällig dem Herzen der Menschen nahebringen. Freilich wirkte er auch Wunder; aber er konzentrierte sich keineswegs auf die Wundertätigkeit. Er wirkte seine Wunder sozusagen ‚nebenbei‘, um das Herz eines Menschen aufzubrechen und ein inneres Wunder darin zu vollbringen[45]. In den fünf Hallen am Teiche Bethzatha lagen – wie Johannes es ausdrücklich betont – ‚zahlreiche‘ Kranke: Blinde, Lahme, Schwindsüchtige. Jesus ging mitten durch sie hindurch und heilte nur einen einzigen, den Ärmsten und Verlassensten, einen, der schon achtunddreißig Jahre an seiner Krankheit trug und der „keinen Menschen hatte" (Jo 5, 1–16). Dieses Nebeneinanderbestehen von echtem Erbarmen, außergewöhnlicher Hilfsmacht und ihrer Nichtanwendung erscheint uns als ein Unding. So etwas kann in einem Menschen, der nur Mensch ist, existentiell nicht zusammengehen. Alles, was wir hier noch feststellen können, ist, daß die Verhaltensweise dieses Menschen mit den Mitteln rein menschlicher Begründung nicht zu erklären ist. Die Gestalt Jesu entschwindet auch diesmal aus unseren Kategorien des Menschenverstehens.

Für das menschliche Herz ist all das unverständlich. Das beweist sehr eindrücklich die psychologisch so echt gestaltete Stelle im Lukasevangelium (Lk 4, 16–30) über das erste (und wohl auch letzte) Auftreten Jesu in Nazareth, „wo er aufgewachsen war". Dem bereits bekannten ‚Propheten‘ wurde in der Synagoge Gelegenheit geboten, das Gotteswort zu verkündigen. Jeder erwachsene Israelit männlichen Geschlechts durfte die Schrift in der Synagoge vorlesen und eine Auslegung dazu geben. In diesem Fall war scheinbar die Gesetzeslesung schon vorbei. Man reichte Jesus eine Isaias-Rolle. Jesus las die Stelle aus dem 61. Kapitel über den Gesalbten des Herrn vor und bezog die ganze Prophetie auf sich selbst. Es ist aufschlußreich, daß dabei noch kein Ärgernis ausbrach. Ganz im Gegenteil: „Alle spendeten ihm Beifall und staunten über die lieblichen Worte, die aus seinem Munde kamen." Die zarte Schönheit, die Lieblichkeit seiner Seele ergriff seine Zuhörer. Das Prophetenwort hat zuvor von den Wundertaten des Gesalbten gesprochen. Und er hat es auf sich bezogen. Und er ist wirklich – dachten die Leute aus Nazareth – nach dem, was er anderswo, namentlich in Kapharnaum, vollbracht hat, ein großer Wundertäter. Nun soll er unser Leid erleichtern. Er ist hier daheim; er kennt viele von uns und ist mit uns aufgewachsen. Unser Schicksal sollte ihn doch zutiefst berühren. Er hat schon gezeigt, daß er erbarmungsvoll ist.

Warum hat er gerade mit uns kein Erbarmen? Die Leute aus Nazareth träumten wohl davon, ihr Dorf werde jetzt in ein Wunderland verwandelt. Mühsal, Not und Leid würden von ihnen mit einem Schlag genommen. – Jesus erahnte ihre Gedanken. „Und er sprach zu ihnen: ‚Sicher werdet ihr mir das Sprichwort vorhalten: Arzt, heile dich selbst! Alle Taten, die du dem Vernehmen nach in Kapharnaum vollbracht hast, die tue auch hier in deiner Vaterstadt.'" Die Antwort Jesu darauf war ein klares Nein. Er begründete seine Haltung mit zwei Beispielen aus dem Alten Testament. Der Sinn dieser Begründung ist: Wunder sind nicht für die Menschen da. Das Wunderwirken muß dort geschehen, wohin Gott den Propheten ‚sendet'. „Da gerieten alle in der Synagoge, da sie dies hörten, in hellen Zorn. Sie erhoben sich, stießen ihn vor die Stadt hinaus, führten ihn an den Rand der Anhöhe, auf welcher ihre Stadt gebaut war, um ihn dort hinabzustürzen. Er aber schritt durch sie hindurch und ging von dannen."

Der Aufruhr der Leute von Nazareth ist der Ausdruck menschlicher Verzweiflung an diesem Menschen Jesus. An jeden, der ihn als Nur-Menschen betrachtet, wird die gleiche Versuchung herantreten. Ein Mensch steht da, der übermenschliche Kräfte in sich trägt und trotzdem den Hilflosen nicht helfen will, obwohl er bereits bewiesen hat, daß er erbarmungsvoll ist. Jeder Hinweis auf die Weisung Gottes klingt da wie eine hohle Entschuldigung. Eine einzige Erklärung bleibt noch übrig, zu der sich aber die Leute aus Nazareth nicht bereit fanden, der Glaube (siehe: Mt 13, 58; Mk 6, 5–6), und zwar der Glaube an seine Gottheit. Wenn er nämlich zugleich Gott und Mensch ist, dann öffnet sich vor uns eine Möglichkeit des Verstehens. Der Gottmensch ist unser Erlöser. Als Erlöser hat er aber nicht die Aufgabe, unser Leid wegzunehmen, so gern er es auch tun möchte, sondern er muß es selber durchleiden, damit es geheiligt und ein Mittel der Erlösung für jeden von uns wird. Erlösung bedeutet keine Zauberei, sondern die Eröffnung einer neuen Möglichkeit gerade dort, wo das Menschliche zu Ende ist, die Eröffnung einer neuen Dimension und nicht die Abschaffung der harten Wirklichkeit. Das Menschliche soll bestehen mit seiner ganzen Dunkelheit: In diese Dunkelheit kommt dann der Ruf der Erlösung, ein Ruf, unser bitteres Dasein anders zu leben, von anderen Gründen und Verheißungen her. Das ist Erlösung. Alles andere wäre Magie. Man sollte sich aber hier nicht täuschen. Dies auszuhalten war selbst für einen Gottmenschen eine herzzerreißende Tat. Was für eine ungeheure Spannung mußte er aushalten: Einerseits trieb ihn sein Erbarmen unwiderstehlich zum Helfen, anderseits waren ihm die Hände gerade durch seine göttliche Aufgabe gebunden. Ein seelisches Martyrium war sein Leben. Eine Tiefe tut sich da vor uns auf, und je länger wir in sie hineinschauen, desto mächtiger ergreift uns ein heiliger Schauder vor Jesus.

Die Fremdheit

An fünfter Stelle möchten wir die Grundbefindlichkeit des Menschen in der Welt erörtern. ‚Welt‘ nennen wir den ganzen Daseinsbezug, wie er vom konkreten Menschen erlebt wird: Vorgänge, Ereignisse, Einrichtungen, Dinge, Zustände und Einflüsse. In diesem Gewebe ist der Mensch ‚da‘. Seine Existenz ist immer ‚In-der-Welt-Sein‘. Unsere Frage lautet: Auf welche Weise vollzieht der Mensch dieses ‚Da-sein‘ in der Welt? Wie erlebt er sich im Weltbezug? Die christliche Lebensdeutung bezeichnet den Menschen als ‚homo viator‘, als Wanderer und Heimatlosen, als ein Wesen auf Pilgerschaft [46]. Darin wird ausgesagt: Der Mensch ist in einer entscheidenden Tiefe seines Wesens fremd in dieser Welt. Versuchen wir diese existentielle Beschaffenheit des menschlichen Seins näher zu erörtern und das Dasein Jesu dazu in Beziehung zu setzen. Es wird sich dabei zeigen, daß Jesus von Nazareth abgründiger und unbedingter, ja grundsätzlich ‚anders‘ fremd war in der Welt als alle anderen Menschen.

Wir werden zuerst über die *Fremdheit des Menschen in der Welt* nachdenken. Gelegentlich ereignet sich im menschlichen Leben etwas Seltsames: Der Mensch schaut flüchtig in einen Spiegel und wendet seinen Blick rasch ab; dann schaut er noch einmal zurück, um sich zu vergewissern, ob er richtig gesehen hat; ein Fremder, ein Unbekannter blickt aus dem Spiegel zurück. In solchen Augenblicken wird der Mensch von einem Schauder erfaßt. Wer ist dieser Mensch? Wer ist dieser Fremde? Der Moment des Todes könnte so gestaltet sein. Plötzlich hören in einem Leben jede Schauspielerei, jegliche Selbstverstellung auf. Unerwartet steht der Mensch da in schonungsloser Aufrichtigkeit. Was er in seinem Leben so mühsam aufgebaut, erkämpft, errungen und erliebt hat, ist einfach verschwunden, gilt nichts mehr. Die Rollen, die er gespielt hat – nicht nur vor der Welt, sondern auch vor sich selbst –, sind jetzt ausgespielt. Der Mensch steht da, namenlos, ohne Schutz und ohne Wehr, der letzten und unheimlichen Frage gegenüber: Wer bin ich? Er wird dabei in einen Strudel der Einsamkeit, in ein unerbittliches Alleinsein gerissen. Er ist angelangt an der alleräußersten Ferne der Welt und kann nicht einmal nach Hilfe rufen. Ohnmächtig ist er und ratlos, hilflos wie ein Kind, das man in einen finstern Raum gesperrt und dort vergessen hat. Er ist hineingestürzt in einen grauen Nebel, in schweigsame Ferne. Weit und breit, auf unabsehbare Entfernung ist kein Wesen mehr da. Alles ist unendlich fern geworden. Nichts mehr bietet ihm Heimat vor diesem Ausgesetztsein. Der Mensch ist fremd geworden in dieser Welt, den Dingen und den Ereignissen gegenüber. Und vor allem, sich selbst ist er ein Fremdling. Nicht selten empfindet man sogar mitten in einer fröhlichen Gesellschaft etwas Ähnliches. Mitten unter plaudernden, wohlangezogenen und lächelnden Menschen ergreift uns eine Panik: Wer sind diese Menschen? Was wollen sie überhaupt von mir? Wozu bin ich eigentlich hier? Wer bin ich? Paul Claudel gab dieser existentiellen Bestürzung einen literarisch vollendeten Ausdruck in den Anfangszeilen der zweiten Fassung von ,Tête d'Or': „Da bin ich! Unwissend und verstört! Ein fremder Mensch unter unbekannten Dingen. Mein Herz ist voll von Schwermut. Ich weiß nichts mehr und kann nichts mehr. Was soll ich sagen? Was soll ich tun? Wozu diese Hände benützen, die so hilflos herunterhängen? Und wozu diese Füße, die mich tragen wie in einem Traum?"

Wir wollen versuchen, die Bedeutung dieser Erfahrung aus der Verflochtenheit der Eindrücke und Gefühle herauszuheben und die dahinterstehende Tiefenstruktur an den Tag zu bringen. In den genannten Momenten wird die Welt zweifellos fremd für uns. Aber weshalb? Weil wir uns selbst fremd geworden sind. Wir wurden uns selbst entfremdet, und deshalb erlebten wir unser ,Dasein' in der Welt als Fremdheit und Heimatlosigkeit. Warum können wir aber überhaupt uns selbst entfremdet werden? Die Antwort ist: weil wir uns selbst immer schon fremd waren. Wir wollen diese Selbstfremdheit in drei Richtungen untersuchen.

Erstens: Der Mensch ist sich selbst fremd in seinem Wollen. Er ist innerlich gespalten und gebrochen. Er ist in seinen Sehnsüchten unaufhörlich sich selbst voraus, kann sich nirgends einholen. Sein Selbst, seine Eigentlichkeit, läuft ihm immer davon.

Seine Wünsche münden im Ungreifbaren. Das menschliche Wollen drängt immer auf wesenhaft ‚mehr‘, ja auf ‚anderes‘ als das, was der Mensch tatsächlich verwirklichen kann. In seinem Tun zielt der Mensch ins Unendliche, obwohl das, was er konkret erreichen möchte, immer ein Endliches ist. Immer neue Räume der Verheißungen tun sich vor ihm auf. Der Schwung seiner Träume trägt ihn ständig ins Unermeßliche. Er will immer zuviel und verwirklicht immer zuwenig. Maßlos und zugleich kraftlos sein heißt Mensch sein. Ja man könnte dem Menschsein die folgende Definition geben: eine zu immer neuen Enttäuschungen geborene Maßlosigkeit. Der Mensch ist sich selbst nicht gewachsen. Er unterliegt immer. Noch mehr: Er ist gleichsam nur Mensch, indem er ständig dem gegenüber versagt, was er in seinem innersten Wesen sein möchte. Er bringt von vornherein maßlose Ansprüche an das Leben heran; gleichzeitig ist er aber nicht stark genug, diese Ansprüche auch nur teilweise zu verwirklichen. Unser Wollen und Verlangen sind gleichsam ausgespannt zwischen maßlosen Ansprüchen und lächerlicher Verwirklichung. Als Wollende sind wir nie ‚wir selbst‘, wir sind unserem eigentlichsten Wesen fremd.

Zweitens: Der Mensch ist sich selbst fremd in seinem Erkennen. Auch sein Erkennen besitzt der Mensch noch nicht. In einem mühsamen und langwierigen Ringen erwirbt er einige Kenntnisse der Wirklichkeit, die ihm erlauben, sich in der Welt des Alltäglichen einigermaßen zurechtzufinden. Zugleich ahnt er aber, daß sich vor ihm unergründliche Tiefen der Einsicht auftun. Überall bemerkt er Tieferes, Hintergründigeres. Er vermag aber dieses Eigentliche, von dem er meint, es würde ihn zutiefst beglücken, nie in den Griff seines Erkennens zu bekommen. Zuweilen ereignet sich zwar vor seinen Augen eine wundersame Umwandlung der Welt. Er schaut plötzlich mit den inneren Augen des Geistes die Wirklichkeit. Aus irgendeiner innersten Tiefe seines Wesens findet ein Lichtstrahl den Weg nach außen und breitet sich über die Welt aus, so daß diese nicht mehr wie ein Gewirr von Dingen und Ereignissen erscheint, sondern als eine ursprüngliche Einheit, als kostbares Geschenk an unsere An-dacht. In diesen Augenblicken können selbst die unscheinbarsten Dinge eine Vision ewiger Schönheit vermitteln. Will aber der Mensch richtig hinschauen, sich vergewissern, das Erschaute in die Hand nehmen, so findet er diese wundersame Umwandlung nicht mehr. Während er gleichsam den Edelstein bewunderte, hat sich der Deckel geschlossen. Er starrt nun auf den Schrein, der den kostbaren Stein barg. Es ist wie in einem Traum: Wir strecken unsere Hand nach einem sichtbaren Gegenstand aus und ertasten nichts. Was vorhin noch dort war, verflüchtigt sich plötzlich, löst sich gleichsam auf. Das Eigentliche entzieht sich immerfort unserem Zugriff. Es leuchtet für einen Augenblick auf und entschwindet sogleich. Dem Menschen bleibt nur das Alltägliche zurück, das um so grauer und grausamer wirkt, je leuchtender er vorhin das Geheimnis der Welt erahnt hat [47].

Drittens: **Der Mensch ist sich selbst fremd in seiner Zeitlichkeit. Er kann auch seine Zeit nicht voll leben.** Die Daseinsdauer des Menschen ist nicht ein kontinuierliches Existieren. Der Mensch tritt nur je für einen Moment ins Sein, das ihm ständig ent-geht. Unsere Vergangenheit, das, was wir waren, löst sich von uns ab. In der Zeit lebend, atmen wir unser eigenes Sein ständig aus. Wir schaffen uns unaufhörlich eine Seinsleere. Ein Bleiben gibt es nirgends. Dadurch wird uns möglich, das Leben ‚weiterzuleben‘, die Wünsche ‚weiterzuwünschen‘. Wir verflüchtigen uns, wir werden zur Vergangenheit, damit wir ‚neu-werden‘ können. Unaufhörlich kommt Neues in unser Wesen, bleibt für einen Augenblick und geht fort. Wir lösen uns auf, und erst indem wir uns derart auflösen, können wir leben. Unsere Existenz ist gleichsam in unzählige Daseinsblitze gespalten. Die jeweilige Gegenwart, die uns hier und jetzt gegebene ‚Zeiterstreckung‘, genügt aber nicht, um darin den vollen Reichtum unseres Wesens zu entfalten. Wir sind gleichsam beengt und haben keinen Raum für das Sein. Deshalb will der Mensch mehr an Sein, das heißt konkret mehr an Zeit haben. Er stürmt voran, in die Zukunft hinein, um das Verlorene wettzumachen. Dadurch streift er nur seinen jeweiligen Augenblick, in dem er wirklich leben könnte; er streift gleichsam nur sein eigenes Leben und lebt es nicht wirklich. Sein Leben kann sich nirgends entfalten. Sein Wesen kann nicht zu einer ungeteilten Gegenwart werden. Die Fülle des Augenblicks zu leben steht nicht in unserer Macht. Der Mensch ‚ist‘ nicht, er ist stets nur im ‚Werden‘. Was er wirklich ist, kann er nur verwirklichen, indem er in die Zukunft hineinstürmt. Indem er aber dies tut, lebt er sein Dasein nicht, sondern wird in jedem Augenblick sich selbst ‚fremd‘ [48].

Zusammenfassend könnte man sagen: Der Mensch ist sich selbst ‚abwesend‘; er entzieht sich selbst seinem eigenen Dasein;

er besitzt sich selbst nur als denjenigen, der sich von ihm fernhält; er wird überall hinausgetragen aus seinem eigenen Wesen, bietet sich selbst keine Heimat. Das ist der Zustand eines Wesens, das noch nicht ‚ist‘. Die eigentliche Existenzerfahrung des Menschen ist demnach das Erlebnis seiner Kraftlosigkeit, seiner Gebrochenheit. Der Mensch begibt sich mit solch einer Wucht in seine eigenen Taten, daß er sie schon überholt hat, noch bevor er überhaupt vollendet sind. Wir leben in ständiger ‚Überholung‘. In jedem Akt, den wir als menschliche Wesen leisten, ist eine grenzenlose Unruhe. Diese Unruhe will nicht nur ‚mehr‘ an Willenserfüllung, Erkenntnis und Sein – das auch; aber dahinter und zutiefst will sie etwas völlig ‚anderes‘, das, was über allem Erreichbaren liegt.

Der Mensch ist wesenhaft heimatlos in sich selbst. Deshalb kann er keine Heimat finden. Er ist in dieser Welt nicht wie ein Tier, hineingebunden und heimisch. Rilke sagt: „Wir sind nicht einig. Sind nicht wie die Zugvögel verständigt. Überholt und spät, so drängen wir uns plötzlich Winden auf und fallen ein auf teilnahmslosen Teich. Blühn und verdorrn ist uns zugleich bewußt. Und irgendwo gehn Löwen noch und wissen, solang sie herrlich sind, von keiner Ohnmacht.“ [49] Eine eindrucksvolle Gegenüberstellung. Das Tier ist in der Welt daheim. Wir sind es nicht, weil wir über die Welt hinausragen. „Wir machen es wie die Zugvögel, die krank sind und deren Instinkt nicht zuverlässig arbeitet. Sie fliegen ‚überholt und spät‘ fort; überholt durch die Jahreszeit, und zu spät, um glücklich anlangen zu können. So müssen sie es mit Winden wagen, die ihnen nicht günstig sind; sich ihnen, die sie nicht haben wollen, ‚aufdrängen‘; und wenn sie Rast machen, lassen sie sich auf Teichen nieder, die schon gefroren sind und ihnen keine Aufnahme gewähren … Geradeso machen wir es: Wenn wir handeln, sind wir vom Gang unserer Lebenswelt überholt, und was wir tun, kommt zu spät. Es ist nicht im Einklang mit ihm, sondern ‚drängt sich auf‘; schafft Widerspruch und Verwirrung … Und dabei gibt es Löwen, die machtvoll sie selber sind! Es gibt sie ‚noch‘, als etwas aus größerer Zeit Verbliebenes … Sie ‚gehn irgendwo‘; durch die Unbestimmtheit des Ausdrucks bekommt die Gestalt etwas Geheimnisvoll-Mächtiges. Diese Löwen ‚wissen, solang sie herrlich‘, will sagen, im kraftvollen Alter ‚sind, von keiner Ohnmacht‘. Sie sind entweder in der Fülle ihrer Kraft, und dann empfinden sie nur das – oder sie werden krank und sterben, und dann ist nur dieses."[50] Der Mensch in dieser Welt ist heimatlos und wie ausgestoßen. Darin liegt sowohl seine Ohnmacht als auch seine Würde. Er kann von der Welt nicht erfüllt werden. Er überragt die Welt, ist anders als die Welt.

Der Mensch ist sich selbst fremd. Aus dieser Selbstfremdheit resultiert seine Fremdheit in der Umwelt. Wie ist es aber um seine ‚Mitwelt‘, um die anderen Menschen bestellt? Sind auch sie uns fremd? Wie ist der Mensch unter den Menschen ‚da‘? Diese Frage läßt sich nicht leicht beantworten. Das menschliche Dasein lebt in Schichten. Es baut sich gleichsam ‚hinaus‘ aus einem letzten Kern. Die Begegnung mit einem Menschen kann sich auf verschiedenen existentiellen Ebenen abspielen. Doch ist in jeder menschlichen Begegnung irgendwie der Wesenskern der Person immer mitbeteiligt, auch wenn sich die Begegnung auf einer sehr oberflächlichen Ebene vollzieht. Er tritt zwar schwächer, verschleierter und undeutlicher zutage, wenn die Begegnungsebene von der Existenzmitte entfernt liegt. Auf jeder Ebene ist aber immer das Ganze der Person gegenwärtig, wenn auch nur wie das Licht in seinen Spiegelungen. Die moderne Tiefenpsychologie hat gezeigt, wie das Innere einer Person unaufhörlich, in jeder Handlung und in jeder Äußerung, durch die gleichsam kaum bemerkbaren Poren des Daseins hervorstrebt.

Es ist uns ferner nicht unbekannt, daß sich oft Menschen mit verschiedenen Persontiefen treffen. Was versteht man unter dem Begriff ‚Persontiefe‘? Sie ist der metaphysische Ort, wo der betreffende Mensch wirklich ‚er selber ist‘, wo er den eigentlichen Akt seines Existierens setzt. Es gibt in den verschiedenen Menschen eine je verschieden tief liegende Personmitte. Sie kann von Person zu Person variieren. Die Psychologie erspürt die eigentliche Mitte einer Person, indem sie etwa nach dem Grad der Innerlichkeit des Gemütes, des Erlebens, des Gewissens und des Denkens sucht; indem sie Fragen stellt wie diese: Wie stark reagiert die betreffende Person auf intensivere Sinnwerte (Liebe, Treue, Ehre)? In welchem Maß kann sie von Menschen, Ereignissen und Dingen ‚ergriffen‘ werden? Erlebt sie die Verbundenheit und die Verpflichtung? Welche Gründe führt sie an, wenn sie ihr Leben erklären will? Solche Fragen lassen erkennen, in welchem Maß bei einer Person die Seelenvorgänge ins Innere neigen, wo ihre Personmitte liegen mag.

Was geschieht nun, wenn Menschen mit verschieden tief liegenden Personmitten einander gegenübertreten? Es entsteht in ihnen das Gefühl der Fremdheit. Die tiefer liegende Personmitte findet keine Resonanz in der anderen Person. Solche Begegnungen erleben wir immer wieder. In dieser ,Tiefendifferenz' ist die Verlassenheit der großen Persönlichkeiten begründet. Die wahrhaft Großen werden regelmäßig verkannt oder mißverstanden. Zwischen ihnen und der Mitwelt herrscht eine eigentümliche Fremdheit. Je mächtiger, das heißt je inniger ein Mensch ist, aus desto tieferer Mitte begegnet er den Menschen, und desto schwerer können ihn die Alltäglichen und Oberflächlichen verstehen. Bemerkenswert und für unsere gegenwärtige Untersuchung von großer Bedeutung ist dies: Diese Fremdheit, diese Tiefendifferenz, kann nie absolut werden. Es gibt eine innere Logik des Menschenlebens als solchem, die alles Menschliche verwandt macht. Alles Menschliche, sei es noch so tief und innig, bleibt hinfällig, armselig, gebrochen, ja mit einem grundlegenden Elend behaftet.

Die Philosophen haben das klar gesehen. Augustinus sagt, alles Menschliche sei nur eine reiche Armseligkeit (,copiosa egestas'). Pascal behauptet, der Zustand des Menschen sei ein adeliges Elend (,grandeur-misère'). Es ist sehr gut, zu wissen, daß wir alle in einem gleich sind, darin nämlich, daß wir uns alle elend fühlen. Je größer der Mensch ist, desto mehr erlebt er sein Elend. Pascal sagt im Fragment 397 der ,Pensées': „Die Größe des Menschen ist groß darin, daß er sein Elend erkennt. Ein Baum erkennt sein Elend nicht. Es heißt also unglücklich sein, wenn man sich als unglücklich erkennt. Aber es heißt groß sein, wenn man erkennt, daß man unglücklich ist." Im Fragment 398 heißt es: „All dieses Elend beweist gerade seine Größe. Es ist das Elend eines großen Herrn, das Elend eines entthronten Königs." Schließlich im großen Fragment 72 über die ,disproportion de l'homme' (Ungereimtheit des Menschen): „Was ist denn schließlich der Mensch in der Natur? Ein Nichts im Hinblick auf das Unendliche, ein All im Hinblick auf das Nichts, eine Mitte zwischen dem Nichts und dem All, unendlich davon entfernt, die Extreme zu begreifen. Das Ende der Dinge und ihr Anfang sind in einem undurchdringlichen Geheimnis unüberwindlich für ihn verborgen. Er ist ebenso unfähig, das Nichts zu sehen, aus dem er gezogen ist, wie die Unendlichkeit, von der er verschlungen ist. Was bleibt ihm also anderes übrig, als daß er einen Schein von der Mitte der Dinge wahrnimmt in ewiger Verzweiflung ..." Diese Einsichten stellen eine innere Verwandtschaft unter den Menschen her, und zwar auf Grund ihres Elends, auf Grund dessen, was wir einerseits als Selbstfremdheit, anderseits als Weltfremdheit bezeichnet haben. Jeder Mensch ist in einer geheimnisvollen Tiefe seines Wesens verloren und arm in der Welt. Das macht die ganze Menschheit innerlich verwandt. Alle Menschen sind darin gleich. Der Unterschied zwischen den Personen kann nie so groß werden, daß diese innere Gleichheit in der Gebrochenheit und Hinfälligkeit aufgehoben würde.

Jeder Mensch ist mittelmäßig. Weder schwarz noch weiß, sondern grau. Selbst die kleinsten Teilchen seines Wesens sind wieder gemischt aus Licht und Dunkel. In seinen kleinsten Teilchen findet man noch etwas vom Licht, und etwas darin ist dunkel, gemein, lächerlich oder schlecht. Er ist groß und armselig zugleich, der Mensch. Wenn er etwas Großes zu verwirklichen strebt, wird es ihm unter der Hand krumm, trüb und klein. Aber man kann auch umgekehrt sagen: In allem, was er tut, schimmert irgendwo immer ein fernes Leuchten vom Großen durch. Irgend etwas ist darin immer gut gemeint. Alle Menschen sind also wesensverwandt. Keiner kann dem andern grundsätzlich fremd sein. Alle sind grau.

Damit haben wir wiederum einen grundlegenden Begriff des menschlichen Daseins erarbeitet, die Gleichheit aller Menschen in der Hinfälligkeit. Kein einziger von uns ist dem andern grundsätzlich fremd. Wir sind alle innerlich gebrochen, uns selbst entfremdet, heimatlos in der Welt. Gerade darin sind wir uns aber alle verwandt. Im biblischen Daseinsverständnis, besonders bei Paulus (nicht aber bei Johannes), wird diese von uns philosophisch erarbeitete Wirklichkeit mit dem Wort ‚Fleisch‘ bezeichnet. ‚Fleisch‘ besagt einen existentiellen Zustand des Menschen. Das Wort gilt vom ganzen Menschen, von seinem Leib und von seiner Seele. Die biblische Offenbarung sagt zum Menschen: Du bist Fleisch; du bist zerbrechlich, haltlos, dem Zerfall geweiht, deinem ganzen Wesen nach schwach und hinfällig. Fleisch bedeutet die ganze Persönlichkeit des Menschen, indem sie der Uneigentlichkeit, Undurchsichtigkeit ausgeliefert ist, indem sie am Eigentlichen immer ‚vorbeilebt‘ und der Fremdheit und Selbstentfremdung preisgegeben ist, ja indem sie sich von Gott radikal unterscheidet. Wir sind alle, dem Leib und der Seele nach, ‚Fleisch‘.

Wir werden den jetzt erarbeiteten Begriff menschlichen Existierens auf Jesus von Nazareth anzuwenden suchen und fragen, wie er in der Welt ,da' war. Wir werden die *Fremdheit Jesu unter den Menschen* betrachten. Wir alle sind unter uns verwandt; Jesus war uns allen fremd. Das ist alles, was wir in diesem zweiten Teil zeigen möchten. Am eindrücklichsten spricht Paulus diesen Wesensunterschied Jesu zu allen anderen Menschen aus, indem er sagt: „Der Herr ist Geist" (2 Kor 3, 17). Das heißt, er ist ganz anders als wir alle, die wir alle ,Fleisch' sind. In diesem Ausspruch besagt das Wort ,Geist' wiederum nicht einen Unterschied zum Leib. ,Geist' meint im biblischen Sprachgebrauch ,leuchtendes Sein': wirkende Macht, erhellendes Licht, schaffende Kraft, brausenden Wind, spendendes Leben, heilige Lebendigkeit, letzte Intensität der Wirklichkeit. Die ganze konkrete, leibseelische Existenz Jesu war für Paulus ,Geist'. Darin war Jesus ,ganz anders' als wir alle. Er war uns allen fremd. Eine ähnliche Grunderfahrung (in verschiedener Terminologie) spricht aus dem Johannesevangelium. Johannes verstand die Gestalt Jesu unter dem Begriff des ,Hindurchgehens'. Aus einer unbekannten Herrlichkeit kommend, leuchtete das Leben Jesu auf und ging wieder in die Unbekanntheit zurück. Bei seinem Erscheinen geschah Scheidung und Entscheidung. Sein Wesen setzte alle Menschen ins Unrecht. Es entstand die gerichtete Welt: Das verworrene Dasein ging nach Ursprüngen, Mächten und Gesinnungsrichtungen auseinander. Mit Jesus trat etwas so Gewaltiges und Urmächtiges in unser Leben, daß es alle bisherigen Formen sprengte. Der Mensch in ihm war geradezu ins Ungeheure gewachsen. In ihm waren die Schranken des ,Fleisches' gefallen. Er ging durch die Welt wie ein Lichtblitz durch die Finsternisse. Die Finsternis vermochte ihn ,nicht zu begreifen' (Jo 1, 5). Jesu Existenz war sowohl nach der paulinischen als auch nach der johanneischen Erfahrung wie eine ungeheure Explosion in unserer der Finsternis, dem Zerfall und der Uneigentlichkeit ausgelieferten Welt. Wir werden versuchen, diese Andersheit und Fremdheit Jesu konkret aufzuzeigen.

Verschlossen war die Welt vor Jesus. Er war fremd unter den Menschen. Überall sehen wir um ihn herum Menschen, die ihn nicht verstanden, ja nicht verstehen wollten, Menschen voll Neid und Eifersucht. Man stellte ihm Fallen und wartete, daß er hängenbleibe. Er wurde zum Verbrecher gestempelt. Man behauptete, der Satan wirke durch ihn. Die ganze jüdische Überlieferung – Verbotslisten, Gesetze, Bräuche und Schulstreitigkeiten – wurde gegen ihn aufgeführt. Man versuchte, ihn mit dem

Staat in Widerspruch zu bringen. Diesen jungen Mann aus Nazareth umgab eine Feindschaft, die etwas Unheimliches an sich hatte. Warum haben die Menschen diesen Propheten von leuchtender Güte und mildem Erbarmen derart dumpf zurückgewiesen?

Wir wollen bei der Beantwortung dieser Frage – konzentrisch vorangehend – zuerst seinen nächsten Umkreis, die Mitwelt seiner Angehörigen, betrachten. Jesus lebte inmitten einer vielköpfigen, weitverzweigten Sippe. Über das ganze Land verstreut hatte er Verwandte, im Süden vor allem den Verwandtenkreis von Joseph und im Norden die Angehörigen Marias. Es war überall ein reges und bewegtes Familienleben um Jesus herum. Es ist aber erstaunlich, wie fremd ihm eigentlich diese Leute gegenüberstanden. Wir finden bei ihnen nicht selten eine gereizte Empfindlichkeit und eine dumpfe Verschlossenheit Jesus gegenüber. Die knappe Zeichnung eines Vorfalls bei Markus zeigt dies auf erschütternde Weise: „Als er nach Hause zurückgekehrt war, fand sich die Volksmenge wieder ein, so daß sie nicht einmal Zeit zu essen hatten. Als die Verwandten das hörten, zogen sie aus, ihn zurückzuhalten. Sie sagten nämlich, er sei von Sinnen" (Mk 3, 20–21). Wollten diese Leute Jesus für unzurechnungsfähig erklären und ihn so vor Verfolgung bewahren? Das ist möglich. Jedenfalls bezeugten sie damit, daß sie vom eigentlichen Anliegen Jesu nichts verstanden hatten. Diese abgründige Fremdheit, die Jesus von seinen Verwandten trennte, zeigte sich noch eindrücklicher in einer anderen Situation. Das Laubhüttenfest der Juden näherte sich, und die Verwandten Jesu wollten nach Jerusalem. Da sagten sie spöttisch und herausfordernd zu ihm: „Zieh jetzt von hier fort und begib dich nach Judäa, damit auch deine (dortigen) Anhänger deine Werke sehen, die du vollbringst. Niemand tut etwas im Verborgenen, der öffentlich bekannt sein will. Selbst seine Verwandten glaubten nämlich nicht an ihn. Da sagte Jesus zu ihnen: ‚Meine Zeit ist noch nicht da, eure Zeit ist immer bereit. Euch kann die Welt nicht hassen, mich aber haßt sie‘" (Jo 7, 2–7). In diesen Worten hat Jesus selbst den abgrundtiefen Unterschied zwischen seinen Verwandten, ja den Menschen überhaupt und sich selbst ausgesprochen: Ihr seid daheim in der Welt der Menschen, ihr seid alle verwandt, ihr handelt alle nach der gleichen Logik des Menschseins; so können die anderen Menschen euer Sein nicht grundsätzlich verneinen, das heißt, sie können euch nicht hassen. Ich bin aber anders, mich haßt die Welt, ich gehöre nicht in die Gemeinschaft der Menschen, ich bin fremd unter euch.

Versucht man die Fremdheit Jesu in der Welt der Menschen noch näher zu begreifen, dann muß man ihn im engeren Umkreis der Jünger betrachten. Dort wird seine Fremdheit noch deutlicher. Es muß für Jesus sehr schwer gewesen sein, diese Jünger, die alles nur zur Hälfte verstanden, seine Worte verdrehten oder ins Kleinliche hinabzogen, überall mitzuschleppen, und dazu noch einen hinterlistigen Verräter ständig bei sich zu haben. In Kapharnaum, nach der Rede über das Brot des Lebens, wandten sich die meisten von ihm ab. Es blieb nur ein kleiner Kreis bei ihm zurück. Man hat den Eindruck, daß selbst diese nicht deshalb bei ihm ausharrten, weil sie ihn verstanden und sein Wesen innerlich aufgenommen hatten, sondern weil sie nicht wußten, wohin sie sonst hätten gehen können: „Herr, zu wem sollen wir gehen?" (Jo 6, 68.) Vor seinem Tod zog Jesus in Begleitung der Zwölf nach Jerusalem und sprach unterwegs zu ihnen: „Wir ziehen jetzt nach Jerusalem hinauf; des Menschen Sohn wird den Hohenpriestern und Schriftgelehrten überliefert werden: sie werden ihn zum Tode verurteilen und den Heiden übergeben, ihn verspotten, geißeln und kreuzigen" (Mt 20, 18–19). Man möchte erwarten, daß die Jünger ihren Meister in seiner Traurigkeit, Niedergeschlagenheit und Todesahnung trösteten. Nein! Sie waren damit beschäftigt, sich den besten Platz im kommenden Reich zu sichern. Die Söhne des Zebedäus, Johannes und Jakobus, wollten ganz schlau sein. Sie schoben ihre ehrgeizige Mutter vor: „Damals kam die Mutter der Zebedäer mit ihren Söhnen zu ihm und fiel vor ihm nieder, um ihm ein Anliegen vorzutragen. Er sprach zu ihr: ‚Was willst du?' Sie erwiderte ihm: ‚Befiehl, daß der eine von diesen meinen beiden Söhnen in deinem Reiche zu deiner Rechten, der andere zu deiner Linken sitzen darf!'" (Mt 20, 20–21.) Das waren die Jünger Jesu. Sie werden schlafen, während Jesus im Ölgarten in Todesangst ausharrt und sein Schweiß wie Blutstropfen wird, die auf die Erde niederrinnen (Lk 22, 44). Der eine von ihnen wird „in die Nacht hinausgehen" (Jo 13, 30), um ihn zu verraten. Der andere wird ihn unter Eid verleugnen. Und alle übrigen werden in der letzten Stunde fliehen, bis auf Johannes. Auch dieser wird ihn zuerst im Stich lassen, aber dann reuevoll zurückkommen und ausharren. Liest man die Leidensgeschichte Jesu aufmerksam durch, so wird zur Qual, daß diese Menschen Jesus gar nicht verstanden und ihm nur eine Verstörtheit und hilflose Dumpfheit entgegengebracht haben. Neben Jesus wirken diese Jünger so kümmerlich und klein oder – wenn man will – so ‚menschlich'. Die letzten, die allerletzten Worte der Jünger an ihren Herrn auf dem Himmelfahrtsberg bei der endgültigen Scheidung waren: „Herr, stellst du jetzt das Reich für Israel wieder her?" (Apg 1, 6.)

Wohl niemandem war Jesus inniger verbunden als seiner Mutter, Maria. Aber nirgends wird seine grundsätzliche Fremdheit in der Welt der Menschen deutlicher als in der Beziehung zu ihr. Die Evangelien haben fünf Sätze aufgezeichnet, die Jesus zu seiner Mutter gesprochen hat. Es ist möglich, sie auf verschiedene Weise zu interpretieren. Aber in jeder ehrlichen Deutung ist eine seltsam abweisende Haltung Jesu klar ersichtlich. Kein noch so ‚marianisch gesinnter' Exeget darf es wagen, diese Worte abzuschwächen. Das Kind Jesus antwortete in Jerusalem vorwurfsvoll: „Warum habt ihr mich gesucht?" (Lk 2, 49.) Maria und Joseph hatten das Recht, ihn zu suchen. Er war nur ein Kind. Lukas fügt einen Satz hinzu, der in diesem Zusammenhang sehr wichtig ist: „Sie verstanden nicht, was er ihnen sagen wollte" (Lk 2, 50). Den zweiten Satz sprach Jesus während der Hochzeit in Kana aus: „Frau, was habe ich mit dir zu tun? Meine Stunde ist noch nicht gekommen" (Jo 2, 4). Die dritte Aussage finden wir bei Markus: „Da kamen seine Mutter und seine Verwandten. Sie blieben draußen stehen, um ihn rufen zu lassen; denn eine Menge Menschen umlagerte ihn. Als man ihm meldete: ‚Deine Mutter und deine Verwandten sind draußen und möchten dich sprechen', gab er ihnen zur Antwort: ‚Wer ist meine Mutter, und wer sind meine Brüder?' Und den Blick auf die ihn umringenden Menschen gerichtet, rief er: ‚Das sind meine Mutter und meine Brüder; wer den Willen Gottes tut, ist mir Bruder, Schwester und Mutter'" (Mk 3, 31–35). Den vierten Satz lesen wir bei Lukas. Die Zeichnung des Vorfalls ist ein psychologisches Meisterwerk. Jesus stand unter der Menge und redete. Es waren die bedeutenden Worte über den Kampf Gottes und Satans in der menschlichen Seele. Unter den Zuhörern waren auch Frauen. Und Frauen haben oft die seltsame Neigung, nicht auf das zu hören, was man sagt, sondern auf das, wie man es sagt: Sie hängen an seinen Lippen, hingerissen von der Macht seiner Persönlichkeit, vom Klang seiner Stimme. Und sie haben auch die Gewohnheit, einem ins Wort zu fallen mit vielleicht intuitiven, aber im Moment störenden Bemerkungen. Eine rief plötzlich: „Selig

der Schoß, der dich getragen, und selig die Brüste, die dich genährt" (Lk 11, 27). Und Jesus erwiderte: „Selig sind die, die das
Wort Gottes hören" (Lk 11, 28). Endlich der letzte, furchtbare,
aber für das christliche Daseinsverständnis doch so tröstliche
Ausspruch, aufgezeichnet bei Johannes. Christus hing am
Kreuz. Ein Gekreuzigter hatte das Recht, noch vom Kreuz aus
letztwillige Verfügungen zu treffen. Jesus machte von diesem
Recht Gebrauch und stellte Maria unter den Schutz des Johannes. Aber dieses Wort der letzten Zärtlichkeit mußte für Maria
furchtbar geklungen haben: „Frau, da ist dein Sohn" (Jo 19, 26).
Wir müssen diese Worte hinnehmen wie sie stehen, wie sie uns
von der konkreten Situation her, in der sie geboren wurden, ansprechen. Es sind Worte der Fremdheit, des Abstandnehmens;
Worte, die Kluft und Abgrund schaffen. Jesus war auch Maria
fremd. Und das mag die Größe Mariens ausgemacht haben, daß
sie es ertrug, die Mutter eines ‚Fremden‘ zu sein. Daß sie diese
Fremdheit umfing, daß sie sich jedesmal zu ihrem unverständlichen und unverstandenen Sohn emporhob im Glauben. Und wie
einsam mußte sich dieser junge Mann gefühlt haben, der sich
nicht einmal bei seiner Mutter voll ‚daheim‘ fühlen konnte, der
in seinem Wesen eine Tiefe trug, wo alles restlos erdenleer und
menschenleer, ja ‚mutterlos‘ war. Er stand allein in der Welt, auf
dem schmalsten Grat der Schöpfung, ins ‚Ganz-Andere‘ hineingehoben.

„Vergegenwärtigen wir uns doch einmal, was das bedeuten
muß, wenn da ein Mensch ist, voll tiefer Einsicht für das Heil
aller; voll reiner Liebe; bereit, sich zu öffnen, zu schenken, zu
helfen. Und nun kommt er, spricht mit diesem, mit jenem und
trifft hier auf Mißtrauen, dort auf Unverstehen, auf Lachen oder
Feindseligkeit. Aber so ist es doch Jesus ergangen. Nur ganz anders schlimm, göttlich furchtbar! Er trug die aus Gott entspringende Wahrheit in sich. In ihm quoll doch die Unermeßlichkeit
der Heilskraft, die sagen konnte: ‚Kommet alle zu mir, ich will
euch erquicken.‘ Er sah doch, wie es um die Menschen und die
Welt steht, und hatte die Macht, die Not aus den Angeln zu heben. Überall aber stieß er gegen eine dunkle Wand. Furchtbar
war dieses Leiden. Das Furchtbarste aber, daß es nicht auch nur
allmählich nachließ; daß die Finsternis sich nicht lichtete, die
Verschlossenheit sich nicht auftat. Sondern daß alles immer här-
ter, dunkler, feindseliger wurde, bis zur ‚Stunde der Macht der
Finsternis.‘ "[51]

Und noch mehr! Am Ende griff diese Einsamkeit noch tiefer in seine Seele hinein. Aus der letzten Not der Ausgestoßenheit rief er am Kreuz: „Mein Gott, mein Gott, warum hast du mich verlassen!" (Mt 27, 46; Mk 15, 34.) Wenn man sich fragte, welches die sicher echteste Stelle im ganzen Evangelium sei, müßte man wohl antworten: dieser Ruf Jesu. Kein Mensch in der christlichen Urgemeinde hätte gewagt, ein solches Wort zu erfinden. Da hing nun Jesus, aufs Kreuz genagelt, in dunkelster Fremdheit und Verlassenheit. Selbst sein Gott, sein Vater – wie er ihn zu bezeichnen pflegte –, war ihm nicht mehr nahe, hatte sich zurückgezogen. Etwas Unerbittliches geschah in dieser Stunde dort am Kreuz, das wir nicht einmal erahnen, geschweige denn erklären können. Und gleichzeitig offenbarte sich die ganze unirdische Größe und Kühnheit dieses Propheten aus Nazareth. Er machte sich klein; er wurde im Sterben noch einmal ganz zum Kind; er warf sich ganz in die Dunkelheit hinein. Er ließ seinen Gott, der ihn zu verlassen schien, nicht los. Er sprach das Abendgebet in der Form, wie er es in seiner Kindheit gelernt hatte: „Abba, in deine Hände befehle ich meinen Geist." Seine Mutter, die unter dem Kreuz stand, hörte diese Worte, die sie ihn damals gelehrt hatte. In seiner unheimlichsten Ferne kam Jesus seiner Mutter wieder nah. „Nach diesen Worten verschied er" (Lk 23, 46).

Wie könnte man diesen Menschen von Nazareth menschlich verstehen? Am Anfang dieser Betrachtung haben wir herausgestellt, daß ein Mensch aus seinem menschlichen Wesen heraus nie grundsätzlich fremd unter seinen Mitmenschen sein kann. Alle sind zwar sich selbst fremd und deshalb auch heimatlos in der Welt, aber gerade darin sind sie sich alle verwandt: Der Unterschied zwischen den Personen kann nie so groß werden, daß diese innere Gleichheit im Hinfälligen aufgehoben würde. In jedem Fall wird ein Mensch im andern Menschen eine innere Verwandtschaft entdecken. Ihre Fremdheit kann nie unbedingt, absolut werden. Und da stehen wir vor Jesus von Nazareth, der allen Menschen gegenüber fremd war. Nicht nur seinen Feinden, sondern auch seinen Freunden und selbst seiner Mutter gegenüber. Unser menschliches Verstehen versagt, und unsere Betrachtung muß wiederum an Jesus scheitern. Dieser Mensch war mehr, grundsätzlich mehr, ja etwas ganz anderes als nur ein Mensch.

Die einzig mögliche Erklärung für diese Fremdheit und Andersheit Jesu finden wir in der ungeheuren, aber allein logischen Behauptung: Er war Gott. Seine Andersheit war nicht eine Absage an das Menschsein und auch keine Zurückweisung. Er war ja, in seinem ganzen Wesen, von leuchtender Menschlichkeit. Aber er muß mehr gewesen sein als nur das. Gerade dieses Leuchtende seiner Menschlichkeit machte ihn uns fremd. In ihm glänzte das Sein. Etwas, was bei uns niemals geschieht. Die Jünger Jesu haben dieses Glanz-Werden, diese Intensität des Seins Jesu, diese Metamorphose des Seins in die Herrlichkeit auf erschütternde Weise erfahren. Ihre Erfahrungen zeigen genau das, was wir in dieser Betrachtung mühsam und mit vielen Worten begreiflich machen wollten: Die Fremdheit Jesu war nicht eine negative Qualität seines Wesens, sondern etwas völlig Positives, das Durchschimmern der Göttlichkeit in einem menschlichen Wesen. Jesu Verklärung auf dem hohen Berg (den die Tradition wohl fälschlich als den Tabor bestimmt) macht das Angedeutete offenbar: „Jesus nahm Petrus, Jakobus und dessen Bruder Johannes mit sich und führte sie allein auf einen hohen Berg. Da verwandelte sich sein Aussehen vor ihnen. Sein Angesicht leuchtete wie die Sonne, seine Kleider wurden weiß wie das Licht . . . Da ergriff Petrus das Wort und sprach zu Jesus: ‚Herr, gut ist es, daß wir hier sind! Willst du, daß wir hier Hütten bauen? . . .‘ Während er noch redete, überschattete sie eine lichte Wolke, und eine Stimme aus der Wolke sprach: ‚Dies ist mein Sohn, der geliebte, an dem ich Wohlgefallen habe. Auf ihn sollt ihr hören.‘ Als die Jünger dies hörten, fielen sie auf ihr Angesicht und fürchteten sich sehr. Da trat Jesus herzu, rührte sie an und sprach: ‚Steht auf und fürchtet euch nicht‘ " (Mt 17, 1–5; Mk 9, 2–8; Lk 9, 28–36). Und dann die bestürzende Vision des Johannes: „Ich, Johannes, euer Bruder und Gefährte in der Trübsal, im Reiche Gottes und in der geduldigen Erwartung Jesu, war um des Wortes Gottes, des Zeugnisses Jesu willen auf der Insel, die Patmos heißt. Am Tag des Herrn ward ich im Geiste entrückt und hörte eine starke Stimme wie von einer Posaune . . . Ich wandte mich um, die Stimme zu erschauen, die zu mir sprach. Und wie ich mich umwandte, sah ich sieben goldene Leuchter, und inmitten der Leuchter eine Gestalt wie des Menschen Sohn, umhüllt von einem wallenden Mantel, und die Hüfte umgürtet mit einem goldenen Gürtel. Sein Haupt und seine Haare waren weiß wie schneeig weiße Wolle. Seine Augen waren wie Feuerbrand, seine Füße wie Erz, im Ofen geglüht, und seine Stimme wie das Tosen vieler Wasser. Auf seiner Rechten hielt er sieben Sterne. Aus seinem Munde ging ein Schwert hervor, zweischneidig scharf, und wie die Sonne in ihrer Macht, so strahlte sein Antlitz. Als ich ihn erblickte, fiel ich wie tot zu seinen Füßen nieder. Er legte seine Rechte auf mich und sprach: ‚Fürchte dich nicht! Ich bin der Erste und der Letzte. Der Lebendige. Ich war tot, aber nun lebe ich wieder in alle Ewigkeit'" (Offb 1, 9–18).

Die Reue

In den folgenden drei Abschnitten werden wir die menschliche Wirklichkeit von ihrer zeitlichen ‚Erstreckung‘ her betrachten und die Frage stellen, wie Jesus von Nazareth in der Zeitlichkeit lebte. Der Mensch ist dem reißenden Strom der Zeit nicht hoffnungslos ausgeliefert. Er weiß um die Vergangenheit, die Gegenwart und die Zukunft. Er vermag geistig ‚anzuhalten‘, stehenzubleiben, sich seiner Vergangenheit oder seiner Zukunft zuzuwenden. Sein Dasein ist kein reines Getriebenwerden. In ihm formt sich das Gewordene geistig um: Der Mensch trägt seine eigene Vergangenheit in die Zukunft hinein. Doch ist dieses ‚Tragen der Vergangenheit‘ kein automatischer Vorgang. Der Mensch muß darüber entscheiden, was er in sich weiterträgt. Diese Entscheidung über die eigene Vergangenheit fällt oft negativ aus. Immerzu muß der Mensch nein sagen zu seinem gewordenen Sein. Daß er dies zu tun vermag, darin besteht zu einem großen Teil seine Größe. Wir werden uns in diesem Abschnitt mit diesem Neinsagen zur eigenen Vergangenheit beschäftigen.

Die großen religiösen Gestalten der Menschheit mußten in ihrem Leben eine schmerzhafte Überprüfung ihrer Vergangenheit vornehmen. Durch das ganze Alte Testament ertönt ein Ruf nach Reue und Bekehrung. Auch das Neue Testament beginnt mit dem Ruf zum Anderswerden, zur Umformung der ganzen Person. In alldem zeichnet sich ein Wesensmerkmal menschlicher Größe ab: Echt menschliches Sein ereignet sich immer in der ‚Reue‘, das heißt in der Loslösung von der eigenen schuldhaften Vergangenheit, in der Scheidung zwischen Gut und Bös innerhalb des eigenen Daseins. Bei Jesus von Nazareth finden wir aber keine Reue. Er hat in seinem Leben nie eine quälende Umkehr seines Wesens vollzogen. Trotzdem war er ein ‚großer Mensch‘. All das macht ihn für uns unbegreiflich. Diesen einfachen Gedanken möchten wir in diesem Kapitel auseinanderfalten.

In einem ersten Teil wollen wir zeigen, *daß die menschliche Person sich erst in der Reue vollendet.* Wir werden dabei drei Stufen der ‚Bewältigung personaler Vergangenheit‘ zu untersuchen haben. Sie könnten etwa mit den geläufigen Begriffen ‚Bedauern‘, ‚Beschämung‘ und ‚Reue‘ bezeichnet werden[52].

Erstens: das ‚Bedauern‘. Der Mensch erschafft sich selbst aus seinen eigenen Taten. Nach jedem guten oder bösen ‚Werk‘ ist er ein anderer geworden. Seine Vergangenheit lebt in ihm weiter, gibt ihm Halt im Leben oder vergiftet seine Gegenwart. Dabei ist jedoch zu beachten, daß das menschliche Wesen ‚mehrschichtig‘ im Sein und damit in der Zeitlichkeit steht. Jede seiner Schichten ist mit einer anderen Intensität ‚zeitlich‘.

Im biologischen Bereich der Existenz ist die Zeitlichkeit des Menschen unfrei. Auf dieser untersten Ebene seines Wesens wird das menschliche Individuum von der gesamten, sich in ihm verdichtenden Sphäre des Biologischen (Biosphäre) geprägt. Der Mensch trägt also eine Vergangenheit in sich, die zurückreicht in die Dunkelheit von Jahrmilliarden. Er ist tief hineingesenkt in die Geschichte des ‚vormenschlichen‘ Lebens. Im Bereich seines psychischen Lebens (das seinerseits auch vielschichtig gebaut ist) wirkt die Vergangenheit nicht mehr so massiv, sondern nach feineren und komplizierteren Gesetzlichkeiten weiter. Das einmal Erlebte wandelt sich in ihm um. Ungünstige Erlebnisse wirken sich in ihm zum Beispiel als krankhafte Störung des seelischen Lebens, als Ängste, Hemmungen und Neurosen aus. Doch leben in dieser Zwischenschicht des Psychischen nicht nur persönliche Erfahrungen weiter, sondern auch Urerlebnisse der Menschheit, höchstwahrscheinlich auch die jener hochentwickelten Lebewesen, mit denen unser psychisches Leben evolutionsgeschichtlich verbunden ist (Psychosphäre). Schließlich hat die neuzeitliche Philosophie noch eine dritte Sphäre, den Bereich des sogenannten ‚objektiven Geistes‘, im menschlichen Individuum freigelegt. Der ‚objektive Geist‘ ist die vom Subjekt unabhängige Grundlage des geistigen Lebens. Der einzelne ist immer schon hineingestellt in eine Gemeinsamkeit des Denkens, des Wertens und des Vorziehens, welche der geschichtlich gewordenen Kulturgemeinschaft, in der er lebt, eigen ist. Diese Gemeinschaft ist ihrerseits eingesenkt in das gemeinsame Bewußtsein der ganzen Menschheit (Noosphäre). So ist der individuelle Mensch in einer für uns heute noch nicht ganz feststellbaren Weise in die Vergangenheit des Lebens, der Tierwelt und der gesamten

Menschheit hineinverwurzelt. Diese ganze ‚Vergangenheit‘ trägt er in sich. Sie ist Wurzelgrund, von dem her er existiert. Auf all diesen Ebenen ist der Mensch ‚gebunden‘, kann sich von den Einflüssen der Vergangenheit nie ganz befreien. Er wird aber immer freier, je mehr sich das Leben in ihm ins Personale umsetzt.

Das Eigentlichste des individuellen Menschen ist sein personhaftes Wesen. Hier ist der Mensch völlig auf sich gestellt, auf sein Letztes und Verborgenstes. Wäre der Mensch nur etwas biologisch, psychisch und kulturell Gewordenes, so gäbe es für ihn keine Rettung vor dem Zwang der Vergangenheit. Er könnte sich seinem Gewordensein nirgends entziehen. Es gäbe kein Entrinnen aus dem Vergangenen. Mit der personalen Wirklichkeit seines Wesens steht aber der Mensch über seiner Vergangenheit. Er vermag über sich selbst zu richten, sich von sich selbst zu distanzieren, sein Selbst gegen sich zu wenden. In dieser eigentlichsten Sphäre seines Wesens kann sich der Mensch aus seiner eigenen Vergangenheit heraus frei ‚erschaffen‘. Er kann auch zu seiner ‚Gewordenheit‘ nein sagen und seine Vergangenheit bedauern.

Was bedeutet aber: etwas ‚bedauern‘? Auf den ersten Blick ist es eine einfache ‚Feststellung‘: Meine frei gewählte Vergangenheit hätte anders werden können, und es wäre besser, sie wäre anders geworden. Ist eine solche ‚Feststellung‘ nicht nutzlos? Man kann doch die Vergangenheit nicht ungeschehen machen. Das Gewordene ist unaufhebbar. Dennoch ist das Bedauern eine sehr hilfreiche Regung. Es zeigt an, daß der Mensch Abstand von sich selbst hat, daß er mit sich selbst unzufrieden sein kann, daß er ‚mehr‘ ist als seine gewordene Wirklichkeit. Das Bedauern sagt aus: „Ich weiß um mein eigenes Elend; ich trage in mir eine Sehnsucht nach Besserem; es tut mir leid, daß ich nicht anders geworden bin.“ Mit dem Bedauern fängt der Mensch an, wirklich Mensch zu sein, zurückzukehren zu jener Innerlichkeit, wo er ‚er selbst‘ ist und deshalb über sich selbst gleichsam zu Gericht sitzen kann.

Zweitens: die ‚Beschämung‘. Lebte der Mensch allein, abgesondert, ohne mitmenschlichen Bezug in der Welt, so wäre das Bedauern die einzig mögliche und berechtigte ‚Lösung‘ der verwirkten Vergangenheit. Die Scham bringt uns aber zum Bewußtsein, daß wir wesenhaft als Mit-Sein existieren. Zwar kann man sich ‚vor sich selbst‘ schämen, doch erreicht die Regung der Scham ihre volle Bedeutung erst in bezug auf Personen, mit denen der Mensch in Liebe sich verbunden weiß. In der Beschämung sagt der Mensch aus: „Ich kann mich denen, die ich liebe, nicht so schenken, wie ich geworden bin; ich sollte ‚mehr‘ und ‚anders‘ sein, um mich ‚hüllenlos‘ zeigen zu können; von meiner Bestimmung her sollte ich Licht sein für andere Menschen, bin es aber nicht, weil ich das Lichthafte meines Wesens verwirkt habe, weil ich in mir eine selbstverschuldete Finsternis trage." Zwar ist die menschliche Liebe dermaßen mächtig, daß der Liebende seiner Beschämung nicht hilflos ausgeliefert ist. Er darf sich in der Liebe so ‚geben‘, wie er ist, wie er geworden ist. Sein Selbstschenken geschieht aber immer in der Überwindung und ist deshalb begleitet von einer ‚schamhaften‘ Zurückhaltung: „Ich schenke mich dir, so wie ich bin, empfinde aber dabei eine Beschämung und hoffe, daß das kleine Licht, das ich vielleicht noch in mir trage, dich ein wenig erhellt und daß ich dich mit meinem Wesen nicht trübe." In dieser Haltung des ‚Sich-Schenkens-in-der-Beschämung‘ lebt eine sehr große Liebe zum Guten der anderen Person. Sie ist die Haltung der demütigen Selbstlosigkeit.

Hier sind der Verrat des Petrus und der des Judas von paradigmatischer Bedeutung. Diese zwei Menschen versuchten, ihre beschämende Vergangenheit zu bewältigen. Judas „machte sich davon, ging hin und erhängte sich" (Mt 27, 5). Damit gab er seiner schuldhaften Vergangenheit endgültig die Bedeutung der Schuldhaftigkeit. Indem er seinem Leben ein Ende setzte, verhinderte er, daß sein Verrat an Jesus einen anderen Sinn erhalte. Sein Verrat konnte nie mehr etwas anderes werden als Verrat. Das ist freilich kein Urteil über sein ewiges Schicksal, sondern nur Deutung seiner uns zugänglichen irdischen Existenz. Ganz anders war es bei Petrus, der „hinausging und bitterlich weinte" (Mt 26, 75). Für ihn wurde sein Verrat – zweifellos eine verwerfliche und böse Tat – zur Station am Kreuzweg seines Lebens, der ihn schließlich doch zum endgültigen Glück und zur Vollendung in der Heiligkeit führte. Kein anderes Beispiel vermag eindeutiger zu zeigen, daß die Vergangenheit eine ‚plastische‘ Masse ist, daß sie eine völlig neue Wertigkeit erhalten kann, vorausgesetzt, daß der Mensch trotz allem wieder anfängt, sich in der Liebe aufzuschließen, das heißt auszusprechen: „Du weißt, daß ich dich liebe" (Jo 21, 15; 16; 17). Die schuldhafte Tat und die ihr innewohnende Bedeutung können getrennt, dissoziiert werden. Der Mensch vermag seiner Vergangenheit eine ganz neue

91

Bedeutung zu geben und sie dadurch vollends umzuformen. Die eigentliche Umwandlung der Vergangenheit kann jedoch in der Beschämung nicht geschehen. Die Beschämung muß in die Liebe hineingenommen werden, die das eigene, gebrochene Sein in eine neue Hingabe verwandelt. Vergräbt aber der Mensch sich selbst in die Beschämung, so kann sein ganzes Dasein ersticken. Die Beschämung allein kann einen Menschen in die ‚kalte Indifferenz' treiben: „Jetzt bin ich endgültig verloren; tiefer kann ich nicht mehr fallen; für mich gibt es keinen Ausweg mehr; von nun an kann ich ungehindert Böses tun." Eine solche Beschämung, „die sich hinter einem lächelnden Gesicht verbergen kann, verwüstet das Unbewußte, macht die Einheit der Existenz unmöglich und verhindert den Aufstieg der tiefen Persönlichkeit . . . Es ist selten, daß eine solche, in ihrem Innersten gespaltene Seele nicht auseinanderbricht."[53]

Oder man flüchtet sich vor der inneren Beschämung, die man nicht ertragen kann, in die Planlosigkeit und Vervielfältigung. Der Mensch kann dann keine Klarheit mehr in sich selbst schaffen. Die Wahrheit seines Inneren löst sich auf. Eine wilde Sinnlosigkeit ergreift die Seele. Die Existenz wird zur Einöde der Beziehungslosigkeit. Unsicherheit und Verwirrung werden übermächtig. Der Mensch sieht keine Richtungslichter mehr, ja – seltsam genug – er will sie gar nicht mehr sehen. Die sicheren Bezüge der Welt lockern sich. Überall herrscht Unklarheit. Fragen tauchen auf, die gar nicht gelöst werden wollen, Befürchtungen, die das ganze Dasein gleichsam hypnotisieren. Die ganze Welt in einem Halblicht, das alles fälscht und das schlimmer ist als Finsternis. Dieser Zustand ist seltsam gewoben aus Nichtwollen und Nichtkönnen. Was man auch macht, scheint gleich schlimm zu sein. Man weiß nicht mehr, wohin man sich wenden soll. Nur eine sehr große und milde Liebe vermag einen solchen Menschen von seiner Beschämung und von seinen Gewissensqualen zu befreien. Oft kann die Hilfe nur darin bestehen, daß wir diesem Menschen still, verständnisvoll und lange beistehen, bis er merkt, daß er seiner inneren Beschämung nicht einsam ausgeliefert ist, sondern sie durch die Liebe in eine erlösungbringende Reue umwandeln kann.

Drittens: die ‚Reue'. Die echte und endgültige Befreiung von der schuldhaften Vergangenheit kann nur in der Liebe geschehen. Der Mensch muß das erlösende Wort vernehmen: „Ich liebe dich, trotz allem." Als Antwort auf diese Liebe vermag der

Mensch auszusprechen: „Ich bin deiner Liebe nicht würdig." So vollzieht sich Erlösung. Denn da wird dem Menschen bewußt, daß ein Letztes und Tiefstes in ihm sich dem Bösen entzogen hat, jenes Innerste, das jetzt ausspricht: „Ich bin nicht würdig." Im Lichte dieser Einsicht kann nun der Mensch erkennen, was das eigentlich Böse in seiner Vergangenheit war. Er kann die große Scheidung zwischen Gut und Bös in sich selbst vornehmen. Allein eine solche Scheidung bedeutet immer tiefen Schmerz. Das eigene, gewordene Ich spaltet sich. Was böse ist, wird ausgestoßen. Eine Welt stürzt ein. Doch aus den Trümmern des alten Ich entsteht eine neue, leuchtende Welt. Eine neue Zukunft wird möglich, Auswege werden sichtbar. Freilich hört die Vergangenheit, soweit sie böse war, nicht auf, auf den unteren, vornehmlich psychischen Schichten des menschlichen Seins weiterzuwirken. Aber im Bereich des personalen Seins, wo der Mensch wirklich ‚er selbst' ist, ändert sich alles. Und selbst was sich von der bösen Vergangenheit in unsern Psychismus gleichsam unauslöschlich eingeprägt hat, ändert seinen Sinn und seine Bedeutung. Der Mensch vermag sein gewordenes Dasein von anderen Verheißungen her zu leben. So vollzieht sich in der Reue eine existentielle Hinwendung zum Guten.

Daraus erklärt sich, warum die Reue eine der größten geschichtsgestaltenden Mächte ist. „Weder das Gute noch das Böse bleiben im Menschen beschlossen. Sie wirken weiter auf die andern Menschen, machen diese besser oder schlechter, und sie wiederum haben Einfluß auf andere Menschen. Die Grenzen solcher Wirkung sind nicht abzusehen, und damit auch nicht die Grenzen unserer Verantwortung. Aus dieser Verflechtung der Menschen im Guten wie im Bösen geht aber die Geschichte hervor . . . Reue und Buße schaffen immer wieder das Böse aus den Herzen, aus den Einstellungen der Menschen weg und verhindern so, daß es sich im Laufe der Geschichte ansammelt, vermehrt und zu einer alles zerstörenden Macht wird. Dadurch ist die Reue eine geschichtliche Macht, die das Geschehen immer wieder zum Guten zurücklenkt. Sie ist allerdings keine in die Augen fallende Macht. Sie wirkt nicht unmittelbar im Sichtbaren; sie schreit nicht laut auf dem Markte des Weltgeschehens. Sie verbessert nicht äußere Einrichtungen und politische Verfassungen. Aber sie setzt an dem Punkt an, von dem alles Äußere hervorgeht . . . Wer durch Reue und Buße das eigene Sein immer wieder zum Guten zurücklenkt und das Böse in sich aufhebt und wirkungslos macht ... der scheidet das, was zu bewahren ist, von den zerstörenden und vergiftenden Einflüssen."[54] Bereits Max Scheler hat auf die weltgeschichtliche Kraft der Reue hingewiesen. Durch sie wird die Ursächlichkeit des Bösen unterbrochen. Sie zerreißt die Zusammenhänge des Unheils und setzt einen neuen Anfang. Der Mensch erneuert und entgiftet in der Reue seinen tiefsten Seinsgrund und wendet sich so, als ein anderer Mensch, einer neuen Zukunft zu[55].

Freilich bleiben die Auswirkungen einer schuldhaften Vergangenheit in den unfreien Bezirken menschlicher Existenz weiterhin spürbar. In seinem Innern ist aber der reuige Mensch bereits ein anderer geworden. Von diesem Mittelpunkt seines Daseins soll die Erneuerung auf die übrigen Gebiete des Existierens übergreifen. Gewohnheiten und Gefühle weichen langsam der neuen Einstellung. Zerstörende Regungen des Hasses, der Abneigung und des Übelwollens werden immer seltener. Im reuigen Menschen entsteht nach und nach jene geheimnisvolle Eigenschaft, die sein Wesen leuchtend macht, die Güte. Immer wieder greift die Reue die schuldhafte Vergangenheit an, entdeckt auch die feinsten Wurzelungen des Bösen und schneidet sie ab. Die Quellen des Bösen in der Welt werden gleichsam versperrt. Am Ende dieser langsamen Reifung steht ein milder Mensch da, aus dem heilende Kräfte des Guten in unsere Welt strömen.

Die Heiligen, von denen mit unerhörter Intensität die Güte in unsere Dunkelheit hineinstrahlt, verbrachten ihr ganzes Leben in der Buße. Darin offenbart sich eine neue Wesenseigenschaft der Reue: Ihrem Wesen nach geht sie während des irdischen Existierens nie zu Ende. Je reiner und vollendeter diese Menschen wurden, desto unwürdiger fühlten sie sich, desto mehr begriffen sie die Notwendigkeit der Reue. Ihr Gewissen verfeinerte sich immer mehr. Der geringste Fehler erschien ihnen als Verrat. Sie wurden sich auch immer entschiedener bewußt, daß sie ihre eigene Reinheit und Vollendung aus Gnade erhalten hatten: Was sie sind, gehört ihnen nicht. Ohne die Gnade wären sie nichts. Je begnadeter ein Mensch ist, desto klarer sieht er seine eigene Hinfälligkeit. Gnade bedeutet aber immer auch Gefahr, lastende Verantwortung. Je höher man steigt, desto gefährlicher wird der Sturz. Die Seelen der am meisten Begnadeten sind auch am meisten bedroht. Die schlimmsten Sünden begehen nicht die ‚Sünder', sondern die Vollkommenen. Wer diese Zusammenhänge begriffen hat, staunt nicht mehr darüber, was die Heiligen über ihre Verwerflichkeit sagen und warum sie bis zum Ende ein Leben der Reue geführt haben. Reue ist demnach der eigentliche Weg zur Größe. Sie zeigt an, daß eine Seele noch frisch ist, empfänglich für das Neue, Andere, Bessere, daß sie sich dem ständig lauernden Bösen entziehen und immerzu einen neuen Anfang schaffen kann. So ist die Reue Bedingung der echten Freude, der Leichtigkeit auf dem Weg des Seins. Sie ist die Jugend des Geistes, das Frohe, das Umwandlungsfähige in ihm. Wer in ihr eine negative Eigenschaft sieht, hat ihr Wesen noch nicht begriffen. In ihr steigt die Welt aus den Finsternissen zum Licht auf, erneuert sich selbst, wird geistig.

Die Ärmsten der Armseligen sind Menschen, die es nicht mehr fertigbringen, Reue zu empfinden. In ihnen sinkt die Welt wieder in die Dunkelheit zurück. Es sind einerseits Menschen, die sich völlig und endgültig mit ihrer bösen Vergangenheit gleichgesetzt haben. Das ist dann ,Verdammnis': ,Versteinerung' des Selbst, Verstockung. Die geistige Energie der Welt gerät in diesem Menschen ins Stocken. Eine solche Existenz kennt keine echte, freie Zukunft. Denn es bleibt in ihr kein Ort mehr, von dem aus sie sich der bösen Vergangenheit zu widersetzen vermöchte. Das Böse erzeugt unaufhörlich Böses in ihr. Alles wird in ihr und um sie herum finster, schwer, undurchdringlich. Die Welt steht in ihr still, verharrt in einer bösartigen Ruhe. Nichts Neues kann sich in einem solchen Dasein noch ereignen, nur das Alte, das selbst von diesem Menschen Gehaßte. Ob es (im Bereich unserer Erfahrung) solche Menschen tatsächlich gibt, vermögen wir nicht zu sagen. – Anderseits begegnen wir gelegentlich Menschen, die nicht aus Bosheit, sondern aus einer seltsamen Seinsschwäche heraus keine Reue mehr zu empfinden vermögen, die einfach die Kraft nicht mehr haben, sich ihrer Vergangenheit zu widersetzen. In solchen Menschen ist das Lebendige des Lebens zusammengebrochen, das, worin die persönliche Verantwortung begründet ist. Sie können sich selbst nicht mehr in die Augen schauen, wissen für alles eine Entschuldigung. Das Sein selbst wird in ihnen klein und kümmerlich. Sie sind nicht einmal fähig, böse zu sein. Solche Menschenwesen brauchen unsere Hilfe am meisten. Sie brauchen liebendes Mitsein, damit ihnen von anderen Menschen her Kraft zuströmt, damit sie wieder wie Menschen leben, das heißt wie Wesen, die fähig sind, Reue zu empfinden und Buße zu tun. Nur eine sehr große, selbst-

lose Liebe vermag solche Menschen wieder zum Leben zu erwecken.

Wenden wir jetzt unseren Blick Jesus von Nazareth zu. Nirgends finden wir in den Schriften, die von ihm Kunde geben,
die leiseste Andeutung, daß er Reue empfand. *Jesus kannte die
Regung der Reue nicht.* Wohl lobte er den Zöllner, der „von
ferne stand und nicht einmal seine Augen zum Himmel zu erheben wagte, sondern an seine Brust schlug und sagte: ‚Gott, sei
mir Sünder gnädig‘“ (Lk 18, 13). In bezug auf diesen reuigen
Menschen sprach er ja den Grundsatz geistiger Eigentlichkeit
aus, der unsere ganze phänomenologische Untersuchung über
die Reue zusammenfaßt: „Jeder, der sich selbst erhöht, wird erniedrigt, und wer sich selbst erniedrigt, wird erhöht werden“ (Lk
18, 14). Trotzdem haben wir aus seinem eigenen Munde kein
einziges Sündenbekenntnis vernommen. Sein Leben vollzog sich
in geradliniger Klarheit, ohne Umkehr oder Haltungsänderung.
Wie Johannes der Täufer (Mk 1, 4) hat auch Jesus von Nazareth
von allen Menschen die ‚Bekehrung‘ gefordert, das heißt jene
Umwandlung des ganzen inneren Menschen, die ihn fähig macht,
die in die Welt hereinbrechende neue Gnade in sich aufzunehmen: „Als Johannes gefangengesetzt war, kehrte Jesus nach Galiläa zurück und verkündete die Frohe Botschaft Gottes. Er
sprach: ‚Die Zeit ist erfüllt, nahegekommen ist das Reich Gottes.
Bekehret euch und glaubt an die Frohe Botschaft‘“ (Mk 1,
14–15). Einmal formulierte er seine ganze Lebensaufgabe folgendermaßen: „Ich bin gekommen, Sünder zur Umkehr zu rufen“
(Lk 5, 32). Seine Botschaft enthielt eine bestürzende Offenbarung, welche die Reue geradezu ‚in den Himmel‘ erhebt, ihr kos-
mische Dimensionen verleiht: „Ich sage euch: im Himmel wird
mehr Freude sein über einen Sünder, der sich bekehrt, als über
neunundneunzig Gerechte, die der Bekehrung nicht bedürfen . . . Es wird Freude bei den Engeln Gottes sein über einen
einzigen Sünder, der sich bekehrt“ (Lk 15, 7–10). Der Ausdruck
‚neunundneunzig Gerechte‘ ist in diesem Ausspruch Jesu eine
‚stilistische Wendung‘; es gibt keine Gerechte, alle sind Sünder:
„Das Licht ist in die Welt gekommen, aber die Menschen liebten
die Finsternis statt das Licht, denn ihre Taten waren böse“ (Jo
3, 19). Deshalb flehte Jesus die Seinen förmlich an, geistig wach
zu bleiben: „Habet acht, wachet und betet“ (Mk 13, 33); „Was
ich euch sage, das sage ich allen: wachet“ (Mk 13, 37); „Wachet
und betet allezeit, damit ihr vor des Menschen Sohn bestehen

könnt" (Lk 21, 36). Seine Jünger hörten nicht auf, dieses Gebot der Wachsamkeit zu wiederholen: „Nehmet ein besonnenes und nüchternes Wesen an, um zu beten ... Seid nüchtern und wachsam: euer Widersacher geht umher ... Ihr wißt ja, derselbe Teil an Leiden fällt auch euren Brüdern zu in der ganzen Welt" (1 Petr 4, 7; 5, 8–9). In allem war Jesus so menschlich: er hat geweint, war müde und abgespannt, hat die Regungen des Zornes und des Mitleids empfunden; Ängste überfluteten seine Seele. In einem hat er sich aber nie als ‚Mensch' erwiesen: in der Sünde und in der darauffolgenden Reue. „Er hat keine Sünde begangen, und kein Falsch war in seinem Munde; da man ihn schmähte, schmähte er nicht wieder; im Leiden stieß er nicht Drohungen aus, sondern überließ sich dem Richter; unsere Sünden trug er an seinem Leib zum Holze, damit wir der Sünde sterben und der Gerechtigkeit leben. Durch seine Wunden seid ihr geheilt worden; denn ihr waret wie irrende Schafe, nun aber seid ihr heimgekehrt zum Hirten und Hüter eurer Seele" (1 Petr 2, 22–25).

Wir stehen da vor einem Menschen, der seinen Gegnern ins Gesicht sagen konnte: „Wer von euch kann mich einer Sünde zeihen?" (Jo 8, 46.) Und das wagte er zu sagen, obwohl er stets allen Augen ausgesetzt war und nichts von dem, was er sagte und tat, verborgen bleiben konnte: „Ich habe in aller Offenheit zur Welt geredet ... und habe nichts im geheimen gesprochen" (Jo 18, 20). Diese Haltung leuchtenden Dastehens könnte kaum besser beschrieben werden als mit den Worten seiner Feinde, die ihn einmal folgendermaßen angesprochen haben: „Wir wissen, daß du wahrhaftig bist und den Weg Gottes nach der Wahrheit lehrst, ohne auf jemand Rücksicht zu nehmen, denn du siehst nicht auf das Ansehen der Menschen" (Mt 22, 16; Mk 12, 14; Lk 20, 21).

Es ist aber nicht so, daß er nicht gewußt hätte, wie es um die Sünde bestellt ist. Er hat nicht deshalb keine Sünde in sich entdeckt, weil er für sie blind gewesen wäre. Dieser junge Prophet aus Nazareth war ohne jegliche Schwärmerei und Sentimentalität. Im Johannesevangelium steht der furchtbare Satz, der ein schonungsloses Urteil über alles Menschliche ausspricht: „Er aber, Jesus, vertraute sich ihnen nicht an, da er alle kannte und weil er es nicht nötig hatte, daß ihn jemand über diesen oder jenen Menschen belehre; wußte er doch selbst, was in jedem Menschen war" (Jo 2, 24–25). Die innersten Bereiche des Menschen öffneten sich vor seinem Blick. Im Lukasevangelium heißt es: „Er durchschaute ihre Gedanken" (Lk 6, 8). Er erkannte im Menschen den Verräter: „Jesus wußte von Anfang an, welche nicht glaubten und wer ihn verraten werde" (Jo 6, 64); „Er kannte seinen Verräter" (Jo 13, 11). Er wußte auch, was aus dem Herzen eines Menschen hochsteigt: „Aus dem Herzen kommen die schlechten Eingebungen und Pläne: Mord, Ehebruch, Unzucht, Diebstahl, falsches Zeugnis, Lästerung" (Mt 15, 19). Er hat sich keinen Illusionen hingegeben und war sich klar darüber, in welche Welt er seine Botschaft hineinsprach und wohin er seine Freunde schickte: „Ich sende euch wie Lämmer mitten unter die Wölfe" (Lk 10, 3). Es ist der Haß, der in dieser Welt alles Große und Hohe gleichsam zerfrißt (Jo 3, 20; 8, 37; 15, 22 f.). In dieser Welt der Finsternis stand Jesus da als Licht. Sein Wesen hat die gesamte Welt ins Unrecht gesetzt. Er scheiterte scheinbar an dieser Mauer der Finsternis, die ihn umgab. Johannes bemerkte absichtlich, daß beim Verrat an Jesus alles finster wurde: „Es war Nacht" (Jo 13, 30). Jesus sagte selbst bei seiner Gefangennahme: „Das ist nun eure Stunde und die Macht der Finsternis" (Lk 22, 53).

Damit kommen wir zu jener geheimnisvollen Eigenschaft Jesu, die von Johannes im Symbol des Lichtes ausgedrückt wurde. In diesem Menschen kam das Sein zum Leuchten. Er stand vor der Welt in blendender Klarheit; sie konnte ihn aber nicht sehen, weil sie blind war. Die Heilungen der Blinden haben im Evangelium eine besondere Bedeutung, die Jesus selbst folgendermaßen ausgesprochen hat: „Solange ich in der Welt bin, bin ich das Licht der Welt" (Jo 9, 5). Und anderswo: „Ich bin das Licht der Welt. Wer mir folgt, wird nicht im Finstern wandeln, sondern wird das Licht des Lebens haben" (Jo 8, 12). Wiederum: „Ich bin als Licht in die Welt gekommen, damit niemand, der an mich glaubt, im Finstern bleibe" (Jo 12, 46). In ihm erreichte unser Wesen jene strahlende Klarheit, von der die Jünger auf dem Berg der Verklärung einen unvergeßlichen Eindruck gewannen: „Sein Angesicht leuchtete wie die Sonne, seine Kleider wurden weiß wie das Licht" (Mt 17, 2; Mk 9, 3; Lk 9, 29). Paulus sagte von ihm: „Aus der Finsternis strahlte das Licht auf . . . und wurde leuchtend auf dem Antlitz Christi" (2 Kor 4, 6). In diesem Menschen war das Leben nicht gebrochen. Um zu wissen, was das heißt, genügt es, ins eigene Herz zu schauen. Jesus brach wie ein Feuersturm in unsere Welt ein. „Ein jeder Baum, der nicht gute Frucht bringt, wird umgehauen und ins Feuer geworfen" (Mt 3, 10). Um mit ihm zu sein, mußte man durch ein verzehrendes Feuer gehen. Der Täufer verkündete sein Kommen mit den folgenden Worten: „Ich spende euch nur die Bußtaufe mit Wasser. Aber der nach mir kommt, ist stärker als ich. Ich bin nicht wert, ihm die Schuhe zu tragen. Er wird euch mit Heiligem Geist und mit Feuer taufen. Er hat die Wurfschaufel in seiner Hand, um seine Tenne zu säubern: seinen Weizen wird er einbringen in die Scheune, die Spreu aber verbrennen in unauslöschlichem Feuer" (Mt 3, 11–12). Von sich selbst sagte Jesus: „Feuer auf die Erde zu werfen bin ich gekommen, und wie wünschte ich, daß es schon brenne!" (Lk 12, 49.)

Gleichzeitig war er aber kein ‚harter‘ Mensch, kein Eiferer und kein Verdammungsfanatiker. Er war nicht einer jener Ungeduldigen, die ständig über die ganze Welt zu Gericht sitzen, die lieber alle andern Menschen ins Unrecht setzen als sich selbst im Unrecht zu sehen. Das Reich, das er aufrichten wollte, war die Herrschaft der Güte und Verzeihung, ein inneres Reich der Liebe. Er war kein ‚Bandenchef‘ der jüdischen Freiheitskämpfer, der Zeloten. Er weigerte sich, den Widerstand gegen den Kaiser als berechtigt zu erklären (Mt 22, 15–21). Die ungestüme Haltung der ‚Donnersöhne‘ (Mk 3, 17) wurde von ihm aufs schärfste verurteilt: „Jesus sandte Boten vor sich her. Die gingen hin und kamen in einen Marktflecken der Samariter, um Unterkunft für ihn zu bestellen. Man nahm ihn jedoch nicht auf . . . Als Jakobus und Johannes, seine Jünger, dies sahen, meinten sie: ‚Herr, sollen wir sprechen, daß Feuer vom Himmel falle und sie verzehre?‘ Er aber wandte sich um und verwies es ihnen streng" (Lk 9, 52–55). Bei seiner Gefangennahme stand er nicht mit dem Schwert in der Hand und verbot, daß man ihn mit Gewalt verteidige (Mt 26, 51–54). Unter gar keinen Umständen wollte er für einen Bandenführer gelten: „Wie gegen einen Bandenführer seid ihr mit Schwertern und Knüppeln ausgezogen, mich gefangenzunehmen! Und doch saß ich täglich im Tempel und lehrte" (Mt 26, 55). Er ermahnte seine Jünger, nie gegen den Bruder zu zürnen, sondern ihre Gabe vor dem Altare liegenzulassen und sich zuerst mit dem Bruder auszusöhnen, ihre Feinde zu lieben und für die Verfolger zu beten (Mt 5, 20–48). Er sprach vom Glück und von der Seligkeit der Armen, Trauernden, Sanftmütigen, Hungrigen, Barmherzigen, Friedensstifter und Verfolgten (Mt 5, 3–12). Sein ‚Nachfolger‘ sollte seine Feinde lieben, Gutes tun denen, die ihn hassen, segnen, die ihm fluchen, beten für die Verleumder, nicht richten, nicht verurteilen, den Schuldnern Nachlaß geben. Erst so wird er zum Kind des Allerhöchsten, der milde ist gegen die Undankbaren und Bösen (Lk 6, 27–38). Unnachahmlich schildert Paulus die innere Physiognomie des echten Freundes Jesu und dadurch, mittelbar, die Gestalt Jesu selbst: „So mahne ich euch, Brüder, bei dem Erbarmen Gottes ... gleichet euch nicht dieser Welt an ... vergeltet niemandem Böses mit Bösem, seid bedacht auf das, was edel ist in den Augen aller Menschen, haltet möglichst, soweit es auf euch ankommt, mit allen Menschen Frieden. Rächet euch nicht, Geliebte ... Vielmehr, wenn deinen Feind hungert, speise ihn, und wenn er Durst leidet, gib ihm zu trinken ... Laß dich vom Bösen nicht überwinden, sondern überwinde das Böse durch das Gute" (Röm 12, 1–21). Vielleicht noch eindrücklicher spricht der erste Korintherbrief über die gleiche Wesenshaltung: „Die Liebe ist langmütig, die Liebe ist freundlich und ohne Neid, die Liebe prahlt nicht und bläht sich nicht auf. Sie benimmt sich nicht anmaßlich und sucht nicht den eigenen Vorteil. Sie läßt sich nicht aufreizen, sie trägt das Böse nicht nach. Sie freut sich nicht über das Unrecht, sie freut sich mit an der Wahrheit. Alles umhüllt sie milde, alles glaubt sie, alles hofft sie, alles duldet sie" (1 Kor 13, 4–7). Diesen ungeheuren Umbruch des Geistes hat Jesus durch seine Existenz, durch sein mildes Licht in den Menschen bewirkt, durch das, was Paulus an einer anderen Stelle seine ,Güte und Menschenfreundlichkeit' nennt: „Einst waren wir unverständig, eigenwillig, dem Irrtum verfallen, allen möglichen Leidenschaften und Lüsten versklavt und lebten selber hassenswert und voll Haß gegeneinander in Bosheit und Neid dahin. Als aber die Güte und Menschenfreundlichkeit Gottes, unseres Erlösers, erschien, hat er uns gerettet ... durch die Erneuerung" (Tit 3, 3–5).

Diese Aussage des Titusbriefes faßt unsere ganze Meditation zusammen. Sie schildert unsere innere Verfassung, in der wir als Menschen leben: ,hassenswert und voll Haß gegeneinander'. In diese finstere Welt kam dann jemand, der ganz anders war als wir alle: ,gütig und menschenfreundlich'. Dadurch, durch seine Güte und Menschenfreundlichkeit, hat er uns alle ins Unrecht gesetzt, hat er unser Wesen gleichsam entzweigeschnitten. So machte er uns möglich, unsere Vergangenheit abzulegen. Das ist Rettung, Erlösung. Eine neue Zukunft hat sich uns eröffnet, die ,Erneuerung'.

Erst jetzt können wir die ‚seelische Lage' unserer Betrachtung richtig angeben. Es wurde hier viel über Sünde, Finsternis und Haß geredet. Wenn man von Jesus spricht, muß man von alldem *auch* sprechen, damit seine Gestalt, seine leuchtende Figur auf dem Hintergrund des menschlichen Dunkels sich richtig abhebt. Es wäre aber ganz und gar nicht richtig, die Sünde und die Macht des Bösen in uns zu überschätzen. Jesus von Nazareth hat es nicht getan. Er verabscheute zwar die Sünde, aber war ein ‚Freund der Sünder'. Er hat den Sünder nicht verurteilt. Die kleinste Regung der Reue hat genügt, um Jesus zu bewegen. Den reuigen und unverhärteten Menschen hat er unmittelbar ins Herz geschlossen. Er beurteilte den Menschen nicht nach seiner Sünde, sondern nach seiner Reue. Er wollte die Menschen nicht verdammen, verhärten, sie in ihre Schlechtigkeit einschließen, sondern er wollte sie erlösen, das heißt ihnen eine neue Möglichkeit der Güte und der Liebe eröffnen. Ihm war jedes Menschenherz unendlich kostbar, auch das der Sünder. Das Lukasevangelium nimmt sich ganz besonders Mühe, diese Wesenseigenschaft Jesu hervorzuheben. Jesus liebte die ‚Armen' (Lk 4, 18; 7, 22). Er war ein ‚Freund' der Sünder (Lk 7, 34). Er besuchte sie und war mit ihnen zusammen in herzlicher Menschlichkeit (Lk 5, 27–30; 15, 1f.; 19, 7). Er hat alle Menschen geliebt und allen das Heil eröffnet (Lk 3, 6). Es hieße also Jesus völlig verkennen, wenn man aus ihm einen Menschenfeind machen würde. Nur eine einzige Sorte von Menschen hat er verabscheut; nicht die Sünder, sondern jene Menschen, die sich dem Licht nicht öffnen wollten (Mk 3, 29; Mt 12, 31–32; Lk 12, 10). Es gab nur eine einzige Art von Menschen, der gegenüber Jesus machtlos war, die Selbstgerechten: „Weiter sprach er zu einigen, die voller Selbstvertrauen waren und sich für gerecht ansahen, während sie die übrigen verachteten, das folgende Gleichnis. Zwei Menschen gingen hinauf zum Tempel, um zu beten, der eine ein Pharisäer, der andere ein Zöllner. Der Pharisäer stellte sich hin und betete im stillen also: ‚O Gott, ich danke dir, daß ich nicht wie die andern Menschen bin: wie Räuber, Betrüger, Ehebrecher – oder auch wie dieser Zöllner. Ich faste zweimal in der Woche und gebe den Zehnten von allem, was ich einnehme.' Der Zöllner aber stand weit abseits und wagte nicht einmal, seine Augen zum Himmel zu erheben, sondern schlug an seine Brust und sagte: ‚O Gott, sei mir Sünder gnädig!' Ich sage euch, dieser ging gerechtfertigt nach Hause – jener nicht" (Lk 18, 9–13).

Jesus forderte zwar Übermenschliches, Unerfüllbares: geistige Armut, Feindesliebe, Milde, Vollkommenheit wie die des Vaters; es kam für ihn aber nicht darauf an, daß der Mensch dabei ‚Erfolg' hat. Es waren keine starren Gebote, sondern lebendige Forderung und wirkende Kraft. Horizonte wurden da eröffnet, in die man hineingehen soll und fortschreiten (Zielgebote). Eine neue Welt sollte entstehen, die all unsere Ahnungen und Möglichkeiten übersteigt, der gegenüber wir immer zu klein bleiben werden, zu der wir uns immer in der Reue ‚bekehren' müssen. Jesu Botschaft war keine Verurteilung unserer Schwäche, sondern die Befreiung des menschlichen Kleinseins zum Größeren hin.

Zusammenfassend können wir sagen: Das echt Menschliche schafft sich immer nur dort, wo der Mensch seine eigene Vergangenheit überprüft und in ihr zwischen gut und bös, zwischen vollkommen und unvollkommen scheidet. Geschieht das aus irgendeinem Grunde nicht, so wird das Dasein kümmerlich, dunkel und schlecht. Ohne die Reue ist keine verheißungsvolle Zukunft möglich. Bei Jesus von Nazareth finden wir diese schmerzhafte Überprüfung der Vergangenheit nirgends. Er vollzog sein Leben ohne jegliche Regung der Reue. Menschlich gesehen, müßte er also ein harter, finsterer und moralisch verkümmerter Mensch gewesen sein. Gerade das war er aber nicht. Sein Wesen war mild, leuchtend und allem Guten gegenüber offen. Die einzig zulässige Schlußfolgerung ist: Er hat keine Reue gekannt, weil er keine Reue zu kennen brauchte. Es war in ihm nichts, was vor einer Überprüfung im Lichte des Guten nicht standgehalten hätte. Er war also grundsätzlich anders als wir alle. Auch diesmal scheitert unser Versuch. Wir können diesen Menschen rein menschlich nicht verstehen.

Der Glaube

Im letzten Abschnitt wurde folgendes dargelegt: Der Mensch ist im innersten Kern seines Wesens, in seinem personhaften Sein, frei; deshalb vermag er sich selbst zu gestalten; er kann in seinem zeitlich gewordenen Wesen scheiden zwischen gut und bös; die Vergangenheit lebt in ihm nicht wie ein massiver Block weiter; der Mensch kann sich ,erneuern', das heißt aus seiner Vergangenheit nur das in die Zukunft hineintragen, was in ihr wertvoll und zukunftsverheißend war; diese innere Erneuerung geschieht immer in der Reue, in einer schmerzhaften Überprüfung der eigenen Vergangenheit im Lichte des Guten; so ist die Reue Bedingung der Möglichkeit echten, hoffnungsvollen, frohen und jugendlichen Menschseins. Zwischen der Vergangenheit, die wir in der Reue umformen, und der Zukunft, der wir uns in Hoffnung zuwenden, steht die Gegenwart. Das geschöpfliche Sein befindet sich in einer ,Seinsbewegung', in der Dauer, die wir als Zeit wahrnehmen. Aus einer Vergangenheit, die nicht mehr ist, strömt es einer Zukunft entgegen, die noch nicht ist. Was vergangen ist, lebt nur in seinen Wirkungen und in der Erinnerung weiter, sonst ist es nirgends, ist es ein Nichts, ein ,Nicht-mehr'. Das Zukünftige steht noch aus, ist also auch nirgends, ein Nichts, ein ,Noch-nicht'. Was es wirklich ,gibt', ist die Gegenwart, diese Sekunde, ein Seinsstrahl zwischen zwei Nichts, zwischen Vergangenheit und Zukunft. So ,pulsiert' das zeithafte Sein ,vorwärts': heraus aus dem Nichts, hinein in ein Nichts. Eine sekundenhafte Flamme des Seins. Unsere Frage lautet: Wie steht der Mensch in dieser Gegenwart, wie bewältigt er sie? Die Antwort lautet: als Glaubender.

Wir möchten in diesem Abschnitt zeigen, *daß echtes Menschsein sich immer nur im Glauben erschafft.* Der Mensch kann seine Gegenwart nur im Glauben menschlich bewältigen. Glaube ist ein wesenhaft ,personfördernder' Akt. Ohne ihn fällt die Gegenwart des Menschen in die Uneigentlichkeit zurück. Wir werden dann (in einem zweiten Teil) darlegen, daß Jesus von Nazareth, obwohl das Menschsein in ihm zur leuchtenden Eigentlichkeit gelang, nicht ins existentiell Ungewisse, Dunkle und Anfechtbare hinein glaubte. In diesem Sinn war er kein Glaubender. So vollzog er sein Menschsein auf eine Weise, die für uns Menschen völlig unbegreiflich ist.

Ohne den Glauben gibt es kein echtes Menschsein. Diese Behauptung mag uns zunächst ein wenig befremden, da wir daran gewöhnt sind, die Menschheit in zwei große Gruppen einzuteilen, in Gläubige und Ungläubige. Wären also alle Ungläubigen gebrochene, ,verkümmerte' Menschen? Niemand kann das behaupten. Oft begegnen wir bei den sogenannten Ungläubigen einer menschlichen Wärme und Güte, die uns beschämen. Im Satz „ohne den Glauben gibt es kein echtes Menschsein" handelt es sich nicht um einen thematisch schon entfalteten, auf seine spezifische Inhaltlichkeit hin bereits ausgelegten Glauben. ,Glaube' bezeichnet in diesem Satz eher jene geheimste, sich oft hinter anderen Bewußtseinsregungen versteckende innere Haltung, von der Paul Tillich spricht: „Glaube ist das Ergriffensein von dem, was uns unbedingt angeht."[56] Ohne ,diesen' Glauben gibt es kein echtes Menschsein.

Glaube ist das Ergriffensein von dem, was uns unbedingt angeht. In dieser Definition wird das Existentielle, die erlebte Subjektivität der Glaubenshaltung, ausgesprochen. Es wird nicht näher bezeichnet, was dieses ,Unbedingte' ist, welcher Name ihm zukommt. Durch ein letztes, unbedingtes Anliegen wird nicht bloß dieser oder jener Teilbezirk unserer Existenz in Anspruch genommen, sondern die Totalität unseres Personseins. Dieser Glaube ereignet sich also im Zentrum des persönlichen Lebens. Er umfaßt alle Daseinsstrukturen und ist daher der am meisten personhafte Akt des Menschen. Auch ergreift sich in ihm unser Dasein innerlich, nimmt sein ganzes Selbst an sich, hat sich ganz beisammen. Diese Zentrierung der ganzen Person im Akt des Glaubens geschieht im Hinblick auf eine Selbsthingabe. Der Mensch faßt sich zusammen, nimmt sich ganzheitlich in die Hand, damit er sich restlos schenken kann. Erst indem der Mensch sich ganzheitlich ,losläßt', sein Dasein hingibt, erfährt er seine Eigentlichkeit und weiß, daß sein Leben nicht ,abgeschlossen' ist, sondern daß es noch etwas gibt, wofür es sich lohnt zu leben. Was das auch sein mag: eine Liebe, eine Freundschaft, ein Dienst, eine Entdeckung, eine Arbeit, eine Partei, ein Lebenswerk, ein Garten. Das ‚Unbedingte‘, das uns ‚In-Anspruch-Nehmende‘ kann sich tausendfach abwandeln, hinter vielen Masken verbergen. Wichtig ist aber dabei, daß der Mensch sich einer Wirklichkeit hingibt, die von ihm hier und jetzt als das ‚Große‘ und ‚Wichtige‘ erlebt wird, größer und wichtiger als der Mensch selber. Im Glauben sagt der Mensch aus: „Ich lebe für etwas; ich bin in meinem kleinen Selbst nicht völlig eingeschlossen; ich kann mich verschenken; es lohnt sich, mich zu verschenken, hinzugeben, loszulassen; meine Gegenwart, dieser kurze Aufenthalt im Sein, hat einen Sinn, der die konkret-greifbaren Elemente meiner Existenz übersteigt.“ Ohne diese Haltung gibt es kein echtes Menschsein.

In dieser Haltung liegt nämlich viel mehr einbeschlossen als das, was man auf den ersten Blick in ihr sieht oder was der betreffende Mensch aus ihr gerade herausliest. In ihr ist eine gelebte Überzeugung, daß die Gegenwart des Menschen noch nicht alles verwirklicht, was das Leben dieses Menschen verwirklichen könnte und sollte. Die Gegenwart ist kein Abschluß, keine Abschließung. Sie ist ‚aufgebrochen‘ auf eine größere Vollendung hin. Der Mensch ist mehr als seine eben erlebte, flüchtige Gegenwart. Um sich ganz zu verwirklichen, muß er den nächsten Schritt in die Zeit hinein wagen: Seine Eigentlichkeit liegt in der Zukunft. Der Mensch ‚besitzt‘ sich selbst noch nicht. Etwas Größeres tritt an ihn heran; er muß es umgreifen, weil er von ihm unbedingt angesprochen wird. Glaube bewirkt so einen ‚Riß‘ in der Existenz. Das Dasein öffnet sich. Zukunft wird möglich und gefordert. Der gegenwärtige Augenblick ist nicht das Maß, nicht die alles abschließende Wirklichkeit. Gemessen an dem, was sich dem Menschen ‚aufträgt‘, was ihn ‚anspricht‘, ist die Gegenwart keine Vollendung. Der alles erfüllende Augenblick, in dem man vielleicht einmal ‚stillstehen‘ könnte, steht noch aus. Der jetzige Augenblick ist noch leer. Diese Leere des Augenblicks erzeugt im Menschen einen Urtrieb, aus dem hier und jetzt erlebten Moment herauszubrechen, die Enge und die Kümmerlichkeit des ‚Bereits-Verwirklichten‘ zu sprengen. Es entsteht die Sehnsucht, das gelebte Ungenügen. Der Mensch erfährt, daß aus seinem kümmerlichen Dasein unaufhörlich Neues, Niedagewesenes hervorbrechen will, daß in ihm noch eine Jugend steckt, die auf Erfüllung wartet. Der Mensch darf sich nicht als ‚verwirklicht‘ und ‚vollendet‘ erfahren, sonst erstarrt das Leben in ihm. Seine Gegenwart muß aufgebrochen werden, sonst gibt es keine Zukunft. Aufgebrochen werden kann aber die Gegenwart nur durch etwas, das sie übersteigt und das den in ihr lebenden Menschen mit einem unbedingten Anspruch in Bann zieht. Gerade das bezeichneten wir als ‚Glaube‘. So ist der Glaube Ermöglichung des Lebens. Ein Mensch, der ‚weiter-lebt‘, glaubt, ist überzeugt davon, daß es Größeres für ihn gibt, daß er noch nicht zu Ende ist.

In diesem ‚Urglauben‘ lebt auch die Überzeugung, daß der Mensch nicht seine eigene ‚Wahrheit‘ ist, daß sie aber vor ihm steht. Er ist auch nicht sein eigenes ‚Leben‘; denn um leben zu können, muß er sich aufgeben, muß er sich von einem Größeren ansprechen lassen. Er kann auch nicht sein eigener ‚Weg‘ sein: Er kommt zu sich selbst, indem er von sich selbst ‚los-kommt‘, indem er sich einem Größeren hingibt. In einem Menschen also, der behaupten würde: „Ich bin der Weg, die Wahrheit und das Leben“, müßte das Menschsein verkümmern, es sei denn, das über-gegenwärtig Große wäre selber in ihm.

Eine der Wesenseigenschaften dieses Glaubens, den wir auch als ‚Urvertrauen‘ an das Sein definieren könnten [57], ist seine ‚Bezweifelbarkeit‘, ‚Anfechtbarkeit‘, ‚Dunkelheit‘ [58]. Im Glauben vertrauen wir auf das ‚Andere‘, auf das, was unserer Kontrolle sich wesenhaft entzieht, über das wir keine Macht haben. Das bringt immer Unsicherheit mit sich. Der Glaube bewirkt, daß wir nicht mehr ‚in uns selbst stehen‘, sondern auf ein ‚Anderes‘ und ‚Größeres‘ hin ent-worfen sind, das also die konkreten Komponenten unserer Daseinssphäre wesenhaft übersteigt. Das aber, was uns und das ‚Bereits-Verwirklichte‘ überragt, ist unbeweisbar, eben weil es über allem Verwirklichten, also Beweiskräftigen, hinaus liegt. Glaube geschieht also wesenhaft immer nur als Überwindung eines im Glauben selbst mitgegebenen ‚Zweifels‘. Der Zweifel ist also keineswegs eine (gleichsam perverse) Mißbildung des Geistes, sondern das Immergegenwärtige und Immerzu-Überwindende innerhalb des Glaubens selbst. Wo auch immer sich Glaube vollzieht, öffnen sich die möglichen Abgründe des Zweifels. Unser Glaube ist immer die Suche nach einem Abwesenden. So ist es durchaus begreiflich, daß Augustinus von den ‚Händen des Glaubens‘ spricht, die im Dunkeln tasten [59]. Es ist wahrhaft nicht leicht zu ‚leben‘, in etwas ‚hineinzuragen‘, das größer ist als wir selbst. Der reife Mensch glaubt, nicht weil es leichter ist, zu glauben, sondern obschon es schwerer ist.

Durch den Glauben wird unserem gegenwärtigen Augenblick seine Vollendung entzogen – und zugleich auf geheimnisvolle Weise geschenkt. Wir werden uns selbst entfremdet, gehören uns nicht mehr. Strebend nach Vollendung, sind wir uns ständig voraus und vermögen unsere ‚geglaubte‘ Ganzheit nur in Fragmenten ohne bleibenden Bestand zu bergen. Wir werden im Glauben gleichsam schattenhaft. Das Erkämpfte löst sich auf. Die leidsam aufgerichtete Wirklichkeit zerfällt. Unser eigenes Ich ‚entwirklicht‘ sich. Wir sind nicht mehr ‚wir selbst‘; wir gehen unserer Wirklichkeit immer nur ‚entgegen‘. So sind wir wie der Mann der Erzählung, der in einen Spiegel blickt und kein Gesicht darin sieht. Wir vermögen uns selbst deshalb nicht zu ‚halten‘, weil wir glauben, das heißt weil wir einem Größeren entgegenwachsen. Wir heben uns ständig über unsere eigene Gestalt hinaus. Unser Verlangen übersteigt immerzu das eigene Herz. Das, was uns mit seiner Unbedingtheit beansprucht, entschwindet zugleich ins Unbestimmte seiner verborgenen Andersheit[60]. Noch mehr: Der Glaube kann zum endlosen Leid unseres Lebens werden. Niemand erfährt so schmerzhaft die vordergründige Sinnlosigkeit seiner Existenz wie derjenige, der an eine letzte, alles überbietende Erfüllung glaubt. Glaube ist immer ‚Aushöhlung‘ unserer Existenz, da er Versprechen einer künftigen Erfüllung ist. Nichts kann uns so weh tun, aber nichts ist zugleich so wohltuend wie der Glaube.

Die wirklich Glaubenden haben oft diese ‚vorwurfsvolle Erbitterung‘ des Glaubens gespürt. Die ehrlichen Christen haben sie sogar ausgesprochen. Sie klagten ihren Gott vor ihrem Gott an. Einen Gott, der uns in seine Unendlichkeit hinauslockt und wieder in unsere geschöpfliche Enge zurückstößt. Einen Gott, der uns herrliche Freiheit verspricht und uns zugleich erbittert durch die Verbote, durch die Herzensenge seiner oft zänkischen, kleinlichen und rechthaberischen Diener, unserer Mitgläubigen. Er verpflichtet uns, zu ihm zu sprechen. Und wenn wir unsere Stimme erheben, schweigt er und gibt keine Antwort. Mit dem Siegel ewiger Gleichgültigkeit scheinen Gottes Türen verschlossen zu sein. Selbst unsere Gottesbeziehung wirkt wie ein Angsttraum: Wir laufen einem Unerreichbaren entgegen; je mehr wir laufen, desto mehr dehnt sich der Weg vor unseren Füßen. Unser Gott ist ständig da, nur dann nicht, wenn wir ihn am bittersten brauchen. Die Ereignisse nehmen ihren Lauf, als ob unsere flehende Bitte unerhört bliebe. Die Trübsale werden nicht abgewendet, die Schattengewächse des Schicksals bleiben im Schatten, die Hilflosen erhalten keine bleibende Erleichterung, die Verdüsterten können lange auf Tröstungen warten. Wir müssen zuschauen, wie Menschen, die wir innig lieben und für die wir gläubig beten, auf einem Meer von Qual, Angst, Entsetzen und Verzweiflung umhergeworfen werden[61]. Der Christ vermag oft diese ‚Glaubenserbitterung‘ nur in einer ‚nicht-wissen-wollenden‘ Liebe zu überwinden, in einem letzten Verstummen vor Gott. Er stürzt sich dann fraglos in die Arme des Unerforschlichen, Ungedachten und Unberechenbaren, in die Arme des schweigenden Gottes. Heilig ist diese nicht mehr klagende, sich zum Schweigen zwingende Überwindung des Herzens. In ihr gipfelt das gläubige Dasein und wird zu einem gegen die Empörung anstürmenden Vertrauen. Das ist dann das vollkommenste Geschenk, das ein ‚gottmüder‘ und enttäuschter Mensch seinem Gott zu geben vermag. Ohne dieses Umhergeworfenwerden zwischen Sicherheit und Zweifel, zwischen Geborgenheit und Empörung wäre diese letzte Vollendung des Glaubens undenkbar. Fällt man, in gläubiger Hingabe verbleibend, bis zum Punkt, wo man die existentiellen Auswirkungen sowohl der Geborgenheit als auch der Empörung am schmerzhaftesten erfährt, so berührt man etwas, das weder Geborgenheit noch Empörung ist, sondern ein lauschendes, vom Verstehen erfülltes Schweigen, das entsteht, wenn Gott selbst unsere fragenden Lippen mit seiner Liebe schließt.

Ein Mensch, der seinen Glauben in Ehrlichkeit und Wahrheit lebt, hat gar keinen Grund, sich diese wesensgemäße Gefährdetheit seines Glaubens zu verbergen. Karl Rahner hat darauf sehr eindrücklich hingewiesen. Der Glaubende ist immer auch Fragender, Suchender, Angefochtener, mit Bitterkeit Erfüllter. Wir sind Glaubende mit all der Schwere, dem Wagnis, der Finsternis, der Anfechtung, dem stets neuen Erwerbenmüssen, die das Wort ‚Glaube‘ in sich schließt. Wir sollen also keine Festigkeit und Serenität des Glaubens mimen, wenn wir sie nicht haben. Nur der, der nichts hat als sich und seine eigene Kraft, muß so tun, als sei er selber unbesiegbar, unangefochten, nicht von Zweifeln geplagt. Gerade der wirklich starke Glaube hat das nicht nötig. Denn er begreift, daß Gott allein der Rettende ist. Der Glaube ist uns nie so gegeben, daß wir ihn nicht täglich neu in Anfechtung und Gebet erbeten müßten. Indem wir das demütig gestehen, bekennen wir uns zu einem „noch größeren Gott"[62].

Somit heißt Glaube: „Hineingehen in ein immer wachsendes Geheimnis"[63]. Das Geheimnis ist aber immer ‚schwach‘ und ‚fremd‘ in der Welt der alltäglichen Sicherheiten. Eines der wichtigsten Axiome echter Wertlehre bildet der Satz: Je höher ein Wert dem Rang nach steht, um so ‚schwächer‘ ist er in der unmittelbaren Welt. Das Höchste und Heiligste scheint zugleich auch das ‚Unmündigste‘ zu sein in der Sphäre des Gewöhnlichen und Alltäglichen. Über das Edelste läßt sich am leichtesten lachen, auf das Heiligste am leichtesten fluchen, das Gute läßt sich am leichtesten betrügen, der Glaube am leichtesten bezweifeln. Es ist zu leicht, das Große zu täuschen. Es ist ja so hilflos in unserer Welt; aber es rächt sich, gerade weil es zu leicht ist. In einem Menschen aber, der sich in täglich neuer Überwindung dem Geheimnis schenkt, wird das Geheimnis gegenwärtig. Er verwirklicht eine grundsätzlich neue Haltung der Wirklichkeit gegenüber: Er sieht sie anders, denkt sie anders, beurteilt sie anders – vom Glauben her. Sein gläubiges Tun ändert die Situation der Welt. Er ist willens, glaubend ins Unbekannte hinein zu leben. Solche Menschen machen das Geheimnis ‚frei‘. In ihnen wird das Große nicht mehr durch menschliche Unwahrhaftigkeit, Gewaltsamkeit und Kleinlichkeit entstellt, sondern strömt ungehindert in die Welt hinein, leuchtet in einem Menschendasein auf. So geschieht im echten, durchlittenen Glauben eine Offenbarung. Das Unsichtbare wird in einem konkreten Menschenleben sichtbar. Der Mensch wird zum Zeugen eines ‚Anderen‘, eines unsere Welt Überragenden. Die Dichte des Alltags wird ‚transparent‘.

Im Grunde ist der Glaube, den wir hier mit so vielen Worten besprechen, eine ganz einfache und gerade deshalb nur schwer erklärbare Wirklichkeit. Er ist nichts anderes als der innere Elan des Geistes, die Fähigkeit der Seele, aus der Enge des ‚Bereits-Verwirklichten‘, der Gegenwart herauszubrechen. Gerade deshalb ist aber der Glaube ständig bedroht. Vor allem bedroht davon, daß der Mensch sich mit sich selbst, mit seinem erreichten Zustand zufriedengibt: mit den Dingen, Ereignissen, Menschen und Errungenschaften, die der Mensch in seiner Seele gleichsam ansammelt. Er kann sein Inneres, sein Gemüt, sein Herz mit seinen Erfolgen dermaßen ‚vollstellen‘, daß für nichts anderes mehr Platz bleibt. Dann empfindet der Mensch nicht mehr die Notwendigkeit, daß es ein ‚Mehr‘, etwas, das es bis jetzt noch nicht gab, geben müsse. Wenn das Erworbene in einem Leben Übermacht erlangt, wenn es anfängt, einen Menschen zufriedenzustellen, dann zerfällt der Glaube. Auch die Leidenschaften können den Glauben bedrohen. Sie steigen von unten auf, erfüllen den Geist, nehmen jeden Platz in Besitz. Der Drang nach Großem, nach Erfüllendem stirbt ab. Auch kann die Müdigkeit den Glauben aushöhlen. Der Mensch sagt sich dann: „Ich bin und bleibe immer zu klein; für mich gibt es keine Verheißung mehr; ich habe mich bemüht, aber ich komme nicht weiter; es ist immer das gleiche Kleine, das mich umgibt; das Sein hat keine Schönheit und Farbe mehr für mich." Überdruß und Leere stellen sich dann ein, eine Leere, die ‚nur leer' ist und keine Sehnsucht erzeugt. Das Gefühl der eigenen Unzulänglichkeit, die Empfindung, daß man sowieso immer nur versagt, wird übermächtig. Wozu dann noch der Gedanke, daß es etwas Größeres für mich und für die Welt geben soll? Wozu dann noch Glaube? Der Mensch kann sich auch mit Fragen herumschlagen, die den Glauben innerlich vergiften. Wie kann ein barmherziger Gott so viel Leid zulassen? Wie kann Gott all die Grausamkeit, Ungerechtigkeit und Böswilligkeit mitansehen? Wenn es wirklich Gott gäbe, wäre das nicht so. „So gehen die Fragen weiter, arbeiten im Menschen, beunruhigen ihn, machen seine erste Sicherheit irre. Sie können so stark werden, daß sein ganzer Glaube wankt und er sich selbst wie ein Narr vorkommt, wenn er noch weiter dabei bleibt . . . Der Sieg besteht aber darin, zur Treue und Weisheit durchzudringen. Über jede Erfahrung der Unzulänglichkeit das ‚Dennoch' des Strebens aufzurichten. Über jedem Versagen das ‚Trotzdem' des Ausharrens. Von jeder Enttäuschung sich auf den hinter allem liegenden letzten Sinn zu berufen."[64]

Zusammenfassend: Wir versuchten, jene wesentliche Wirklichkeit allen Menschseins freizulegen, die man als ‚Urglaube' bezeichnen könnte. Dieser kann auch in Menschen leben, die nicht ausdrücklich um Gott wissen. Er ist Bedingung der Möglichkeit echten Menschseins. Er ist auch die Stelle, an der jede spezifische Glaubenshaltung, etwa der ‚christliche' Glaube, in das menschliche Dasein hineinbrechen kann. Gäbe es diesen ‚Urglauben' im menschlichen Dasein nicht, so bestände auch keine Möglichkeit, daß Gott zum Menschen spräche und von ihm gehört würde. Der ‚Urglaube' ist nichts anderes als die grundsätzliche ‚Aufgebrochenheit' unserer Gegenwart. Anders ausgedrückt: Der ‚Urglaube' macht, daß der Mensch sich nicht als Abschluß betrachtet, daß er sich einem Größeren hingeben kann, das einen unbedingten Anspruch auf ihn hat. „Glaube ist das Ergriffensein von dem, was uns unbedingt angeht." Das Unbedingte kann aber, eben weil es unbedingt ist, nicht ,umfaßt' werden. Das heißt aber: es liegt jenseits des Horizontes jeglicher Beweisbarkeit, jeglichen ,Bereits-verwirklicht-Seins'. Es übersteigt alle Möglichkeiten des Augenblicks. Deshalb ist es auch nicht ,beweiskräftig' in der Welt der unmittelbaren Evidenz. Es ist anfechtbar, bezweifelbar und dunkel, es muß immer neu erworben werden. Es ist nicht ,vorweisbar', das heißt, es liegt immer, wesenhaft im Geheimnis, in der Entzogenheit. Deshalb gehören Frage, Suche, Unruhe und Anfechtung wesenhaft zum Glauben. Glaube besteht nur als überwundener Zweifel. Ohne diese Überwindung gibt es aber kein echtes Menschsein. Ohne sie schließt sich der Mensch in sich selbst hinein, wird klein, betrachtet seine Gegenwart als Abschluß, geht im Gehabten, im ,Immer-schon-Bekannten' und Gewöhnlichen auf. In seinem Leben gibt es keine Neuheit, keine Kraft, keine echte Freude, keine Ungewißheit und kein Wagnis mehr. Ohne Glaube verkümmert das menschliche Sein. Der Mensch muß sein Menschsein in Unsicherheit bestehen.

Nun möchten wir unseren betrachtenden Blick Jesus von Nazareth zuwenden. *Er hat nicht in die Dunkelheit hinein ,gelebt' und hat trotzdem ein leuchtendes Menschsein verwirklicht.* Man muß dabei aufzeigen, daß ihn nie Unsicherheit, Zweifel und Dunkelheit geplagt haben. Aber das genügt noch nicht. Man muß das Positive dieser Beschaffenheit erarbeiten, das, was bei ihm die Unsicherheit, den Zweifel und die Dunkelheit unmöglich machte. Dieses Positive heißt: Er stand ,sicher' im Leben. Das kann es menschlich nicht geben! Und dennoch war es so. Demnach war er mehr, ja etwas grundsätzlich anderes als ein ,Nur-Mensch'. Er hat etwas von sich ausgesagt, was kein Mensch von sich aussprechen darf: „Ich bin der Weg, die Wahrheit und das Leben" (Jo 14, 6). Anhand der Betrachtung dieses Satzes möchten wir zeigen, daß Jesus von Nazareth völlig anders im Dasein stand als wir alle, als die Menschen überhaupt.

Erstens: „Ich bin der Weg." Ein Mensch steht vor uns, der zu sagen wagt: „Ich, mein konkretes Dasein, mein verwirklichtes Wesen, bin euer Weg." Er sagt nicht: „Ich habe den Weg gefunden", sondern: „Ich bin der Weg." Kann ein Mensch so etwas aussprechen? ,Weg-sein' sollte doch heißen, daß sein Leben unser Schicksal ist. In der jüdischen Überlieferung lebte damals noch die ganze Erfahrung der semitischen Nomaden weiter. Für einen Nomaden war der ‚Weg‘ ‚Schicksal‘. Wenn er ihn in der Wüste nicht fand, war er verloren. Wasser gab es nur dort, wo die Wege angelegt waren. Kann ein Mensch einem anderen Menschen sagen: „Ich bin so dein Weg, daß, wenn du mich nicht findest, du verloren bist?“ Kann ein Mensch dermaßen wesentlich und wichtig sein für einen anderen Menschen? Nein, niemand ist so ‚unentbehrlich‘. Niemand, weil kein Mensch von sich sagen kann: „Ich bin derart in Sicherheit, daß ihr nur ‚sicher gehen‘ könnt, wenn ihr ‚mir folgt‘.“

Genau das sagte uns aber Jesus von Nazareth. Johannes der Täufer definierte die Sendung Jesu folgendermaßen: „Stimme eines Rufers in der Wüste: Bereitet den Weg des Herrn, ebnet ihm seine Pfade! Jegliches Tal soll ausgefüllt, jeder Berg und Hügel niedrig werden; was krumm ist, soll gerade, rauhe Wege sollen geglättet werden: und alle Menschenkinder sollen schauen Gottes Heil“ (Lk 3, 4–6). Soll ein Mensch ‚Begründung‘, ‚Weg‘ unseres Heils sein? Jesus verlangte von uns genau das. Der Hebräerbrief sagt von ihm aus: „Es gehört zur Größe dessen, für den alles und durch den alles ist, daß er viele Söhne zur Herrlichkeit führte“ (Hebr 2, 10). Und auch: „Mit Ausdauer laßt uns den Lauf zurücklegen, der uns bestimmt ist: den Blick auf Jesus gerichtet“ (Hebr 12, 2). Jesus hat den Menschen befohlen, ihm zu folgen: „Als er dem Galiläischen Meer entlang wanderte, sah er zwei Brüder, Simon, genannt Petrus, und dessen Bruder Andreas, wie sie gerade ein Wurfnetz in den See warfen: denn sie waren Fischer. Da sprach er zu ihnen: ‚Kommt, folget mir nach, und ich will euch zu Menschenfischern machen‘“ (Mt 4, 18–19). Und auch: „Zu einem andern sprach er: ‚Folge mir nach!‘ Der aber sagte: ‚Herr, gestatte mir, erst hinzugehen und meinen Vater zu begraben!‘ Da erwiderte er ihm: ‚Laß die Toten ihre Toten begraben‘“ (Lk 9, 59–60). Und wiederum: „Jesus sprach zu ihnen: ‚Nur noch eine kleine Weile ist das Licht bei euch. Wandelt im Licht, solange ihr’s habt, daß nicht die Finsternis euch überrasche!‘“ (Jo 12, 35). Um mit ihm zu gehen, das heißt ihn als Weg zu haben, genügte es nicht, ihn für einen ‚guten Menschen‘ zu halten, seine Ratschläge anzunehmen; man mußte für ihn alles aufgeben: „Als Jesus die Menge um sich sah, gab er Weisung, ans andere Ufer überzufahren. Da trat ein Schriftgelehrter an ihn heran und sprach: ‚Meister, ich will dir folgen, wohin du auch gehst!‘ Jesus erwiderte ihm: ‚Die Füchse haben Höhlen, die Vögel des Himmels Nester, des Menschen Sohn aber hat nichts, wohin er sein Haupt legen könnte.' Ein anderer, einer von den Jüngern, sprach ihn an: ,Herr, erlaube mir, daß ich erst hingehe und meinen Vater bestatte!' Jesus gab ihm zur Antwort: ,Folge mir nach und laß die Toten ihre Toten begraben'" (Mt 8, 18–22). Wiederum: ,,Wer Vater oder Mutter mehr liebt als mich, ist meiner nicht würdig; wer Sohn oder Tochter mehr liebt als mich, ist meiner nicht wert; wer nicht sein Kreuz nimmt und mir nachfolgt, ist meiner nicht wert. Wer sein Leben finden will, wird es verlieren; wer aber sein Leben um meinetwillen verliert, wird es finden" (Mt 10, 37–39). An einer anderen Stelle: ,,Darauf sprach Jesus zu seinen Jüngern: ,Wer mir nachfolgen will, muß sich selbst aufgeben'" (Mt 16, 24). Man muß mit ihm dorthin gehen, wohin man nicht will, wohin zu gehen man nie gedacht hat: ,,Darauf sprach Jesus zu Petrus: ,Als du noch jung warst, gürtetest du dich selbst und gingst, wohin du wolltest; bist du aber einmal reif geworden, wirst du deine Hände ausstrecken, und ein anderer wird dich gürten und dich hinführen, wohin du nicht willst.' Damit wollte er ihm andeuten, durch welchen Tod er Gott verherrlichen werde, und er schloß mit den Worten: ,Folge mir nach!'" (Jo 21, 18–19.) Was ist das für ein Mensch, der das von einem Mitmenschen verlangen kann? Hat er noch nie die Unsicherheit, die Bedrohtheit seiner eigenen Existenz erfahren?

Jesus von Nazareth hat sich ,Hirte' genannt. Uns will der Beruf des Hirten unwichtig und armselig erscheinen; aber in jener frühen Zeit war der Hirt geachtet und geehrt. Ein alter Titel der Könige lautete: ,Hirte'. Gott selbst wurde mit diesem Titel benannt. Nun sagte Jesus von sich selbst, er sei ein Hirte der Menschen, ein Hirte der personalen Wesen, in denen das Sein zum Selbstsein gelangt, also ein Hirte des Seins. ,, ,Wahrlich, wahrlich, ich sage euch, wer nicht durch die Tür in die Schafhürde eintritt, sondern anderswo hineinsteigt, ist ein Dieb und Räuber. Wer durch die Tür eintritt, ist Hirt der Schafe; ihm macht der Torhüter auf, und die Schafe hören auf seine Stimme. Er ruft seine Schafe beim Namen, führt sie hinaus, und wenn er alle, die ihm gehören, hinausgeführt hat, zieht er vor ihnen her, und die Schafe folgen ihm; denn sie kennen seine Stimme. Einem Fremden werden sie nicht folgen, sondern werden vor ihm fliehen; denn die Stimme des Fremden kennen sie nicht.' So redete Jesus im Gleichnis zu ihnen; sie aber verstanden nicht die Bedeutung seiner Worte. Wieder sprach Jesus zu ihnen: ‚Wahrlich, wahrlich, ich sage euch: Ich bin die Tür für die Schafe. Alle, die vor mir gekommen sind, sind Diebe und Räuber, aber die Schafe haben nicht auf sie gehört. Ich bin die Tür; wenn einer durch mich eintritt, wird er Heil erfahren; er wird ein und aus gehen und Weide finden. Der Dieb kommt nur, um zu stehlen, zu schlachten und zu verderben; ich bin gekommen, damit sie Leben und überfließende Fülle haben‘" (Jo 10, 1–10). Eine erstaunliche Aussage. Jesus, der Hüter des Seins, das Tor der Freiheit; seine Stimme klang allem Sein vertraut; er war das Leben, die überfließende Fülle; alle anderen waren Diebe und Räuber; die Menschen folgten ihm; sie kannten seine Stimme. Wer von uns würde es wagen, diese Worte auszusprechen?

Zweitens: „Ich bin die Wahrheit." Jesus von Nazareth sagte nicht nur, er sei der Weg unseres Lebens, er stellte sich hin als unsere ‚Wahrheit‘. Im biblischen Wortgebrauch bedeutet ‚Wahrheit‘ mehr als eine einfache Übereinstimmung des Gedankens oder des Wortes mit der Wirklichkeit. ‚Wahr‘ ist das, was ‚solid‘, was unseres Vertrauens wert ist, worauf man bauen kann, was nicht zu erschüttern ist, was ‚sicher‘ im Sein steht. Wenn also Jesus sagt: „Ich bin die Wahrheit", dann sagt er auch: „Ich, in meinem konkreten Dasein, bin unerschütterlich, sicher." „Ich bin das ‚Amen‘ eures Wesens." Das Verb ‚aman‘, aus dem unser liturgisches ‚Amen‘ abgeleitet wurde, ist die Wurzel des Wortes ‚Wahrheit‘, ‚emet‘.

Von Jesus wird im Johannesevangelium ausgesagt: „Die Gnade und die Wahrheit ist mit Jesus Christus zur Welt gekommen" (Jo 1, 17). Eine ungeheure Behauptung. Johannes erfuhr offenbar die Existenz Jesu als eine alles überragende Festigkeit und Sicherheit. Jesus war ein Mensch – sagt uns Johannes –, der die Wahrheit ‚sagte‘ (Jo 8, 45). Sein Wesen war also von einer existentiellen Durchsichtigkeit und Einfachheit. In ihm wirkte eine Wahrheitskraft, die nur entsteht, wenn der Mensch nicht nur ‚nicht lügt‘, sondern mit seinem Wesen die andern Menschen ‚erleuchtet‘. Die ganze Gewalt der Wahrheit hat sich hier in einem Menschen aufgerichtet, eine Wahrheit, die unverrückbar ist, die leuchtet und brennt, die aber dennoch Liebe und Selbstlosigkeit ist. Diese Wahrheit ist lebendiges Gewissen der andern. Auf Jesus war Verlaß. Das ist eines der immer wiederkehrenden Themen des Johannesevangeliums. Er war „voll Gnade und Wahrheit" (Jo 1, 14), sagt Johannes. Die Verbindung dieser zwei

Worte, ‚Gnade' und ‚Wahrheit', ist bedeutungsvoll. Gnade ist ‚charis'. Das Wort meint nicht nur ‚Geschenk', sondern auch Anmut, Schönheit und vor allem Lieblichkeit. Die Wahrheit Jesu war also eine wesentlich ‚schöne' Wahrheit, liebesgewaltig, ins Herz dringend, mild, sanftmütig und gütig. Es ist nicht leicht auszudrücken, was damit im Tiefsten gemeint ist. Vielleicht so: Die Wahrheit war in Jesus ein Licht, das sein Antlitz glühend machte und dabei nichts anderes war als die für das Herz redend gewordene Güte. Wer ein Freund der Wahrheit war, fand in Jesus einen Freund. „Dafür bin ich geboren und dafür in die Welt gekommen, daß ich der Wahrheit Zeugnis gebe. Jeder, der ein Freund der Wahrheit ist, hört auf meine Stimme" (Jo 18, 37).

Ein anderer Begriff für diese ‚existentielle Wahrheit' ist die ‚Kraft'. Jesus war für die Apostel derjenige, der „uns stark macht" (Phil 4, 13). „Würdig des Herrn wandeln" hieß für Paulus, „ausgerüstet sein mit Kraft aus der Macht seiner Herrlichkeit" (Kol 1, 10–11). ‚Wahrheit' heißt auch zugleich ‚Fülle'. Was mußte das für ein Mensch gewesen sein, von dem man behaupten konnte: „Es gefiel Gott, in ihm die Fülle wohnen zu lassen" (Kol 1, 19), von dem ein Mensch im ganzen Überschwang seines Herzens sagen konnte: „Ja, ich bin gewiß, weder Tod noch Leben, weder Engel noch Gewalten noch Mächte, weder Gegenwärtiges noch Kommendes, weder Hohes noch Tiefes noch überhaupt etwas in der Welt wird uns zu trennen vermögen von der Liebe Gottes, die ist in Christus Jesus, unserem Herrn" (Röm 8, 38–39). Vor einem solchen Menschen muß alles Geschöpfliche ‚zusammenbrechen': „Darum hat Gott ihn auch so erhoben und ihm den Namen verliehen über alle Namen, daß im Namen Jesu sich beuge jedes Knie: der Himmlischen, Irdischen und Unterirdischen, und daß jede Zunge bekenne: ‚Jesus Christus ist der Herr'" (Phil 2, 9–11). Eine seinsgewordene Wahrheit, die zugleich Festigkeit, Kraft und Fülle war, mußte auch ‚Freude' gewesen sein. Tatsächlich erfuhren die Jünger Jesus als *die* Freude. Jesus war die Freude der Schöpfung. Lukas sagt von ihm: „In der Umgebung lagerten Hirten unter freiem Himmel und hielten Nachtwache bei ihrer Herde. Auf einmal stand ein Engel des Herrn vor ihnen, und der Glanz des Herrn umstrahlte sie, so daß sie sehr erschraken. Der Engel sprach zu ihnen: ‚Fürchtet euch nicht! Denn ich verkünde eine große Freude, die allem Volke zuteil werden soll: Heute ist euch der Retter geboren worden'" (Lk 2, 8–11). Derjenige, der ihn verkündet, „wird jubeln vor Freude" (Lk 1, 14). Seine Mutter wurde zur Freude aufgerufen: „Sei gegrüßt, Begnadete! Der Herr ist mit dir!" (Lk 1, 28.) ‚Sei gegrüßt' heißt ‚chaire', ‚freue dich'. Maria sang ein ‚Lied', als sie verkündete, daß sie ‚seine Mutter' geworden ist. Das Lied beginnt: „Hoch erhebt meine Seele den Herrn; in Gott, meinem Heiland, jubelt mein Geist" (Lk 1, 46–47). Jesus selbst betrachtete sich als ‚die' Freude: „Die Pharisäer und Schriftgelehrten murrten und sprachen: ‚Warum eßt und trinkt ihr in Gesellschaft von Zöllnern und Sündern?' Da nahm Jesus das Wort und sprach zu ihnen: ‚Nicht die Gerechten bedürfen des Arztes, sondern die Kranken. Ich bin nicht gekommen, Gerechte zur Umkehr zu rufen, sondern Sünder.' Sie sagten weiter zu ihm: ‚Die Johannesjünger fasten häufig und verrichten viele Gebete, desgleichen die Schüler der Pharisäer – die deinen aber essen und trinken!' Jesus sprach zu ihnen: ‚Könnt ihr denn die Hochzeitsgäste zum Fasten anhalten, während der Bräutigam bei ihnen ist?'" (Lk 5, 30–34.) Sicherheit, Kraft, Fülle und Freude sind in der Welt etwas grundsätzlich ‚Neues'. Jesus betrachtete sich deshalb als Verwirklichung der Neuheit. Sein Wesen sprengte alles ‚Gewordene': „Niemand näht einen neuen Flicken auf ein altes Kleid; denn das Aufgeflickte reißt wieder vom Kleide ab, und der Riß wird noch ärger. Man gießt auch nicht jungen Wein in alte Schläuche – sonst springen die Schläuche, der Wein läuft aus, und die Schläuche verderben –, sondern jungen Wein gießt man in neue Schläuche, und so bleiben beide erhalten" (Mt 9, 16–17). Wer mit Jesus ist, dessen Herz „wird von Tag zu Tag neu" (2 Kor 4, 16).

Diese ‚Festigkeit im Sein' war bei Jesus von Nazareth eine lebendige Macht, der die Schöpfung gehorchte. „Und er stand auf, schalt Winde und See, und es wurde ganz still. Da staunten die Menschen und sagten: ‚Wer ist er wohl, da auch Wind und See ihm gehorchen?'" (Mt 8, 27.) „Da kam er, auf dem See wandelnd, auf sie zu. Als die Jünger ihn auf dem See einherwandeln sahen, meinten sie aufgeregt: ‚Ein Gespenst!' Und sie schrien vor Furcht. Aber sogleich redete Jesus sie an: ‚Mut!' rief er, ‚ich bin es, fürchtet euch nicht!'" (Mt 14, 25–27.) Er betrachtete seine ‚festigkeitstiftende Macht' als alles Geschöpfliche überragend: „Und mehr sage ich euch: von nun an werdet ihr des Menschen Sohn zur Rechten der Allmacht sitzen und auf den Wolken des Himmels kommen sehen" (Mt 26, 64).

Drittens: „Ich bin das Leben." Dann sagte er noch von sich, er sei das ‚Leben'. „Das Leben war in ihm, das Leben war der Menschen Licht" (Jo 1, 4). „Denn wie der Vater das Leben in sich selbst hat, so hat er auch dem Sohne verliehen, das Leben in sich selbst zu haben, und hat ihm Vollmacht gegeben, Gericht zu halten" (Jo 5, 26–27). „Der Dieb kommt nur, um zu stehlen, zu schlachten und zu verderben; ich bin gekommen, damit sie Leben und überfließende Fülle haben" (Jo 10, 10). Auch sagte er von sich: „Ich bin die Auferstehung und das Leben" (Jo 11, 25). „Wer von dem Wasser trinkt, das ich ihm geben will, wird in Ewigkeit nicht mehr dürsten; vielmehr wird das Wasser, das ich ihm geben will, in ihm zu einem Wasserquell werden, der sprudelt und ewiges Leben spendet" (Jo 4, 14). Und wieder: „Ich bin das Brot des Lebens" (Jo 6, 27–58), „das Licht des Lebens" (Jo 8, 12). „Wer an mich glaubt, wird leben" (Jo 11, 25). „Wer an den Sohn glaubt, hat das ewige Leben – und wer sich dem Sohne verweigert, wird das Leben nicht schauen" (Jo 3, 36). Die Jünger faßten ihre existentielle Erfahrung von Jesus in einer ungeheuerlichen Bezeichnung zusammen: Jesus war „der Anführer des Lebens" (Apg 3, 15). Wer von ihm spricht, soll vom Leben sprechen: „Da erhob sich der Hohepriester und sein ganzer Anhang, . . . und von Eifersucht erfüllt, legten sie Hand an die Apostel und setzten sie von Amtes wegen in Gewahrsam. Aber in der Nacht tat ein Engel des Herrn die Gefängnistür auf und führte sie hinaus. ‚Gehet hin', sprach er, ‚tretet auf und verkündet dem Volke im Tempel die ganze Frohe Botschaft vom Leben!'" (Apg 5, 17–20.)

So leuchtete in diesem stillen, milden jungen Mann von Nazareth etwas, das seine Zeitgenossen als ‚Herrlichkeit' bezeichnet haben. ‚Herrlichkeit' bedeutet in der biblischen Sprache das Gewicht des Seins, den Wert, die Majestät, die Macht, das Leuchtendwerden des Wesens, den Dynamismus des Wirklichen. Die Jünger nannten Jesus „Herr der Herrlichkeit" (1 Kor 2, 8). Sie sagten von ihm: „Am Ende dieser Tage sprach Gott zu uns durch seinen Sohn. Ihn hat er zum Erben des Alls gesetzt, durch den er auch die Welten schuf. Abglanz der Herrlichkeit und seines Wesens Abbild, trägt er das All durch sein mächtiges Wort" (Hebr 1, 2–3). Und wiederum: „Aus der Finsternis strahlte das Licht auf. Es ist aufgestrahlt in unsern Herzen. Es wurde leuchtend – die Herrlichkeit Gottes – auf dem Antlitz Christi" (2 Kor 4, 6). Die ganze Schöpfung „harrt auf die Herrlichkeit" (Röm 8, 19–23), die uns durch diesen Mann geschenkt wurde. Und Jesus wird einmal die ganze Welt erleuchten: „Die Stadt bedarf nicht der Sonne noch des Mondes, daß sie ihr leuchten; denn die Herrlichkeit Gottes leuchtet ihr, das Lamm ist ihr Licht. Die Völker werden in ihrem Lichte wandeln" (Offb 21, 23–24).

Als Abschluß der ganzen Betrachtung soll hier eine einfache Feststellung stehen: Jesus hat nicht ‚geglaubt‘, nicht in die Dunkelheit hinein gelebt. Wie soll man das menschlich verstehen? Wir haben herausgestellt, daß der Mensch wesentlich ein Suchender ist, einer, der sich im Glauben einem Größeren hin öffnen muß. Dabei kommt es zunächst einmal nicht darauf an, wie er den ‚Gegenstand‘ seines Glaubens benennt oder ob er ihn überhaupt mit eigenem Namen zu bezeichnen vermag. Wichtig und zum echten Menschsein unbedingt notwendig ist, daß der Mensch sich nicht als ‚Abschluß‘ betrachtet, daß er nicht meint, ‚sicher zu stehen‘ im eigenen Sein. Menschliche Eigentlichkeit wird also erst im Glauben erworben, der aber wesenhaft bezweifelbar ist, also immer neu errungen werden muß. Jeder, der sich als Abschluß anschaut und sich in Sicherheit wähnt, verzichtet auf menschliche Größe. Bei Jesus von Nazareth finden wir diese Struktur des gläubigen Daseins nicht. Von andern hat er immer und eindringlich Glaube gefordert. Glaube war bei ihm die Bedingung der Möglichkeit allen Heils. Er selber hat aber nie nach Größerem ‚gesucht‘, ist nie in Dunkelheit gewandert. Er hat das schlechthin Große und Unüberbietbare ‚gekannt‘. Er ‚wußte‘ und er ‚sah‘. Und das vom ersten bis zum letzten Tag mit derselben Klarheit. Er sprach von sich und von seiner Beziehung zum Vater folgendermaßen: „Ich kenne ihn, denn ich komme von ihm" (Jo 7, 29); „Ich aber kenne ihn, und wollte ich sagen, ich kenne ihn nicht, so würde ich zum Lügner" (Jo 8, 55); „Jeder, der auf den Vater hört und sich von ihm belehren läßt, kommt zu mir. Nicht daß einer den Vater gesehen hätte – einzig derjenige, der von Gott stammt, hat den Vater gesehen" (Jo 6, 45–46). Er sagte, er rede von dem, was er wisse, und bezeuge das, was er sehe (Jo 3, 11). Seine Existenz war über das Suchen, Herumirren, über die Dunkelheit völlig erhaben. Er hat jenen Zusammenbruch und jenes Verstummen vor dem Geheimnis nie erlebt, wovon uns die größten Heiligen berichten und von denen ein Thomas von Aquin uns Zeugnis ablegte, als er am Ende seines Lebens erklärte: „Alles, was ich geschrieben habe, erscheint mir jetzt wie Stroh." Statt dessen sprach Jesus den ungeheuren Satz aus, den kein Mensch, der um seine eigene Dunkelheit weiß, je in seinen Mund zu nehmen wagen würde: „Ich weiß, woher ich komme und wohin ich gehe" (Jo 8, 14). Mit Jesus von Nazareth brach also etwas völlig anderes in unsere Welt, das von allen, die ihn kannten und liebten, als Endgültigkeit, Licht, Abschluß und Ende erlebt wurde, als ‚Wahrheit, Weg und Leben'. All das kann ein Mensch, der ‚nur Mensch' ist, nicht sein.

Die Hoffnung

Diese Betrachtung möchte die Gedanken des vorigen Abschnitts weiterentwickeln. Dort haben wir aufgezeigt, daß echtes Menschsein erst im Glauben möglich wird. Unter ‚Glaube‘ verstanden wir nicht so sehr etwas auf seine Inhaltlichkeit hin bereits Ausgelegtes, Artikuliertes, sondern eine Ur-Gebärde der Seele, eine Aufschließung des Daseins auf ein Größeres hin. Dieser ‚Urglaube‘ kann auch in einem Menschen lebendig sein, der sich als ‚ungläubig‘ bezeichnet. Diesmal soll über die Hoffnung die Rede sein, und zwar wieder nicht über eine bereits ‚thematisierte‘ Hoffnung, sondern nur über jene ‚Unruhe des Herzens‘, die den Menschen in vertrauend ‚auslangender‘ Erwartung in die Zukunft schreiten läßt und die wir ‚Urhoffnung‘ bezeichnen möchten. Diese Hoffnung ist nichts anderes als der verborgene ‚Auftrieb‘ der Seele, die ‚Hochgemutheit‘, das Sichspannen des Geistes auf das noch ausstehende Große, also das, was die Alten ‚extensio animi ad magna‘ bezeichnet haben[65]. In diesem Sinn ist die Hoffnung mit dem Glauben aufs engste verbunden. Der Glaube bricht die Gegenwart auf, läßt den Menschen nicht in sich selbst ‚Heimat finden‘, macht also überhaupt einen Vorstoß in die ‚größere Zukunft‘ möglich. In der Hoffnung wagt nun der Glaube diesen Schritt in die Zukunft hinein. So ist es auch verständlich, warum in der Hoffnung die ganze ‚Unsicherheit‘, ‚Bezweifelbarkeit‘ und ‚Dunkelheit‘ des Glaubens weiterwirkt, ja sich noch verstärkt. Zur Hoffnung gehört wesenhaft, daß etwas, und zwar das Erfüllende, ‚noch nicht‘ ist, daß das Eigentliche noch immer ‚unruhigen Herzens‘ gesucht werden muß. Bei Jesus von Nazareth finden wir aber dieses beunruhigte ‚Ausschau halten‘ nach einem anderen nirgends. In diesem Sinn vollzog er sein Leben ohne menschliche Hoffnung. Dies werden wir im zweiten Teil unserer Betrachtung zeigen.

Im ersten Teil werden wir darzulegen haben, *daß der Mensch erst in der Hoffnung voll Mensch wird.* Bei der phänomenologischen Erhellung der menschlichen Hoffnung stützen wir uns vornehmlich auf die Analysen des Marxisten Ernst Bloch, wie sie in seinem bedeutenden Werk ‚Das Prinzip Hoffnung' aufgezeichnet sind. Wir werden freilich seine Einsichten weiterentfalten, seine Ansichten schöpferisch weiterführen müssen[66].

Der Glaube reißt sozusagen die Existenz des Menschen auf. Er bewirkt in uns, daß wir uns auf ein Größeres hin öffnen. Durch diese Öffnung strömt unsere Existenz hinaus, in die Zukunft. Das durch den Glauben ‚eröffnete' Dasein muß den nächsten Schritt wagen, nach vorn. Unser Augenblick ist noch dunkel. Das menschliche Bewußtsein ist auf die Zukunft hin gebaut. Das gerade ‚Gelebte' ist am wenigsten ‚erlebbar'. Am Fuß des Leuchtturms ist kein Licht. An der Wurzel, in der punktuellen Unmittelbarkeit ist die Welt noch dunkel. Das Heraufkommende, das Zukünftige hat aber den Abstand, den der Strahl des Bewußtseins braucht, um es zu bescheinen. ‚Leben' heißt also immer: Vorgeschmack eines anderen, woraus auch das Seltsame erhellt, daß kein Mensch richtig da ist, wirklich ‚lebt'. Wir ‚sind' noch nicht, wir sind nur ein Entwurf unseres eigentlichen Seins. ‚Leben' müßte doch heißen: ‚Dabeisein'. Es müßte heißen: den Tag, den Augenblick leben im einfachsten, gründlichsten Sinn. Aber indem wir noch nicht eigentlich sind, sind wir auch nicht ‚dabei', leben nicht wirklich. Unser Augenblick ist noch ‚hohl' und ‚dunkel'. Dieses ‚Hohle' will in uns von der Zukunft her erfüllt werden. Der Mensch ist wesentlich unzufrieden mit seiner bereits erreichten Situation. Er hungert nach einer schöneren Zukunft, nach einem vollendeteren Sein. ‚Hunger' steht hier für ‚erlebtes Ungenügen', ‚Wachtraum', ‚Wunsch', und vor allem für ‚Sehnsucht', die der einzige bei allen Menschen ehrliche Zustand ist. Alle Sehnsucht ist auf die Zukunft bezogen. Sie enthält ein Nein zum Vorhandenen und ein Ja zum Zukünftigen. So verwandelt sich der ‚Hunger' in eine Sprengkraft gegen das Gefängnis der Entbehrung. Und genau an dieser Stelle bildet sich etwas, das das Wunschhafte aufs Ziel des besseren Lebens hinspannt: die Tagträume. Sie sind allesamt Träume von einem ‚besseren Leben'. Die ‚Erwartung' will in uns nicht schlafen gehen. Der Mensch fabelt sich Wünsche aus und findet dazu eine Menge Stoff in sich selbst, wenn auch nicht immer vom besten und haltbarsten. Das Tier kennt nichts dergleichen. Nur der Mensch ist gleichsam weniger ‚dicht', obwohl er, mit Pflanze und Tier verglichen, viel intensiver lebt. Im Menschen ist etwas ‚hohl‘ geblieben, ja, in ihm ist ein Hohlraum des Seins erst entstanden. Darin ziehen Träume herum. Das ‚Es-besser-haben-Wollen‘ schläft nicht ein.

Vielleicht wäre es bequemer, die Sehnsucht zu vergessen. Aber unsere Wünsche hören nicht auf; sie verkleiden sich aufs neue. Der Mensch denkt gar nicht daran, wunschlos zu sein. Sein Wesen ‚dämmert nach vorwärts‘, hinein in das ‚Noch-nicht-da‘. So steigt bei uns ständig Niedagewesenes auf. Wir träumen davon, daß unsere Wünsche erfüllt werden können, ja, daß sie einmal tatsächlich erfüllt werden. Wir träumen davon, wie die Redensart heißt, ‚bei Tag und Nacht‘, also nicht nur bei Nacht. Von diesen Spiegelungen der Zukunft, von diesen ‚Tagträumen‘ soll nun die Rede sein.

Der Mensch hat das Verlangen, aus sich selbst herauszukommen. Schon als Kind nährt er sich aus Träumen. Er lebt in einer Welt der Märchen. Wenn wir uns aber das einfache Märchen anschauen, merken wir, daß es im Grunde ein Versuch ist, in eine ‚andere Welt‘ zu gelangen. Ein Weltall der schöpferischen Fruchtbarkeit wird im Märchen erahnt, ein Zustand, in dem das Leben für immer geborgen und heil ist. Der schroffe Felsen mitten im Ödland ist schon eine wunderbare Burg, und es genügt, wenn er von einem Hauch des Zaubers berührt wird, damit er zu dem wird, was er schon immer war. Beim zwölften Stundenschlag wird der Kürbis zur Karosse. Das Wort ‚Tischlein deck dich‘ zaubert niegeahnte Genüsse herbei, ein Tischlein so bedeckt mit Speisen, wie kein Wirt es je hätte herbeischaffen können, und ein großes Glas mit rotem Wein steht daneben. Die Prinzessin kann mit einem einzigen Kuß aus ihrem tödlichen Schlaf geweckt werden. Die sieben Raben können ihre schwarzen Federn ablegen. Das Aschenbrödel kann die Küche verlassen. Die Liebe ist so stark, daß sie die Toten zu neuem Leben zu erwecken vermag. Und endlich kommt immer ein Kristallpalast vom Himmel herab und wird zu unserer endgültigen Wohnung. Im Märchen sind wir ja alle von königlichem Geschlecht.

Das Kind greift nach allem, um seine Leere auszufüllen, wirft alles wiederum weg, ist ruhelos, neugierig und weiß nicht worauf. Es wünscht sich dorthin, wo es ‚belebter‘ hergeht. Es will Schaffner werden oder Zuckerbäcker. Das sieht nach etwas Rechtem aus. Tiere, Dinge und Briefmarken sind in diesem Alter wie die Muschel, in der das Meer rauscht, wenn man sie nahe genug ans Ohr hält. Der Junge reißt dann oft aus; er treibt auf ein edleres Leben zu, als es gegebenenfalls der Vater führt, hinaus zu ungeheuren Taten.

Das Wünschen läßt auch später nicht nach. Der älter gewordene Trieb zielt aber näher; er kennt sich mehr aus. Nicht aber, als nähme er dadurch das Leben hin, wie es geworden ist. Wichtiges fehlt nach wie vor; also hört der Traum nicht auf. Ist nicht alles Phantasieren ein Anlauf, ein anderer zu werden, und wäre es auch nur im Erleben erträumter Gestalten? Oder denken wir an das ‚Unstete‘ in uns, an den Trieb ‚zu wechseln‘: das Haus, das Kleid, das Land, die Tätigkeit. Vor allem das Kleid: Man putzt das bißchen Vorhandene heraus oder fälscht es um. Das Herrichten ist bald gelernt. Keiner kann aus seiner Haut heraus. Aber leicht schlüpft man in eine neue hinein. Das frische Hemd liegt morgens ausgebreitet wie der junge Tag. Ein neuer Mantel deckt das Vergangene zu. Oder denken wir an unsere Naturerlebnisse. Gelegentlich werden wir der Herrlichkeit unserer Erde inne; wir tauchen uns in sie gleichsam ein und erleben eine niegeahnte Fülle des Seins. Vor den Wogen des Meeres fühlt man das, im Rauschen der Wälder, in der Unendlichkeit der Ebenen, auf der Höhe der Berge, das gleiche liegt in unserem ‚Drang nach dem großen Erlebnis‘, im Verlangen, aus dem eigenen gewöhnlichen Zustand herauszukommen, Neues, Niegeahntes zu erfahren. Vielleicht reisen die Leute deshalb so viel. Jede Reise geht ja einem zukunftsbeladenen und unerforschten Glück entgegen. Oder jenes Streben, mit dem der Mensch an sich arbeitet, sich übt und bildet: Darin ist der Mensch von einem oft nur dunkel empfundenen Wunsch getrieben, über sich hinauszukommen, ein anderer zu werden. Desgleichen könnte man noch zahlreiche andere ‚Spiegelungen‘ der Hoffnung im menschlichen Bewußtsein entdecken, bis hinunter zu den skurrilsten Erscheinungsformen: zu den Buden des Jahrmarkts etwa, wo sich eine Hoffnung bietet zu stark herabgesetzten Preisen, wo sich der Mensch etwas ‚vorgaukelt‘, sich etwas, das noch nicht da ist, vorstellt in brutaler Schau und vulgärer Hintergründigkeit; zu den Kriminal- und Schauerromanen, in denen man weite Reisen machen kann in eine Gegend, in der lauter Verfremdung herrscht – dunkler Gang, Treppe, Nacht, Friedhof, Falltüre, Versteck, gotische Zimmer, unheimliche Gemälde mit allzu lebhaften Augen – und dabei nicht einmal den Lehnstuhl verlassen muß; ja bis hinunter zur billigsten Volksbelustigung, zu den Filmen mit ‚Happyend', zu den Betäubungsmitteln unserer Hoffnung, von denen aber, wenn sie gut gemacht sind, selbst der Gewitzigtste beeindruckt wird. Wird aber der Film ganz transparent zu den menschlichen Träumen hin, so betritt der Zuschauer das Reich der Wachtraumstimmung; die Wunschlandschaft steigt hinunter ins Parterre. Es ist wichtig, sogar die menschliche Banalität philosophisch zu durchleuchten. Dies aber aus zweifachem Grund. Vor allem: Es kann uns beglücken, in den ganz unscheinbaren Gegebenheiten die Spiegelung ewiger Würde zu entdecken. Dann aber auch: Eine Aussage gewinnt an Allgemeingültigkeit, wenn sie aus den einfachsten Alltagsgegebenheiten herausgeschält wird; findet man nämlich eine Bestimmung des menschlichen Daseins ,sogar' in diesen einfachsten Zusammenhängen, so ist man sicher, sie überall im menschlichen Dasein auffinden zu können.

Tatsächlich arbeitet ein unzerstörbarer Trieb im Menschen in die Richtung des ,guten Endes'. Er ist nicht auf die Leichtgläubigkeit der Massen beschränkt. Die ,Hoffnung auf eine schönere Zukunft' ist unzerstörbar im menschlichen Glückstrieb begründet. Dieser ist deutlich der Motor echten menschlichen Schaffens.

Jegliches Kunstwerk ist eine ,Neuschöpfung'. Der Künstler nimmt die Erscheinungen der ,Welt' in sich auf und projiziert sie nachher – verwandelt und umgestaltet – in die Welt zurück. Dadurch entsteht eine ,neue Welt', die zwar irgendwie aus der alten hervorgeht, ihre Elemente behält, aber mit ihr nicht einfach gleichzusetzen ist. Die Kunst greift in die vieldeutige Welt der Erscheinungen deutend und sinngebend ein. Sie schildert nicht, reproduziert nicht, verwandelt vielmehr die Wirklichkeit und gibt ihr einen neuen Seinszustand. Die künstlerisch erschaffene ,neue Welt' hat ihre eigenen Gesetze, ihren eigenen Daseinsraum, in dem wir uns anders verhalten als sonst, einen andern Lebensbezug, in dem man anders lieben, hoffen, erkennen, verlangen, atmen kann als in der ,alten Welt'. Der Künstler hat etwas Neues aus der Welt geholt, aus ihrer tiefsten Verborgenheit.

Den Malern und Dichtern ist das Träumen von einer schöneren Zukunft gemein: Beide wollen unserer Welt eine neue Vollendung geben, indem sie die Dinge voller darstellen und schöner aussprechen, als sie es heute noch sind. Sie möchten die ,Ungelungenheit' der Welt abschaffen und nehmen so den künftigen Zustand einer innerlich leuchtend gewordenen Welt voraus.

Auch die Tänzer, die wirklich großen und schöpferischen, leben die Zukunftsträume der Menschheit in ihrer Kunst. Sie ahmen in ihrem Tanz etwas nach, was unser Alltag noch nicht besitzt. Sie schreiten gleichsam unseren Wunsch nach schönerer Bewegung, nach gelösterem Leib in ihrer eigenen ,tanzenden Wirklichkeit' aus. Ein vollendetes Leben erscheint im Bild ihrer vollendeten Bewegung. Ein Fra Angelico malte sogar die Engel und die Seligen des Himmels ,tanzend'. Selbst wenn sie stillzustehen scheinen, bebt in ihnen eine ewige Bewegung. Den Ausbruch echter, zukunftsverheißender Hoffnung scheint aber der Mensch höchstens in der Musik länger zu ertragen. Wurde je die Gelöstheit des Menschen vollendeter erschaut als in der träumenden Märchenmusik Mozarts? Was er vom eigenen Schaffen schreibt, ist wie eine Beschreibung des reinen ,Sich-in-die-Zukunft-hinein-Träumens' der Menschheit. Mozart sagt: ,,Das erhitzt mir nun die Seele, da wird es immer größer, und ich breite es immer weiter und heller aus, und das Ding wird im Kopf wahrlich fast fertig, wenn es auch lang ist, so daß ich's hernach mit einem Blick, gleichsam wie ein schönes Bild oder einen hübschen Menschen, übersehe und es auch gar nicht nacheinander, wie es hernach kommen muß, in der Einbildung höre, sondern wie gleich alles zusammen.''

Sogar die Techniker, Menschen der harten Wirklichkeitsbewältigung, zeigen sich als ,Träumer der Zukunft'. Der Wunsch aller großen Techniker ist, die Welt aufzuschließen, sie vollkommen der Menschheit zu unterwerfen, eine Welt zu schaffen, die es dem Menschen erlaubt, sich frei zu entfalten. Auch die Architekten träumen stets von einer vollendeten Zukunft. Ihre Bauwerke wollen den Kosmos bändigen, innerhalb einer bedrohlichen und unfreundlichen Welt uns ein Heim schaffen. Sie sind ,vorausgebaute Heimat'. Der Traum aller großen Architekten ist: ein vollkommen zum Heim gewordenes Universum und in ihm ein zu seiner Eigentlichkeit erblühtes Humanum. Auch die großen Eroberer und Entdecker zogen hinaus, um der Menschheit eine neue Welt zu erschließen, in die Welt der Verheißung, in der es noch etwas Neues gibt. Das Unbekannte als das Schönere und Eroberungswürdige lockte stets die Menschen. Und es lockt uns heute noch. Die Ärzte träumten schon immer von einem vollendeten Leib. Nicht nur die Krankheit sollte abgeschafft, sondern die ganze Leiblichkeit erfrischt, umgeformt, mit neuen Kräften ausgestattet sein. Die Denker der sozialen Gerechtigkeit, von Platon bis Marx, entwarfen seit mehr als zweitausend Jahren Grundrisse einer Welt, in der die Ausbeutung des Menschen durch den Menschen endgültig aufhört und sich ein Zustand einstellt, von dem Brecht in seinem ‚Dreigroschenroman' sagt: „Die Gemeinheit verlor ihren hohen Ruhm, das Nützliche wurde berühmt, die Dummheit verlor ihre Vorrechte, mit der Roheit machte man kein Geschäft mehr." Schließlich die Philosophen, diese vermessensten Träumer der Erde: Sie fühlten sich in unserer jetzigen Welt nie ganz wohl. Philosophie ist ja ‚Suche nach Weisheit', also Suche nach etwas, das niemand von uns wirklich besitzt. Die Philosophen waren deshalb ihrer Zeit, ihrer Gesellschaft, ihrer geistigen Epoche stets voraus. Sie träumten sich stets in eine geisterfüllte Wunschlandschaft des Daseins hinein. In verschiedensten Formulierungen und Gedankensystemen sprachen sie stets die Hoffnung aus, die in uns allen lebt, die Hoffnung einer endgültigen Befreiung von der Macht des Bösen, die Hoffnung der Freiheit, der Zuversicht, der endgültigen Vollendung, die Hoffnung einer Welt, in der die Vollkommenheit zu unserer zweiten Natur wird.

Das Letzte, das die Menschen in all diesen Spiegelungen der Hoffnung überhaupt erstreben, ist ‚Heimat'. Sie liegt im dunklen Grund aller Wachträume, Gauklereien, Utopien, Gedankensysteme, Künste. Das Symbol dieser immer schon angezielten Wirklichkeit ist der ‚erfüllte Augenblick'. Der unruhige Scholastiker Abälard sagte: „Terminus est illa civitas, ubi non praevenit rem desiderium, nec desiderio minus est praemium." – „Das Ziel ist jene Gemeinschaft, in der die Sehnsucht der Sache nicht zuvorkommt, noch die Erfüllung geringer ist als die Sehnsucht."

Die Welt in uns ist also voller Anlage zu etwas, Tendenz auf etwas, Latenz von etwas. Deshalb ist die Erwartung, die Hoffnung, ein Grundzug der menschlichen Wirklichkeit. Wesen ist nicht Ge-wesenheit. Im Gegenteil: Unser Wesen liegt noch an der Front. Der Mensch hat sich selbst noch ‚vor sich', er ist sich ‚auf-gegeben', er ist Hoffnung. Der Mensch ist nicht so sehr aus seiner Vergangenheit als aus seiner erträumten Zukunft zu verstehen. Leider vergessen das gelegentlich gewisse Richtungen unserer heutigen Seelenheilkunde. Einem seelisch kranken Menschen müßte man vielleicht eher eine neue, verheißungsvolle Zukunft eröffnen, als ihn ständig zu seiner eigenen, oft schmutzigen Vergangenheit zurückbiegen zu wollen. Man kann sogar eine Seele zerbrechen, indem man sie ins Gewesene einsperrt, sie von ihrer Vergangenheit her begreift. Der Mensch ist wesenhaft mehr als seine Vergangenheit und als seine Gegenwart. Die Natur hat dem Menschen eines der mächtigsten Heilmittel gegen die innere Verkrampfung und ‚Verplattung‘ zur Verfügung gestellt, indem sie ihn ständig in die Zukunft hineinträumen läßt. Die eigentliche ‚Genesis‘ des Menschen ist immer noch im Gange. Der Mensch muß von seiner Zukunft zum Menschsein herausgefordert werden. „Die Hoffnungen und Forderungen müssen größer sein als die Möglichkeiten, wenn die Wirklichkeit dazu gezwungen werden soll, alle Möglichkeiten, die in ihr enthalten sind, auszunützen und alle Quellen, die noch verborgen sind, emporschießen zu lassen.“ [67] Bis heute war es das Christentum, das den ‚träumenden Menschen‘ am vollsten ernst genommen hat. Das schlechthin Überbietende letzter Erfüllung ist am großartigsten in jenem Grundsatz christlichen Daseinsverständnisses angedeutet, den Paulus ausgesprochen hat: „Was kein Auge gesehen und kein Ohr gehört und was in keines Menschen Herz gedrungen ist, hat Gott denen bereitet, die ihn lieben“ (1 Kor 2, 9). Man könnte einmal – in Abwandlung eines Ausspruchs von Karl Rahner – das ganze Christentum auf die Formel bringen: Es ist die Hoffnung, in der Gott die Sehnsucht des Menschen derart übertrumpft, daß die wildesten und vermessensten Träume der Menschheit als Kleinglaube und fast tierische Stumpfheit erscheinen [68]. Schon von diesem Gesichtspunkt her gesehen, wäre das Christentum die Religion, die der inneren Seinskonstitution des Menschen am meisten entspricht. Deshalb fühlen sich die Christen jeglicher Hoffnung solidarisch. Wer die Sprache der Hoffnung spricht, in dem sehen sie einen Bruder. Mit einem leisen Lächeln kann der Christ dahinwandeln unter den Menschen – die in den kleinen Tagträumen des Alltags, im Jahrmarktsrummel, in der Kolportage und Verkleidung, in den Utopien und Wunschbildern, die sich die Menschheit seit eh und je in Kunst und Philosophie zurechtgelegt hat, ihren einzigen großen Traum spiegeln lassen – und mag daran denken, diese Menschen seien im tiefsten Grund ihrer Seele Christen und sie träumten, oft ohne darum zu wissen, von Auferstehung und Himmelfahrt, von einer gänzlich ‚heilen‘ Welt, vom Himmel. Der Gedanke des Himmels ist das Vermächtnis radikalster Hoffnung, die als solche eben die zentralste ist. Himmel ist der intensivste Sinnmittelpunkt von allem, was sich die Menschheit je erhofft hat.

Der Mensch lebt also in seinem Sehnen und Trachten stets ins ‚Uferlose‘. Eine große, zu seinem Wesen gewordene ‚Unbescheidenheit‘ bewegt ihn überall. Je klarer ein Mensch hofft, desto mehr ist er ein Mensch. Dennoch muß der Mensch beachten, was Paschasius Radbert mit bewundernswerter Treffsicherheit gesagt hat: „Die heilige Furcht bewacht die Gipfelhöhe der Hoffnung.“[69] Und im Alten Testament heißt es, einfach und erhaben zugleich: „Es hoffen auf den Herrn, die ihn fürchten“ (Ps 113, 11). Die Hoffnung der Menschen mündet in der Furcht. Die Furcht, die Unsicherheit erinnern den Menschen daran, daß die menschliche Existenz, obwohl angelegt und ausgerichtet auf die Erfüllung durch das höchst denkbare, ja alles Denken übersteigende Sein, dennoch ständig gefährdet ist durch die Nähe des Nichts[70]. Hoffnung ist immer ‚Verjüngung‘. Der ‚hoffende Mensch‘ ist immer ‚jung‘. „Jungsein ist die Ursache der Hoffnung. Die Jugend nämlich hat viel Zukunft und wenig Vergangenheit“, sagt Thomas von Aquin[71]. Die Hoffnung allein vermag dem Menschen jenes Sichspannen mitzuteilen, das gelöst ist und straff zugleich, jene Leichtigkeit und starkherzige Frische, jene federnde Freudigkeit und gelassene Tapferkeit, die einfach ‚Jugend‘ heißen. Aber gerade das ‚Jungsein‘ ist in uns ständig bedroht. Wir ‚sind‘ noch nicht jung; wir werden ständig jünger, indem wir hoffen. Hoffen und Träumen sind aber wesensverwandt: Wir träumen uns in unser Jungsein hinein. Träume sind aber – oder sie erscheinen wenigstens so – immer ‚unwirklich‘. So ist das Jungwerden immer eine Aufgabe. Der Mensch muß das ‚Erwachsensein‘ ständig überwinden, sofern es Abstumpfung, Verhärtung, Verholztheit, Eigensinn und ‚Sich-zufrieden-Geben‘ bedeutet. Jungwerden ist ein innerer Vorgang der ‚Neuwerdung‘. Der Mensch muß sich loslassen und sich zum Einsatz bringen mit dem Ernst seiner personalen Wirklichkeit, mit der Einfalt seines Herzens. Die Kinder spielen manchmal so, wenn sie unbeobachtet sind. Wir sind aber überall ‚beobachtet‘, von der Alltäglichkeit bedroht. Unsere Träume sind unsicher. Wir vermögen nicht, ins Offene zu schauen, das Eigentliche zu fühlen und es ohne Absicht aufzunehmen. Wir sind ‚Wanderer‘. Unser eigenes Sein hat sich noch nicht gefunden. Wir gehen ihm immer nur in der Hoffnung entgegen und können es verlieren. Wer nicht fürchtet, das Sein zu verlieren, hat keine Hoffnung; wer aber keine Hoffnung hat, in dem ist das Menschsein ‚hoffnungslos‘ geworden, das heißt klein und verzweifelt.

Damit sind wir an dem Punkt angelangt, wo wir unsere menschliche Wirklichkeit mit Jesus von Nazareth konfrontieren können. *Jesus hat eine glühende menschliche Eigentlichkeit verwirklicht, ohne diese sich ins Dunkle und Ungewisse vorantastende Hoffnung.* Er war also zugleich durch und durch menschlich, verwirklichte aber sein Menschsein außerhalb der menschlich gegebenen Dimensionen. Mit seinem ganzen Wesen hat er einen Satz ausgesprochen, den wir zwar im Neuen Testament nirgends ausdrücklich finden, der sich aber auf den eigentlichen Kern seines Wesens bezieht: „Im Grunde habt ihr alle von mir geträumt." Kein Mensch, der nur ein Mensch ist, kann und darf das aussprechen.

Ein junger Handwerker aus Nazareth stand vor den Juden, ein Mann, von dem die Leute aus dem gleichen Dorfe sagen konnten: „Ist er nicht des Zimmermanns Sohn? Heißt nicht seine Mutter Maria, sind nicht seine Brüder Jakobus, Josef, Simon und Judas? Und seine Schwestern, sind sie nicht alle bei uns?" (Mt 13, 55–56), und er sprach folgende Worte: „,Ich weiß wohl, ihr seid Abrahams Söhne, jedoch ihr sucht mich zu töten, weil mein Wort nicht Raum in euch gewinnt. Ich rede, was ich beim Vater gesehen habe; tut denn auch ihr, was ihr vom Vater gehört habt!' Sie antworteten ihm: ,Unser Vater ist Abraham' ... Jesus entgegnete: ,Wahrlich, ich sage euch: Wenn jemand mein Wort befolgt, wird er in Ewigkeit den Tod nicht schauen.' Die Juden entgegneten ihm: ,Jetzt wissen wir, daß du einen bösen Geist hast! Abraham wie die Propheten sind gestorben, und du behauptest: Wenn jemand mein Wort bewahrt, wird er den Tod in Ewigkeit nicht kosten. Du bist doch nicht größer als unser Vater Abraham, der gestorben ist, und auch die Propheten sind gestorben! Was machst du aus dir selbst?' Jesus gab zur Antwort: ,Euer Vater Abraham frohlockte, daß er meinen Tag sehen sollte, und er sah ihn und freute sich.' Da sagten die Juden zu ihm: ,Noch nicht fünfzig Jahre zählst du und hast Abraham gesehen?' Jesus erwiderte ihnen: ,Wahrlich, wahrlich, ich sage euch, ehe Abraham ward, bin ich.' Da hoben sie Steine auf, um sie auf ihn zu werfen" (Jo 8, 37–59).

Die Regung dieser Leute ist durchaus verständlich: Das jüdische Volk hat den wesenhaften ,Auszug' des Menschen aus sich selbst während seiner Geschichte erlebt. ,Auszug' (Exodus) war die Grundfigur seines geschichtlichen Daseins. Das jüdische Volk lebte, als Volk, die große Hoffnungshaltung der Menschheit in reinster Gestalt. Das Urbild dieser Haltung war Abraham. „Im Glauben gehorchte Abraham, da er berufen wurde, an einen Ort auszuziehen, den er zum Erbe empfangen sollte, und er zog aus, ohne zu wissen, wohin er komme" (Hebr 11, 8). Der Auszug Abrahams und seiner Sippe aus Ur in Chaldäa unterschied sich damals wahrscheinlich nicht von den andern Auszügen anderer Nomadentruppen aus diesem kargen Land. In Abraham wurde aber die Nomadengebärde des Aufbruchs zum Urbild religiöser Existenz. Bei Abraham nahm ein universales Abenteuer seinen Anfang: der Wiederaufstieg des Menschen zu Gott. Deshalb nennt man Abraham ‚Vater aller Gläubigen', das heißt jener Menschen, die ihre Existenz einem Größeren ‚aussetzen'. Abraham war aufgebrochen, ‚ohne zu wissen, wohin er komme'. Etwas trat an diesen Menschen heran, das größer war als alles, was er bis jetzt erlebt hatte. Es sprach zu ihm, nahm ihn in Bann. Dabei machte es gar nichts aus, daß dieser Mensch roh, primitiv und dumpfen Sinnes war, daß seine ethische Haltung sehr viel zu wünschen übrigließ. Er hatte erkannt, daß er ‚aus sich selbst heraus muß'. Das ist die Existenz, die von der Hoffnung her bestimmt ist. Die Wesensstruktur dieses Daseins sprach Irenäus von Lyon folgendermaßen aus: „In Abraham hat der Mensch gelernt, dem Worte Gottes nachzufolgen." Abraham harrte in das Dunkel hinein. Alles in ihm war noch ‚voraus'. Der Hebräerbrief sagt von ihm, daß er „als Fremdling in Zelten wohnte" und daß er „sehnsüchtig auf die Verheißung, auf die festgegründete Stadt wartete, deren Baumeister und Gründer Gott ist" (Hebr 11, 9–10). Dieser Mensch hat seine ganze Existenz auf die Hoffnung aufgebaut. Er war der große ‚Geöffnete' auf ein ‚Kommendes' hin, das aber für ihn das ‚Noch-Kommende' schlechthin war. Sein Dasein war ‚Existenz im reinen Entwurf', ein Hineinschreiten in die ‚Verheißung überhaupt'. Die Geschichte Israels war nichts anderes als der Nachvollzug der existentiellen Haltung Abrahams, ein ‚Harren auf das Größere'. Daraus erhellt, daß der Ausspruch Jesu, Abraham hätte sich ‚auf ihn hin gefreut', für einen Israeliten nichts anderes bedeutete als: „Mit mir hat alles Suchen ein Ende; ich bin die Erfüllung."

Tatsächlich stellte sich Jesus seinen Zeitgenossen hin als die Erfüllung überhaupt. Philippus berichtete über ihn folgendermaßen: „Wir haben denjenigen gefunden, von dem Moses im Gesetz und die Propheten geschrieben haben: Jesus, Josefs Sohn, aus Nazareth" (Jo 1, 45). Nach dem Tode Jesu begriffen seine

Jünger, daß in ihm die endgültige Erfüllung eingebrochen war: „Seine Jünger verstanden zunächst nicht, was da vor sich ging; als aber Jesus verherrlicht war, erinnerten sie sich, daß es im Hinblick auf ihn geschrieben stand und daß man es an ihm zur Erfüllung gebracht hatte" (Jo 12, 16). Jesus selbst betrachtete sich als ‚Erfüllung' und wollte ganz bewußt alles verwirklichen, was vom ‚Erfüllenden' in den Schriften Israels geschrieben stand: „Hernach, da Jesus wußte, daß bereits alles vollbracht war, sprach er – und damit erfüllte sich die Schrift bis zum letzten: ‚Mich dürstet!'" (Jo 19, 28.) Lukas schildert in seinem Bericht über die Emmausjünger, wie Jesus die endgültige Erfüllung in ihr Leben brachte: „Während sie so im Gespräch ihre Meinungen austauschten, nahte sich Jesus und schloß sich ihnen an; doch waren ihre Augen gehalten, so daß sie ihn nicht erkannten . . . Sie sagten ihm: ‚Was mit Jesus von Nazareth zusammenhängt, das war ein prophetischer Mann, mächtig in Tat und Wort vor Gott und allem Volke. Unsere Hohenpriester und Vorsteher haben ihn dem Todesurteil überantwortet und ans Kreuz gebracht. Wir hofften, er sei es, der Israel erlösen werde, und nun ist nach alldem heute der dritte Tag' . . . Da sprach er zu ihnen: ‚Ihr Unverständigen, wie lange braucht euer Herz, um an alles zu glauben, was die Propheten sagten! Mußte nicht der Messias dies leiden, um so in seine Herrlichkeit einzugehen?' Und von Moses und allen Propheten angefangen, legte er ihnen aus, was in allen Schriften auf ihn Bezug hatte" (Lk 24, 15–27). Dies war auch die Grundstruktur der frühchristlichen Glaubensverkündigung: Christus ist die Erfüllung von all dem, wonach sich die Menschheit schon immer gesehnt hat. „Da zog ein äthiopischer Höfling des Weges, Würdenträger der Königin von Ägypten und deren oberster Schatzmeister. Er war zur Anbetung nach Jerusalem gekommen und befand sich jetzt auf der Heimreise, wobei er in seinem Wagen sitzend den Propheten Isaias las . . . Als Philippus näher kam, hörte er ihn den Propheten lesen. ‚Verstehst du auch, was du da liesest?' fragte er. Jener erwiderte: ‚Wie könnte ich's, wenn mich niemand anleitet?' Er ersuchte Philippus, aufzusteigen und bei ihm Platz zu nehmen . . . Da hob Philippus an und begann, ihm auf Grund der Isaiasstelle die Heilsbotschaft von Jesus zu verkünden. Wie sie so des Weges zogen, kamen sie zu einem Wasser, und der Höfling rief: ‚Da, sieh das Wasser! Was steht im Wege, daß ich getauft werde?' Er ließ den Wagen haltmachen, worauf beide, Philippus und der Höfling, zum Wasser hinabstiegen, und er taufte ihn" (Apg 8, 27–38). Jesus ist die Erfüllung unseres Wesens: Das war die Grundaussage der apostolischen Verkündigung. Oder wie Paulus es in einem prägnanten Satz zusammenfaßt: „Mit ihm ist das Ja verwirklicht worden. Alle Verheißungen haben in ihm das Ja gefunden, und deshalb ist durch ihn das Amen da" (2 Kor 1, 19–20). Jesus war das Amen unseres Wesens. In dieser Beziehung erscheint es aufschlußreich, daß Jesus bewußt viele seiner Aussprüche durch ein Amen, durch ein Ja eingeleitet hat: „Amen, ich sage euch . . ." ist eine Redewendung, die wir durch alle Evangelien hindurch hören (Mt 5, 18; 18, 3 . . .). Bei Johannes, der von der ‚erfüllenden Funktion' Jesu in seiner einsamen Meditation in der Verbannung noch mehr begriff, spricht Jesus noch eindrücklicher, mit einem zweifachen ‚Ja': „Amen, Amen, ich sage euch . . ." (Jo 1, 51; 5, 19 . . .).

Die Apostel erfuhren in Jesus etwas, das ein Mensch nie verwirklichen kann: die ‚Fülle', die ‚Erfüllung'. Paulus sagt von Jesus: „Es gefiel Gott, in ihm die ganze Fülle wohnen zu lassen" (Kol 1, 19). In ihm kam die Geistigkeit, die menschliche Eigentlichkeit zur Vollendung: „In ihm sind alle Schätze der Weisheit und der Erkenntnis verborgen" (Kol 2, 3). Sein Wesen steht über allen Wesenheiten: „Gott hat ihn so hoch erhoben und ihm einen Namen verliehen über alle Namen, daß im Namen Jesu sich beuge jedes Knie" (Phil 2, 9–10). Für ihn lohnt es sich, alles zu vergessen. Er ist die Fülle, die Verheißung, der Traum aller Träume, die Sehnsucht aller Sehnsüchte: „Ich vergesse, was zurückliegt, und strecke mich aus nach dem, was vor mir liegt. Dem Ziel laufe ich zu, nach dem Siegespreis der himmlichen Berufung Gottes in Christus Jesus" (Phil 3, 13–14). Dieser ‚Überschwang' Jesu kommt in allen paulinischen Schriften zum Ausdruck. Vor allem in den lyrischen Stellen des Römer- und Philipperbriefes: „Jubelnd freuen wir uns in Gott durch unsern Herrn Jesus Christus, durch den wir die Versöhnung empfangen haben" (Röm 5, 11). „Wer wird uns trennen können von der Liebe Christi? Not oder Drangsal, Verfolgung, Hunger, Blöße, Gefahr oder Henkersschwert?" (Röm 8, 35.) „Tiefe des Reichtums, der Weisheit und des Wissens Gottes!" (Röm 11, 33.) „Jede Zunge soll bekennen: ‚Jesus Christus ist der Herr'" (Phil 2, 11).

Diese alle Gaben überwiegende letzte Gabe der Erfüllung ist ‚Gnade', das heißt ‚charis', liebreiche Segnung unseres Wesens. „Die Gnade ist mit Jesus Christus zur Welt gekommen", sagt

Johannes (Jo 1, 17). Er hat uns die Endgültigkeit geoffenbart: „Gott hat niemand gesehen. Der Einzige, der göttliche Sohn, der am Herzen des Vaters ruht, hat von ihm Kunde gebracht" (Jo 1, 18). In Jesus haben wir erkannt, daß Gott, über seinen Grimm, seine Gefährlichkeit, sein verzehrendes Wesen hinaus, Liebe ist: „Dadurch hat sich die Liebe Gottes an uns erwiesen, daß Gott seinen einzigen Sohn in die Welt gesandt hat, damit wir durch ihn leben. Darauf beruht die Liebe: nicht als hätten wir Gott geliebt, sondern er hat uns geliebt und hat seinen Sohn gesandt" (1 Jo 4, 9–10). In Jesus „ist erschienen die Gnade Gottes, die allen Menschen Rettung bringen will" (Tit 2, 11). „Die Güte und Menschenfreundlichkeit Gottes, unseres Erlösers, erschien" (Tit 3, 4).

Jesus hat sein eigenes, konkretes Dasein als das endgültige und nie mehr überholbare ‚Woraufhin‘ allen menschlichen Schicksals hingestellt. „Ich bin das Alpha und das Omega, der Erste und der Letzte, der Anfang und das Ende", sagt der Herr der Geheimen Offenbarung (Offb 22, 13). Dieser Ausspruch ist nicht etwa eine spätere theologische Umdeutung der menschlichen Wirklichkeit Jesu. Er ist vielmehr zutiefst in dem begründet, was die Jünger in Jesus selbst wahrgenommen haben. Jesus, sein personales Wesen, war für sie das Gericht alles Menschlichen: „Gott hat seinen Sohn in die Welt gesandt . . . Wer nicht an ihn glaubt, ist schon gerichtet . . . Darin besteht das Gericht, daß das Licht in die Welt gekommen ist" (Jo 3, 17–19). In Jesus war das ‚Reich‘ (eine Wirklichkeit, die der Sinnmittelpunkt aller Träume und Sehnsüchte eines Volkes und darin der gesamten Menschheit war und in der alle Zukunftserwartungen gleichsam zentral verknotet waren) bereits angebrochen: „Weil ich nun die bösen Geister durch den Geist Gottes austreibe, so bedeutet dies, daß das Reich Gottes zu euch gekommen ist. Oder wie kann einer in das Haus des Starken eindringen und seinen Hausrat plündern, ohne zuvor den Starken gefesselt zu haben?" (Mt 12, 28–29.) Das Reich und die Person Jesu konstituierten in der apostolischen Verkündigung ein Ganzes: „Philippus verkündete die Frohe Botschaft vom Reiche Gottes und den Namen Jesu Christi", heißt es in der Apostelgeschichte (Apg 8, 12). Der Name war für die Orientalen nicht eine konventionelle, gleichsam äußerliche Bezeichnung eines Menschen. Er gab seine Stellung im Weltall an, bedeutete seine innerste Wirklichkeit. Das heißt aber: Die Jünger haben in der personalen Wirklichkeit Jesu das Reich gesehen.

Deshalb ist es durchaus verständlich, daß die ,Verkündigung des Reiches' langsam der Verkündigung des ,Namens Jesu' Platz gab, durch sie abgelöst wurde. „Auf seinen Namen hin muß Umkehr zur Vergebung der Sünden verkündet werden" (Lk 24, 46–47). Die Worte von Petrus zu Kornelius sind in diesem Zusammenhang besonders aufschlußreich: „Petrus ergriff das Wort und sprach: ,Ihr wißt, was über das ganze Judenland hin sich zugetragen hat. In Galiläa begann es, nach der Taufe, die Johannes verkündete: ich meine Jesus von Nazareth . . ., wie er wohltatenspendend umherzog . . . Wir durften nach seiner Auferstehung von den Toten mit ihm essen und trinken, und er gab uns Auftrag, vor dem Volke zu verkünden und zu bezeugen, daß er durch Gottes Bestimmung der Richter der Lebendigen und der Toten ist. Ihm geben Zeugnis alle Propheten, daß jeder, der an ihm glaubt, durch seinen Namen Vergebung der Sünden empfängt'" (Apg 10, 34–43).

Jesus ist die ,Erfüllung', die ,Vollendung alles Vollendbaren': so ungefähr könnte man die Erfahrung der Jünger wiedergeben. Er ist jener, der nicht ,vergeht', sondern ,bleibt': „Ich bleibe bei euch alle Tage bis ans Ende der Welt" (Mt 28, 20). Alle Verheißungen haben in ihm ihre Erfüllung bis ans Ende: „Und siehe, ich sende die Verheißung meines Vaters auf euch herab" (Lk 24, 49). Er besitzt „alle Macht im Himmel und auf Erden" (Mt 28, 18). Alles, was „gegen ihn ist", wird ihm „als Schemel unter die Füße gelegt" (Hebr 10, 13). Jegliche Sehnsucht verdichtet sich in ihm, jegliche Ungeduld des Harrens steigt zu ihm und findet Ausdruck im Gebet: „Komme bald" (Offb 22, 17). Der Christ soll „von nichts wissen als von Jesus Christus" (1 Kor 2, 2). Durch ihn wurden „die Mächtigen der Welt dem Untergang geweiht" (1 Kor 2, 6). Er hat „den Tod entmachtet . . . und diejenigen befreit, die sonst durch das ganze Leben der Todesfurcht versklavt gewesen wären" (Hebr 2, 14–15). „Wir wissen doch, daß Christus, nachdem er einmal von den Toten erweckt ist, nicht wieder stirbt. Der Tod hat nicht mehr Gewalt über ihn . . . Ebenso müßt auch ihr von euch denken" (Röm 6, 9–11). In Jesus ,gehen alle Rechnungen auf'; er ist das ,Überhaupt' dessen, was unser Wesen ist: „Er ist ein Richter über die Gedanken und Gesinnungen des Herzens, kein Geschöpf ist vor ihm verborgen, alles liegt bloß und offen vor den Augen dessen, dem wir Rechenschaft ablegen sollen" (Hebr 4, 12–13). Jesu Ort ist über alle Orte ,hinaus'. Jegliche Zeit ist für ihn ,offen': „Laßt uns daher mit Zuversicht hintreten zum Thron der Gnade, um Barmherzigkeit zu erlangen und Gnade zu finden zur rechten Zeit" (Hebr 4, 16).

Je länger die Apostel über Jesus von Nazareth nachdenken, desto mehr wächst seine Gestalt, bis sie alles überragt, den Raum, die Zeit, die Geschichte, die Welt. Besonders in der ‚Geheimen Offenbarung' des Johannes steigt die Gestalt Jesu ins Ungeheure. Hier sind alle Schranken des Irdischen gefallen. Jesus ist göttlich frei, Herr und Waltender. Der ‚Jesus von Nazareth' ist in den ‚Herrn Christus' eingegangen, der ewig lebt, an dem nichts Zufälliges und Vergängliches mehr ist. Das gleiche geschieht in den Briefen des Paulus, ganz besonders in den Briefen an die Kolosser und die Epheser, welche zur Gruppe der sogenannten ‚Gefangenschaftsbriefe' gehören. Paulus befand sich damals in Untersuchungshaft, aller Wahrscheinlichkeit nach in Rom. Die erzwungene Ruhe in der jahrelangen Haft und auch die aus den reiferen Jahren sich ergebende Abgeklärtheit seines Wesens lenkten seinen Blick mehr als früher in die Tiefe des Geheimnisses. In der Abgeschiedenheit seiner Zelle, in seiner allseitigen Beengung und Beängstigung entstand in seinem Geist eine Deutung des Weltalls von Christus her. Seine Seele weitete sich aus in die Dimensionen des Universums, dessen letztes Geheimnis Jesus von Nazareth ist. Der geistdurchheiligte, auferstandene Herr erfüllt die ganze Welt; er steht überall, in allen Bezügen des Seins. Die Gemeinschaft der Christen, die ,,Ekklesia', ist sein Leib. Der pneumatische Herr trägt alle Christen leibhaft in sich und vereinigt sie in ein einziges Sein. Durch das Enthobensein aus der irdischen ‚Raumzeitgebundenheit' vermag er die Menschen aller Zeiten und Zonen zu erreichen, sie zu leiblichen Gliedern seines auferstandenen Leibes zu machen, sie in sich aufzunehmen, sich ihnen mitzuteilen, sie zu durchwirken und umzuformen. Er trägt die ganze gottverbundene Menschheit in sich. Darüber hinaus erfaßt sein Wesen die ganze Welt. Das Weltall ist ergriffen durch die formende und waltende Macht des verklärten Herrn.

In ihm ist, nach der Aussage des Epheserbriefes, das All zusammengefaßt: ,,(Gott) hat uns das Geheimnis seines Willens kundgetan, gemäß seinem gnädigen Ratschluß, den er in Christus sich vorgesetzt hat, um die beschlossene Fülle der Zeiten heraufzuführen, um alles, was im Himmel und auf Erden ist, in Christus, dem Haupte, neu zusammenzufassen" (Eph 1, 9–10). Das ganze Weltall besteht, wie es am Anfang des Kolosserbriefes heißt, im auferstandenen Herrn: „In ihm haben wir die Erlösung, die Vergebung der Sünden. Das Bild des unsichtbaren Gottes ist er, der Erstgeborene vor aller Schöpfung; denn in ihm ward alles erschaffen, was im Himmel und auf Erden ist: das Sichtbare und das Unsichtbare, Throne, Herrschaften, Mächte, Gewalten – alles ist durch ihn und zu ihm hin geschaffen. Er ist aber vor allem, und das All hat in ihm seinen Bestand" (Kol 1, 14–17). Das Weltgesamt wurde von Jesus bis zum Rand „erfüllt" (Eph 4, 10). Der letzte Konvergenzpunkt des Alls ist der auferstandene Herr. Deshalb wird er später von der Kirche – in Anlehnung an ein alttestamentliches Wort der Vulgata-Übersetzung – ‚Sehnsucht der ewigen Hügel', das heißt ‚Sehnsucht der Schöpfung', genannt. Und auch ‚Mittelpunkt aller Herzen', das heißt aller Träume und Sehnsüchte der Menschheit. All das ist nicht ‚theologische Dichtung', sondern die Ausfaltung und begriffliche Artikulierung von dem, was Jesus von Nazareth in seinem Leben von sich aussagte und was er für seine Mitmenschen erlebnishaft darstellte. In dem kleinen Satz, den Jesus zum Täufer sprach, ist all das schon enthalten: „Alle Gerechtigkeit soll erfüllt werden" (Mt 3, 14), und auch im geheimnisvollen Vorgang, von dem Johannes uns berichtet: „Jesus sprach: ‚Es ist vollbracht.' Dann neigte er sein Haupt" (Jo 19, 30).

Zusammenfassend kann und muß man folgendes sagen: Der Mensch vollzieht sein eigentliches Wesen in einem Hinausgehen aus sich selbst, in einem suchenden und deshalb mit Furcht erfüllten ‚Entwurf' seines eigenen Wesens in die Zukunft. Er kann nicht Ende und Erfüllung von sich selbst sein, sonst nimmt sein Wesen ab, das Sein selbst ‚verdirbt' in ihm. Dennoch begegnen wir in Jesus von Nazareth einem Menschen, der in leuchtender Menschlichkeit dasteht und gleichzeitig sich als Erfüllung und Ende alles Menschlichen, mehr noch, alles Seienden hinstellt, ja, von andern als solches erlebt wird. Damit sprengt er den begrifflichen Rahmen des menschlich Denkbaren. Er war etwas grundsätzlich anderes als ein Nur-Mensch.

Die Versuchung

Die letzten drei Abschnitte haben eine Wesensdimension zeitlicher Existenz zu erschließen versucht: Der Mensch ist in seinem eigenen Wesen noch nicht ‚beheimatet‘; um das ihm aufgetragene Menschsein zu verwirklichen, muß er in seiner Vergangenheit scheiden zwischen gut und bös (Reue), seine Gegenwart einem Größeren hin öffnen (Glaube) und in eine Zukunft hineinschreiten, die ihm Erfüllung verspricht (Hoffnung). Das eigentlich Bleibende unserer Existenz ist nicht von vornherein ‚gegeben‘. Es entsteht erst durch die freie Selbstbestimmung, ‚Selbstauszeugung‘. Die ‚Substantialität‘ des Menschen steht nicht so sehr am Anfang, sondern eher am Ende. Der Mensch ‚besteht‘ dadurch, daß er sich durch seine Freiheit ‚verendgültigt‘. Echtes Menschsein ist Aufgabe[72]. Es ist ein ‚Sein-im-Aufbruch‘. Die Forderung überholt unaufhörlich die Verwirklichung. In unserem ganzen Wesen finden wir überall ein ständiges Mißverhältnis zwischen Sehnsucht und Werk. Wir ‚sind‘ noch nicht. Wir müssen uns unaufhörlich – in Reue, Glaube und Hoffnung – neu ‚erschaffen‘. Die eigentliche Aufgabe heißt also nicht ‚gehe in dich‘, sondern ‚gehe aus dir heraus‘, ‚sei mehr‘. Deshalb besteht das ‚Geniale‘ einer Existenz darin, sich ‚hingeben‘ zu können. Erst dadurch schafft sich im Menschen Großes, Bleibendes, Gültiges[73]. Alles in uns muß ständig überholt werden. Nur so kann ‚wesenhafte Menschlichkeit‘ entstehen. Das ist, auf das Wesentlichste reduziert, das Ergebnis der drei letzten Untersuchungen.

Damit ist aber auch ausgesagt, daß die menschliche Eigentlichkeit in uns immerzu gefährdet ist. Wir haben unser eigenes Wesen noch nicht ‚erobert‘. Wir können uns selbst verlieren. Die menschliche Existenz ist wesenhaft ‚schwankend‘. Das ‚Sichselbst-Erschaffen‘ vollzieht sich in einer Sphäre der Unsicherheit, des Verlierenkönnens, in einem Bereich der ‚Versuchung‘. Im ersten Teil dieses Abschnittes möchten wir herausstellen, daß *unser Wesen erst in der überwundenen Versuchung sich selbst erschaffen kann.* Im zweiten Teil werden wir dann darzulegen haben, daß Jesus von Nazareth sich während seines Lebens als unversuchbar erwies und daß er damit den Rahmen unseres Menschenverständnisses sprengte.

Es ist heute schwierig, über die Versuchung zu sprechen. Der gewaltige existentielle Vorgang, den wir mit dem Namen ‚Versuchung‘ bezeichnen, wird heute oft einfach nicht mehr gesehen oder ins Kleinliche, Banale und Langweilige der brutalen Sinnlichkeit umgedeutet. Man hat oft den Eindruck, der heutige Mensch denke, je ‚leibgebundener‘ ein Wesen sei, desto mehr finde es sich in die Sphäre der Versuchung versetzt. In Wirklichkeit ist aber genau das Gegenteil wahr. Je mehr ein Wesen hineingebunden ist in die Leiblichkeit, desto ‚unfreier‘ ist es und desto weniger ist es demzufolge einer eigentlichen Versuchung ausgesetzt. Und umgekehrt: Je höher ein Wesen dem Seinsrang nach steht, das heißt, je geistiger, freier es ist, desto gefährdeter ist seine Eigentlichkeit. Diese muß sich in ihm durch die Freiheit erschaffen. Je freier aber ein Wesen ist, desto ‚gesammelter‘ ist seine Freiheit, desto mehr kann es in seiner freien Selbstbestimmung versagen. Wenn wir also das eigentliche Wesen menschlicher Versuchung und ihre Hauptformen erfassen wollen, müssen wir uns von jenen Menschen belehren lassen, die an den äußersten Gemarkungen menschlicher Eigentlichkeit angelangt sind, von den Heiligen. In ihren Kämpfen können wir die eigentlichen Gefährdungsstellen unserer Existenz erfahren. Wo die Heiligen versucht wurden, dort liegt das Wesen menschlicher Versuchung.

Zu Beginn müssen wir aber eine wichtige Unterscheidung machen. Was man gewöhnlich mit dem Wort ‚Versuchung‘ bezeichnet, enthält zwei wesensverschiedene Momente, die man klar auseinanderhalten soll, wenn man die Vorgänge des ‚inneren Lebens‘ einigermaßen verstehen will. Das erste Moment könnte man einfach ‚Anfechtung‘ nennen. Nur für das zweite Moment sollte man die Bezeichnung ‚Versuchung‘ vorbehalten.

Die ‚Anfechtung‘ ist nichts anderes als jene ‚Erprobung des Herzens‘, von der die Psalmen so oft sprechen. In Psalm 138 stehen die folgenden Worte äußersten geschöpflichen Wagnisses: „Erforsche mich, Gott, durchschaue mein Herz. Prüfe mich und erkenne, wie ich es meine. Sieh, ob ich wandle den Weg des Verderbens, und leite mich auf der Ewigkeit Pfad" (Ps 138, 23–24).

Diese Erprobung des Herzens ist ein äußerst schmerzhafter Hergang. Eine große Verlassenheit scheint die Seele der Heiligen in diesem Zustand zu ergreifen; die ‚Einheit mit Gott‘, die ‚gefühlte‘ Kraft ihrer Seele, ist gleichsam gebrochen. Krisen treten ein, in denen der Geist vor äußerste Entscheidungen gelangt. In diesen Krisen soll sich zeigen, ob sich das Herz des Menschen wirklich Gott zuneigt. Entscheidend ist aber in diesem Anfechtungszustand, daß der ganze Vorgang der ‚Prüfung‘ sich im Bereich der Klarheit und des erschauten Sinnzusammenhanges abspielt. Man sieht Auswege und schleppt sich voran. Der Weg für einen Neubeginn steht offen. Die Anfechtungen selbst sind der unsichtbare Weg, den der Mensch durchwandert, um ‚weiter‘zukommen. In dieser Bemühung verdichtet sich das große Streben aller Kreatur. Sie ist der Zug zur Vergeistigung, die mühselige und schmerzliche Ekstase durch die uns widerstehende Welt hindurch. Das ‚Kreuz‘ in diesem Sinne ist das Prinzip der Auslese im geistigen Sein. Das Leben vollendet sich als Anstrengung. Die Anfechtung ist ein herzzerreißendes ‚Sich-voran-Kämpfen‘, ‚Voran-Streben‘. Sie ist aber nur ein Gesetz, das alles Leben beherrscht. Was bei dieser Anstrengung vom Menschen noch übrigbleibt, ist das Wertvollste an ihm. In Psalm 56 heißt es von dem leidenden, umherirrenden, seine Nächte in tiefster seelischer Bedrängnis verbringenden Menschen: Gott hat seine „Tränen gesammelt in seinem Krug“ (Ps 56, 9).

Ganz anders verhält es sich mit der eigentlichen ‚Versuchung‘, obwohl der Unterschied sich nur schwer in Worte fassen läßt. Je tiefer die Dinge sind, von denen man spricht, um so mehr läuft man Gefahr, sie zu verfälschen. Der Unterschied zwischen ‚Anfechtung‘ und ‚Versuchung‘ könnte vielleicht folgendermaßen angegeben werden: Durch die Anfechtung werden lediglich die bereits bestehenden Sinnzusammenhänge eines Lebens auf die Probe gestellt; in ihr zeigt sich, ob die Struktur des Daseins einem Überdruck, einer Überbelastung standhält. In der Versuchung dagegen wird die gesamte Existenz gleichsam für nichtig ‚erklärt‘; das ganze bisherige Leben des Menschen erscheint als ‚unwesentlich‘; etwas Neues soll erreicht werden; der Mensch hat sich ‚ausgelebt‘; auf seiner bisherigen Daseinsebene kommt er jetzt an einen ‚Rand‘; wenn er noch weiterleben will, muß er höher kommen, aber nicht durch Annäherung und Übergang, sondern durch Entscheidung und Sprung; nach oben führt kein ‚Weg‘; zwischen den verschiedenen Existenzebenen klafft ein

Abgrund, der nur in einem äußersten Wagnis überwunden werden kann; in diesem Wagnis wird die gesamte Existenz, alles Erreichte und Aufgebaute, werden alle Wertbezüge und alle Überzeugungen zur Entscheidung gestellt; es gibt keinen Ausweg mehr, sondern nur den ‚Sprung ins Dunkle‘; der Mensch ist in seinem eigentlichsten Wesen das, was er in diesem Sprung von sich selbst zum andern Rand hinüberretten kann. Auf die einfachste Formel gebracht: Durch die bestandene Anfechtung kommt das Leben ‚voran‘, durch die bestandene Versuchung gelangt es ‚hinauf‘. Somit sind Anfechtung und Versuchung geistige Ereignisse ersten Ranges, Bedingungen der Möglichkeit menschlicher Selbstwerdung. Sie stellen aber zugleich die äußersten Gefahrenmomente unserer Existenz dar.

An welchen Stellen wurden nun jene Menschen versucht, in denen unsere menschliche Existenz zur leuchtenden Verwirklichung kam und die wir ‚Heilige‘ nennen? An ihren Erfahrungen wollen wir die innere Struktur unserer allgemeinmenschlichen Gefährdung ‚ablesen‘ und so eine ‚Metaphysik der Versuchung‘ entwerfen.

Immer wieder sprechen die Heiligen von einer Versuchung, die ihre gesamte Existenz in Aufruhr brachte und sie vor äußerste Entscheidungen stellte: von der ‚Begier nach Reichtümern‘. Dieses banale Wort ist eine Abkürzungsformel für eine umfassendere Wirklichkeit. ‚Begier nach Reichtümern‘ in sich tragen heißt nicht notwendig, nach materiellem Reichtum streben. Es meint etwas Wichtigeres und Grundsätzlicheres: „Die gesamte Wirklichkeit, vor allem aber Gott und seine Gnade, in den Bereich der Verfügbarkeit holen zu wollen.“ In diesem Sinn ist ‚Begier nach Reichtümern‘ die erste, alles Heilige gefährdende und grundsätzlichste Versuchung unseres Menschseins. Der Wille der Heiligen, der aus ihnen Heilige macht, zielt darauf hin, Gott in sich selbst und zu den andern zu tragen. Das ist Heiligkeit und Versuchung zugleich. Versuchung, weil der Mensch damit Gott in seine Gewalt bringen will. Gott entzieht sich immerfort dem menschlichen Zugriff, und zwar gerade dann, wenn der Mensch ihn mit den Händen zu fassen meint. „Gott zwingen wollen“ – das ist das Wesen dieser Versuchung: Gott festzuhalten, wie wir ihn haben möchten; ihn und seine Gnade einzufangen in Regeln, Systeme und Methoden; Gottes Nähe, sein Wort, seine Offenbarung allzeit zur Verfügung zu haben, seine Tröstungen, sein Licht, seine Wärme, seine spürbare Gnade dauernd fühlen zu wollen. So möchten selbst die Heiligen nur allzuoft das Reich Gottes ‚einfangen'. Aus dieser Versuchung entstehen die Zauberstücke des menschlichen Gottsuchens: die planlos schillernde Übersteigerung der Religiosität, die trügerische Vielfalt eines fanatischen Kultbetriebes, die bizarre Ausbildung der religiösen Praktiken, Vorstellungen und Empfindungen, die Verschärfung des Christlichen durch das Fanatische und Ungeduldige. So gleitet ein heiliges Leben ins Unwesentliche ab. Aber Gott läßt sich nicht zwingen durch die Anhäufung unserer Vorkehrungen, durch die große Summe unserer Gebetsworte, durch die langen Zeiten, die wir mit unserem Grübeln erfüllen. Das eigentlichste Tun der Heiligkeit ist: ein Bereitsein, ein Ausharren, ein Warten, ein Auftun der Türe, ein Ausbreiten der Arme. Das lernt aber der Heilige nur in der Versuchung. Gott schenkt sich, wem er sich schenken will. Der Mensch muß seine Wege bereiten. Hügel einebnen und Täler ausfüllen. Ob Gott dann diese ihm vorbereiteten Wege betritt, ob er durch die Menschentüre eingeht, ob er die Umarmung geschehen läßt, das steht allein bei ihm, das muß der Mensch ihm allein überlassen. In dieser ersten Versuchung lernt der Heilige etwas Geheimnisvolles: Gottes Nähe erfahren heißt seine Nähe als Verborgenheit wahrnehmen; sein eigentliches ‚Da-sein' begreifen wir erst in seinem ‚Aus-zug'. So ist seine Enthüllung zugleich undurchdringliche Verbergung, seine Gegenwart eine schmerzhafte Abwesenheit. Selbst in seiner nächsten Nähe bleibt Gott immer fern, ja seine Ferne steigert sich noch durch sein Nahesein. Gott gibt also seine Gegenwart, wo und wann er will. Rein aus Gnade, rein aus ‚Umsonst'. Im Römerbrief wird diese Dimension menschlicher Gottbeziehung folgendermaßen ausgedrückt: „Ich werde mich erbarmen, dessen ich mich erbarme, und mit dem Mitleid haben, mit dem ich Mitleid habe. Also nicht auf das Wollen noch auf das Laufen kommt es an, sondern auf den sich erbarmenden Gott" (Röm 9, 15–16). Dieses ganzheitliche Angewiesensein menschlicher Existenz auf Gottes persönliche, jedem Warum entzogene Freiheit fand in Psalm 126 seinen überwältigenden Ausdruck: „Wenn Jahwe nicht das Haus baut, mühen sich umsonst, die daran bauen. Wenn Jahwe nicht die Stadt behütet, späht umsonst der Wächter aus. Umsonst ist es auch, daß ihr früh euch erhebt und spät euch niedersetzt, und esset der harten Mühsal Brot: er gibt es seinem Freund im Schlaf" (Ps 126, 1–2). Das ‚Ereignis Gottes' ist etwas, das den Menschen überfällt und überwältigt. Es nützt dem Menschen nichts, daß er immer eine Flut von Bedauern, Bereuen, Skrupeln, Zerknirschungen und Unrast in seinem Kopfe umherwälzt. All das kann Gott nicht ‚zwingen'. Der Mensch kann Gott nicht suchen, wie man ein Ding sucht, das man zufällig verlegt hat, das aber, wenn man es gut aufbewahrt, immer ‚zuhanden' ist. Gott ist derjenige, der seinem Wesen nach immer nur gesucht und nie endgültig gefunden werden kann. Der ‚gefundene Gott' ist kein Gott. Neuheit und ‚Nichterzwingbarkeit' sind Wesensbestimmungen Gottes. Der wirkliche Gott ist derjenige, der immer und grundsätzlich ‚neu' ist. Sein Wesen kann nicht ‚verfügbar', das heißt zum ‚Gegenstand' der ‚Begier nach Reichtümern' gemacht werden.

In dieser Erfahrung der Heiligen ist eine metaphysische Deutung unserer Existenz einbeschlossen. Die Eigentlichkeit unseres Wesens ist dort zu suchen, wo sich Freiheit, Gewährung und Geschenk ereignen, also in der Sphäre der freien Personbeziehung, das heißt im Bereich, wo das Sein anfängt, sich dem Zugriff, der Verfügung, der Erzwingbarkeit zu entziehen. Gerade das Eigentliche, das, worin wir wesenhaft Menschen sind, läßt sich nicht besitzen, muß als Geschenk erhalten werden. Die erste wesentliche Versuchung unseres Menschseins besteht darin, das Personale – was es auch sei: Freundschaft, Liebe, Verehrung, Verbundenheit, überhaupt das von einer anderen Person Gewährte – nicht nach seiner freien Eigenart, sondern als Besitz ‚behandeln' zu wollen. Erliegt der Mensch dieser Versuchung, so zerstört er sich selbst und seine seinsaufbauenden Beziehungen: Es erscheint um ihn herum eine verdinglichte, unwesenhafte, zerbrochene Welt, das, was Gabriel Marcel „le monde cassé" nennt. Wenn der Mensch hingegen darauf verzichtet, den andern für sich zu ‚gebrauchen', ihn zum Mittel der ‚Selbstvermehrung' herabzuwürdigen, so schafft sich um ihn herum eine neue, klare, wesentliche Welt, der Seinsbezug der Milde, des Freigebens, der Schonung, der Rücksicht, der Friedfertigkeit und der Geduld. Das Wesen eines solchen Menschen wird zum Beweis, daß es noch etwas anderes gibt als das, was wir erzwingen, erobern, uns unterwerfen können. Die personhafte und sich immer mehr personalisierende Welt entsteht in der täglich neuen Überwindung der ‚Begier nach Reichtümern'.

Die Heiligen bezeichnen ihre zweite Grundversuchung in ihrer oft einfältigen, aber aufs Wesentliche zielenden Sprache als ‚eitle Ehre der Welt'. Dieser Ausdruck, der ins Vokabular der

Frömmigkeit eingegangen ist und den man nur allzuoft gedankenlos nachspricht, bezieht sich auf eine tief existentielle Erfahrung. Für die Heiligen ist Gott oft nicht genügend ‚leuchtend‘ in unserer Welt. Sie möchten ihn schöner, mächtiger, ‚wunderbarer‘ haben. Warum zeigt Gott seine Macht nicht deutlicher? Warum muß der Freund Gottes genauso leiden wie seine Feinde? Warum bleiben sie nicht verschont vor Blitz und Ungewitter, Pest, Hunger und Krieg, vor all dem, wofür diese Bildbegriffe als Symbole stehen? Gottes Geduld ist unerträglich! Er geht all die verschlungenen Pfade, die in seiner Schöpfung möglich sind; er zieht endlos gewundene Linien und Kreise, die scheinbar immer wieder zum gleichen Punkt zurückführen. Er kürzt nichts ab. Er läßt sich Zeit. Er verschwendet die Zeiten, macht zeitraubende Umwege, läßt Gegner auftreten. Er scheint das Kostbarste zu vergeuden. Halbvollendete Werke läßt er achtlos liegen und in Trümmer fallen. Alles fängt er immer wieder von vorne an. Er ist ein ‚enttäuschender Gott‘. Seine Werke, seine Weltlenkung, seine Wunder, seine Kirche, seine Wahrheit und seine Offenbarung sind unendlich entfernt von der Klarheit und Zuverlässigkeit, die man von einem Gott erwarten möchte. Er ist ein Gott, der die sündige Stadt Ninive nicht zerstört, aber die kleine Staude des Jonas verdorren läßt. Die Bösewichter, die Ketzer und die Sünder behandelt er mild, ja er pflegt und schont sie noch. Wie oft erscheint die Gottheit als Kleinheit, Unzulänglichkeit, Armseligkeit und Leere? Gott ist unserer Welt nicht ‚gewachsen‘! ,,Unfaßbar groß ist die Geduld, die Gott seinen Heiligen zumutet. Kein Wunder, daß dies ihre . . . heimlichste Versuchung ist, die Versuchung zur Ungeduld, daß sie Gott mit sich reißen, Gottes Wege abkürzen, Gottes Hand beschleunigen, Gottes Auge, ja Gottes Liebe lenken, messen und bemessen, daß sie Gott Gewalt antun möchten . . . Wie Großes wird von uns verlangt: daß wir unsere Kinderschritte den großen Schritten Gottes anpassen, unser Rennen an sein langsames Schreiten gewöhnen, daß unsere überlauten Stimmen sich senken sollen bis zu Gottes leisester Art, bis zu seinem ewigen Schweigen.‘‘[74]

Enttäuscht zu sein von dem, was uns das Teuerste ist, was uns unsere Eigentlichkeit geschenkt hat, was wir für immer liebgewonnen haben, ist eine der mächtigsten Versuchungen des menschlichen Geistes. Der naheliegendste Grund für diese Versuchung besteht darin, daß ein Wert, je personaler und immaterieller er ist, um so mehr an Einwirkungskraft für den Menschen des täglichen Lebens verliert. Er hat nicht die greifbare Evidenz, die gleichsam dichte ‚Vorhandenheit‘ der materiellen Wirklichkeit. Der Mensch möchte, daß das, was er für sich als ‚leuchtend‘ erfahren hat, für alle andern Menschen leuchtend werde wie durch ein Wunder. Er kann es nicht ertragen, daß das für ihn Schöne nicht für alle Menschen schön ist. Und so wird er an dem irre, was ihm das Liebste ist: an seiner Mutter, an seiner Frau, an seinem Freund, an seinem Gott. Wenn ein Mensch diese Versuchung überwindet, bemerkt er, daß das Eigentlichste nicht beweisbar ist, daß es in dem Maße wächst, als unsere Hingabe reiner geworden ist. Vom Liebsten darf man nicht etwarten, daß es für alle lieb, vom Herrlichsten, daß es für alle Menschen herrlich sei. Es gibt eine letzte Tiefe menschlicher Existenz, wo das Geschenk ganz individuell wird, nur einmal, nur für diesen einzigen Menschen gültig. Durch die überwundene Versuchung der ‚eitlen Ehre der Welt‘ vertieft sich die Welt geistig um uns herum, erschließt sie uns ihre wesenhaften Dimensionen hinter der von allen erfaßbaren Oberfläche. Jeder Vorstoß in die geistige Welt muß durch diese Versuchung hindurch.

Schließlich (drittens) haben die Heiligen ihre letzte Grundversuchung als ‚unbändigen Hochmut‘ bezeichnet. Hat ein Mensch die Versuchung der ‚Begier nach Reichtümern‘ und der ‚eitlen Ehre der Welt‘ bestanden, so wird sein Geist fühliger, heller und ‚weiter‘. Die Grenzen des eigenen Seins dehnen sich aus. Eine Höhe des Daseins wird erreicht, die zugleich Höhe der Welt ist. Das Gemüt schwebt über einem leuchtenden Abgrund. Die ganze Welt erscheint in diesem Moment klein und kümmerlich. Der Geist ragt ins Andere, ins Unbekannte hinein, über alles Weltliche hinaus. Er fühlt sich ‚gottverwandt‘ in dem ungeheuren Sinn, daß er sich selber wie zum Gott geworden spürt. Ein mächtiges Kraftgefühl und eine Herrschergröße erwachen in ihm. Von diesen Höhen der Welt und des eigenen Seins muß der Heilige zurückkehren in die Kümmerlichkeit der ‚kleinen Leute‘, in die ‚Frömmigkeit des Alltags‘, wohin Gott ihn ruft; in die langen Stunden und Tage, die von allem erfüllt sind, nur nicht von Gott. Damit bricht die Nacht in die Seele der Heiligen ein. Eine Enttäuschung erfaßt sie und wird zum Gefühl einer Leere. Der Verstand verdunkelt sich, der Wille wird verwüstet, die Erinnerung wird leer und das Herz voll von Bitternis und Schwere: ein innerlich gebrochener Mensch. Die Heiligen überwinden diesen Zustand in einer restlosen Hingabe. Sie knien vor ihrem unverständlichen Gott wortlos, verständnislos, ausgehöhlt, mit blinden Augen in die Nacht ihrer Seelen schauend. Sie gehen hin zum Bruder in einem selbstlosen und selbstvergessenden Dienst im Alltag. Sie gehen ein in den unerforschlichen Willen Gottes. Und da geschieht etwas Grundsätzliches, das die Grenze menschlicher Heiligkeit darstellt: Der Heilige will seine ewige Seligkeit aufgeben und bereitwillig der Verdammnis entgegeneilen, sofern diese in Gottes Willen liegt. Wir finden diese Haltung bei Katharina von Siena, bei Angela von Foligno, bei Franz von Sales. Der Gedanke liegt sogar Ignatius von Loyola nicht fern. Es wäre zu bequem, all das als absurd, als Hypothese ‚per impossibile‘ abzutun. Es sind Herzensübungen der reinen Liebe. So wächst Gott in einem Menschenleben durch die überwundene Versuchung der Selbstverherrlichung, des ‚unbändigen Hochmuts‘.

Auch hierin sind die Heiligen Wegweiser menschlicher Eigentlichkeit. Bleibende Größe vollzieht sich immer in einem Vergessen und Nichtbeachten der eigenen Größe, in der Überwindung des Hochmuts. Die Größe sucht sich in jenen Menschen Wohnung, die wissen, daß sie nichts sind, die eines Tages ihrer selbst, ihrer eigenen Herrlichkeit überdrüssig werden. Es besteht eine enge, unauflösliche, seinshafte Verbindung zwischen Verzicht auf Größe und echter menschlicher Größe oder, mit anderen Namen ausgedrückt, zwischen Opfer und Freude. Das erscheint widerspruchsvoll wie das, was im Augenblick geschieht, da eine Mutter ihrem Kind das Leben schenkt. Daß Opfer und Freude eine Einheit bilden, daß man sich nur durch das Geben bereichert, daß man verzichten muß, um wirklich groß zu werden, das ist eine Wahrheit, die man erfährt, aber nicht beweisen kann. Diese ‚Unbeweisbarkeit‘ der letzten Grundlagen menschlicher Wesentlichkeit bildet die mächtigste Versuchung unseres Seins. Nur eine bis ans Ende des Lebens bestandene Versuchung bringt die Erfahrung und damit die Einsicht: Wer sich groß macht, wird erniedrigt, und wer sich erniedrigt, wird erhoben. Es ist fast unmöglich, diese feinsten Bezüge der Welt des Herzens mit treffenden Worten auszudrücken. Das Lied Mariens, dieses Hohelied menschlicher Eigentlichkeit, verstand es: „Macht hat er geübt mit seinem Arm und zerstreut, die stolzen Herzens sind. Herrscher hat er vom Thron gestürzt, Niedrige aber erhoben. Hungernde hat er mit Gütern erfüllt, Reiche gehen lassen mit leeren Händen" (Lk 1, 51–53).

Damit haben wir wiederum einen Grundbegriff wesenhaften Menschseins erarbeitet: Menschliche Eigentlichkeit vollzieht sich immer in überwundener Versuchung, in einem schmerzhaften Ringen mit der ‚Begier nach Reichtümern‘, mit der ‚eitlen Ehre der Welt‘ und mit dem ‚unbändigen Hochmut‘. In der Überwindung dieser Angriffe der Uneigentlichkeit wird unser Wesen ‚wesenhaft‘. Jetzt können wir die Frage stellen, ob Jesus von Nazareth wohl auch durch die Versuchung groß geworden ist. Genau an diesem Punkt zerbricht unser Menschenverständnis an ihm. *Jesus hat sich nicht in der Versuchung vollendet.*

Im Laufe unserer Untersuchungen wurde bereits darauf hingewiesen, daß die Geschichte der sogenannten ‚Versuchung Christi‘ eine schon von den Evangelisten theologisch strukturierte Deutung der Gesinnung Jesu ist[75]. Es geschah dort, in der Wüste, nach langem Fasten eine Auseinandersetzung heilsgeschichtlichen Ausmaßes, worin das Wesen Jesu in reinster Gestalt in Erscheinung trat. Matthäus berichtet über dieses gewaltige Vorkommnis folgendermaßen: „Der Geist führte Jesus in die Wüste, damit der Teufel ihn versuche. Er fastete vierzig Tage und vierzig Nächte. Danach hungerte ihn. Da trat der Versucher heran und sprach zu ihm: ‚Wenn du der Sohn Gottes bist, sprich, daß diese Steine Brot werden!‘ Er aber antwortete: ‚Es steht geschrieben, nicht vom Brot allein lebt der Mensch, sondern von jedem Wort, das aus dem Munde Gottes kommt‘ (Deut 8, 3). Da nahm ihn der Teufel mit sich in die heilige Stadt, stellte ihn auf die Zinne des Tempels und sprach zu ihm: ‚Wenn du der Sohn Gottes bist, so stürze dich hinab. Es steht ja geschrieben: Er entbietet für dich seine Engel, und sie tragen dich auf ihren Händen, daß sich dein Fuß an keinem Stein stoße.‘ Jesus antwortete ihm: ‚Es steht auch geschrieben, du sollst den Herrn, deinen Gott, nicht versuchen‘ (Deut 6, 16). Abermals führte ihn der Teufel auf einen sehr hohen Berg und zeigte ihm alle Königreiche der Welt und ihre Pracht. Und er sprach zu ihm: ‚Dies alles will ich dir geben, wenn du niederfällst und mich anbetest.‘ Da sagte Jesus zu ihm: ‚Hebe dich hinweg, Satan! Es steht geschrieben: Den Herrn, deinen Gott, sollst du anbeten und ihm allein dienen‘ (Deut 6, 13). Da ließ der Teufel von ihm ab, und siehe, Engel traten hinzu und dienten ihm“ (Mt 4, 1–11).

Liest man diesen Text ohne Voreingenommenheit, so fällt zuerst auf, daß sich hier eigentlich gar keine ‚Versuchung‘ ereignet. Es ist sehr schwer zu sagen, welche Bewegungen diese Vorgänge in der Seele Jesu hervorgerufen haben. Jedenfalls waren sie nicht Regungen der ‚Versuchung'. Diese hat wesenhaft die Form innerer Kämpfe. Das Versuchtwerden ereignet sich immer in einer innerlich gespaltenen, zerrissenen Seele. Bei Jesus war es aber nicht so. Etwas Gewaltiges zeigt sich hier: Die Versuchung tritt an Jesus gleichsam von außen heran und prallt von ihm ab. Keine Begehrlichkeit erwacht bei ihm. Er muß nichts überwinden. Die Versuchung gleitet einfach ab, findet kein Echo in seiner Seele. Die Entscheidung ist für keinen Moment in Frage gestellt. Der Versucher wird mit Überlegenheit abgewiesen. Als ob die Versuchungen nur dazu dienen würden, deutlich zu zeigen, daß Jesus gar keine Versuchung hatte, zu offenbaren, daß sein Wesen jeglicher innerer Zerrissenheit und Spaltung enthoben war. Wenn wir anhand dieses knappen Berichtes versuchen, die innere Struktur dieser gelassenen Haltung zu erspüren, dann erahnen wir – durch die Negativität der Versuchungen – jenes Positive, das bei Jesus jeglicher Versuchung gegenüber gleichsam abgeriegelt war, sein Herz, seine innerste Gesinnung. So führt die Geschichte der ‚Versuchung' zum Herzen Jesu.

Die drei Versuchungen haben eine geheime Verbindung untereinander. Sie sind, wie die Antworten Jesu es deutlich zeigen, zutiefst verbunden mit der Geschichte Israels. Die Antworten sind Zitate aus dem Deuteronomium, aus dem fünften Buch des Moses, das in Rückschau die ganze Wüstenwanderung des Volkes überblickt und die dort gemachten Erfahrungen und die empfangenen Gesetze nachdenkend deutet. Dadurch erhält die Geschichte der Versuchung Jesu heilsgeschichtliche Dimensionen.

Die erste Versuchung wird von Jesus mit einem Wort aus dem achten Kapitel des Deuteronomiums zurückgewiesen: „Der Mensch lebt nicht vom Brote allein" (Deut 8, 3). Angespielt wird dort auf das ‚Murren Israels' in der Wüste: „Da murrte die ganze Gemeinde Israels wider Moses und Aaron. Die Israeliten sprachen zu ihnen: ‚Wären wir doch durch die Hand des Herrn im Lande Ägypten gestorben, als wir bei den Fleischtöpfen saßen und Brot in Fülle zu essen hatten! Denn ihr habt uns in diese Wüste hinausgeführt, um diese ganze Gemeinde Hungers sterben zu lassen'" (Ex 16, 2–3). Auf dieses Murren hin hat Gott das Volk mit Manna gespeist. Hieraus sollte Israel lernen, daß der Mensch nicht vom Brot allein lebt. Wenn nun Jesus dieses Wort zitiert, so heißt das: das Volk Israel, Sohn Gottes, hat die

Versuchung nicht bestanden; Jesus aber hat die gleiche Versuchung überwunden; er ist also, in einem neuen und mächtigen Sinn, Israel, der Sohn Gottes, der Gott nicht enttäuscht.

Welches ist nun der Sinn dieser ersten ‚Versuchung‘? Nach langem Fasten wird Jesus hungrig. Der Versucher will, daß er die Steine in Brot verwandle, daß er also eine ‚überirdische Macht‘ gleichsam ‚verdingliche‘, Gott zwinge. Es ist also die gleiche Situation, wie wir sie im ersten Teil unserer Betrachtung als ‚Begier nach Reichtümern‘ bezeichnet haben. Dieses klare und vollkommen eindeutige Nein, das Jesus dem Versucher gleichsam entgegenschleudert, faßt seine ganze Lebenshaltung zusammen.

Jesus hat nirgends, in keinem Moment seines Lebens das Heilige in den Bereich der Verfügbarkeit gezerrt. Er hat das Göttliche nie mit dem augenblicklichen Interesse verbunden. Er wollte kein Wunder wirken, um seinen physischen Hunger zu stillen, weil er überhaupt Gott über jegliches Augenblicksinteresse hinaus verlegte. Für ihn war Gott eine Ausstrahlungsmitte, eine Innigkeit innerhalb jeglicher Innigkeit. Ein Seinsgrund, aus dem im geheimen die formenden und umgestaltenden Kräfte ausgehen. Er wollte das Göttliche nicht ‚verunwesentlichen‘, indem er es ‚gebrauchte‘. „Da sagte Pilatus zu ihm: ‚So bist du also ein König?‘ Jesus erwiderte: ‚Gewiß, ich bin ein König. Dafür bin ich geboren und dafür in die Welt gekommen, daß ich der Wahrheit Zeugnis gebe‘“ (Jo 18, 37). „Mein Reich ist aber nicht von dieser Welt. Wenn mein Reich von dieser Welt wäre, so würden meine Diener kämpfen, daß ich nicht in die Hände der Juden falle. Nun aber ist mein Reich nicht von hier“ (Jo 18, 36). Jesus wollte ein ‚inneres‘ Reich aufrichten: „Als nun die Leute das Zeichen sahen, das er gewirkt hatte, sagten sie: ‚Der ist wahrhaftig der Prophet, der in die Welt kommen soll!‘ Jesus merkte, daß sie ihn zu entführen planten, um ihn zum König zu machen, und zog sich deshalb wieder auf den Berg zurück, er allein“ (Jo 6, 14–15).

Das Markusevangelium berichtet über einen Vorgang, der die innere Einstellung Jesu zu den ‚Reichtümern‘, das heißt zur ‚Veräußerlichung der Innerlichkeit‘, erahnen läßt: „Da kam ein Aussätziger zu ihm, der auf die Knie fiel und ihn anflehte: ‚Wenn du willst, kannst du mich rein machen!‘ Voll Mitleid streckte er seine Hand aus, rührte ihn an und sagte zu ihm: ‚Ich will, werde rein!‘ Und sogleich wich der Aussatz von ihm, und er wurde rein. Jetzt fuhr er ihn drohend an und trieb ihn fort mit den Worten: ‚Hüte dich, es jemand zu sagen!' . . . Trotzdem ging jener hin und begann das Geschehene überall zu verkünden und herumzureden. Die Folge war, daß Jesus nicht mehr offen eine Stadt betreten konnte, und so blieb er draußen an einsamen Orten" (Mk 1, 40–45). Das gleiche beobachten wir bei anderen Heilungen: „In der Synagoge war gerade ein Mann mit einem unreinen Geiste, der schrie auf und rief: ‚Was willst du mit uns, Jesus von Nazareth? Du bist gekommen, uns zu verderben! Ich weiß von dir, wer du bist: der Heilige Gottes!' Da fuhr Jesus ihn an: ‚Verstumme!'" (Mk 1, 23–25.) „Auch die von unreinen Geistern Besessenen warfen sich, wenn sie ihn erblickten, vor ihm nieder und schrien: ‚Du bist der Sohn Gottes!' Er aber schärfte ihnen nachdrücklich ein, sie dürften ihn nicht offenbar machen" (Mk 3, 11–12). „Er nahm das Mädchen bei der Hand und sprach zu ihm: ‚Mädchen, ich sage dir, steh auf!' Sogleich erhob sich das Mädchen und ging umher. Es war übrigens erst zwölf Jahre alt. Da ergriff alle ein großes Staunen. Er schärfte ihnen ein, daß niemand davon erfahren dürfe, und sagte noch, man solle dem Mädchen zu essen bringen" (Mk 5, 41–43). „Da brachte man ihm einen Taubstummen und flehte ihn an, er möge ihm die Hand auflegen... Er blickte gen Himmel, seufzte auf und sprach zu ihm: ‚Tu dich auf!' Sogleich öffneten sich seine Ohren, und das Band seiner Zunge löste sich. Er konnte richtig reden. Jesus gebot ihnen, niemand davon zu sprechen; aber je nachdrücklicher er es einschärfte, um so eifriger redeten die Leute davon" (Mk 7, 32–36). „Als sie nach Bethsaida kamen, brachte man ihm einen Blinden und bat ihn, er möchte ihn berühren . . . Er legte ihm die Hände auf die Augen. Als jener um sich blickte, war er wiederhergestellt: Alles sah er jetzt klar und deutlich. Da schickte ihn Jesus heim mit den Worten: ‚Geh aber nicht in das Dorf hinein!'" (Mk 8, 22–26.) Das gleiche wiederholte sich auch den Aposteln gegenüber: „Da fragte er sie: ‚Und ihr? Für wen haltet ihr mich?' Petrus gab ihm zur Antwort: ‚Du bist der Messias.' Da gab er ihnen strengen Befehl, mit niemand darüber zu sprechen" (Mk 8, 29–30). Oder andernorts: „Während sie vom Berge herabstiegen, schärfte er ihnen ein, niemand zu erzählen, was sie gesehen hatten, bis der Menschen Sohn von den Toten auferstanden sei" (Mk 9, 9).

Er wollte ‚still' sein, im ‚Verborgenen' wirken: „Was ich euch im Finstern sage, das redet im Licht, und was euch ins Ohr geflüstert wird, das verkündet auf Dächern" (Mt 10, 27). Was ist das Geheimnis dieser Bescheidung, wenn nicht eine scharfe Absage an jegliche ‚Begier nach Reichtümern‘, an jegliches ‚Zurückbiegen‘ des Großen in das ‚Kleinlich-Nützliche‘? Das echt Große soll in der Bescheidung, in der Zurückgezogenheit, in der Innerlichkeit wirken. Das war die Haltung Jesu, seine ureigene Lehre: „Das Himmelreich ist einem Senfkorne gleich, das ein Mann nahm und auf seinen Acker säte. Zwar ist es das kleinste von allen Samenkörnern; wenn es aber ausgewachsen ist, so ist es größer als alle andern Kräuter und wird zu einem Baume" (Mt 13, 31–33). „Das Himmelreich ist einem Sauerteige gleich, den eine Frau nahm und unter drei Maß Mehl mengte, bis das Ganze durchsäuert war" (Mt 13, 33). „Mit dem Himmelreich ist es wie mit einem Schatze, der im Acker verborgen war. Den fand jemand und hielt ihn geheim. Dann ging er hin in seiner Freude, verkaufte alles, was er besaß, um jenen Acker zu kaufen" (Mt 13, 44). Eine gewaltlose, von überirdischer Kraft getragene Milde spricht aus diesen Worten, die genau das Gegenteil von dem darstellen, was wir ‚Begier nach Reichtümern‘ genannt haben. Jesu Existenz vollzog sich völlig außerhalb dieser ersten, grundsätzlichen Versuchung unseres Menschseins.

Die zweite Versuchung wurde von Jesus mit dem Wort aus dem Deuteronomium zurückgewiesen: „Du sollst den Herrn, deinen Gott, nicht versuchen" (Deut 6, 16). In der Wüste ‚haderte‘ das Volk Israel mit Gott. Daß sie kein Wasser hatten, war für sie ein Beweis dafür, daß Gott nicht hinter Moses stand. Das Volk wollte Gott mächtiger, leuchtender in seiner Mitte haben. Es wollte Gott die Bedingung aufzwingen, unter der es bereit ist, an seine Führung zu glauben. All das lag im trotzigen Wort des Volkes: „Ist der Herr in unserer Mitte oder nicht?" (Ex 17, 7.) Daraufhin ließ Gott durch die Hand von Moses Wasser aus einem Felsen hervorquellen. Genau hier liegt die Versuchung. Der Mensch will, daß Gott ‚großartig‘ sei; er möchte ihn nach der ‚eitlen Ehre der Welt‘ haben. Und der Versucher wollte Jesus dazu verführen, von der Spitze des Tempels durch Wunder in das Gewimmel der Menschen, die von einem Herrscher träumten, hinunterzuschweben. Jesus sollte sich auf eine außergewöhnliche, auffallende und wunderbare Weise offenbaren. Diese Versuchung wies Jesus aber scharf ab.

Und er hat sie während seines ganzen Lebens abgewiesen. Die Propheten Israels haben die Erwartung des Volkes durch reiche und wunderbare Bilder genährt. Isaias lehrte die Juden beten: „Tauet Himmel den Gerechten. Wolken regnet ihn herab" (Is 45, 8). Bei Malachias war davon die Rede, daß der Herr plötzlich kommen und im Tempel erscheinen wird (Mal 3, 1). Das sind Bilder der Herrlichkeit. Der Mensch verbindet nur allzu leicht das Große mit dem Ungewöhnlichen. Jesus hätte seine Messianität ‚herrlicher' darlegen sollen. „Wenn du wirklich der Sohn Gottes bist, warum zeigst du deine Macht nicht deutlicher und auffallender?" In verschiedensten Abwandlungen hat Jesus während seines ganzen Lebens diesen Vorwurf gehört. „Das böse . . . Geschlecht begehrt ein Zeichen; es wird ihm aber kein Zeichen gegeben werden als das des Propheten Jonas" (Mt 12, 39), das heißt das Zeichen der Erniedrigung, das aber im Grunde ein Zeichen der Erhöhung ist. „O glaubensloses, verkehrtes Geschlecht, wie lange soll ich bei euch sein, wie lange noch euch ertragen!" (Mt 17, 17.) Etwas für uns Menschen ganz Ungeahntes und Unvermutetes brach in der Existenz Jesu durch, das zunächst als eine Ungeheuerlichkeit, als ein schmachvoller Unsinn erscheint: Er war willens, klein, unbekannt, nichtig zu sein. Er wollte sich den Kleinen und Unmündigen offenbaren. „In jener Zeit nahm Jesus das Wort und sprach: ‚Ich preise dich, Vater, Herr des Himmels und der Erde, daß du dies vor Weisen und Klugen verborgen, den Unmündigen aber geoffenbart hast' " (Mt 11, 25). „Wahrlich, ich sage euch, wenn ihr nicht umkehrt und wie Kinder werdet, so werdet ihr nicht in das Himmelreich eingehen. Wer also sich klein macht wie dieses Kind, der ist der Größte im Himmelreich" (Mt 18, 3–4). Das ganze Leben Jesu war die denkbar eindeutigste Zurückweisung jeglicher Versuchung zur ‚eitlen Ehre der Welt'. Und gerade das führte ihn zum Kreuz, zum reinsten Symbol dessen, daß die Größe sich erst im radikalen Kleinsein bewährt.

Damit sind wir bei der *dritten Versuchung* angelangt, bei der Versuchung zum ‚unbändigen Hochmut'. Sie nahm im Leben Israels die Gestalt der Versuchung zum Götzendienst an. Die Antwort Jesu heißt: „Den Herrn, deinen Gott, sollst du anbeten, ihm allein dienen." Liest man den Text im Deuteronomium weiter, so erkennt man die unmittelbare Bedeutung dieser Antwort: „Ihr sollt nicht hinter andern Göttern herlaufen, den Göttern der Völker rings um euch her" (Deut 6, 14). Es ist für uns kaum verständlich, wie der Götzendienst eine reale Versuchung für Israel sein konnte. Bedenkt man aber, daß es sich in Kanaan um

Fruchtbarkeitskulte handelte, um Kulte also, die gute Ernte und damit Reichtum garantierten, so sehen wir tiefer in das Wesen dieser Versuchung. Man dient jenem Gott, der unser Selbstsein mehr hervorhebt, der uns mehr gibt. Von Jesus prallt diese Versuchung einfach ab, ja ruft bei ihm gar keine innere Regung hervor, die schmerzhaft und mit Gewalt hätte überwunden werden müssen. Er sah offenbar mit einer leuchtenden Evidenz, daß der kürzeste Weg zur Weltherrschaft über Armut, Niedrigkeit und Kreuz führt. Deshalb war die Entscheidung für ihn niemals in Frage gestellt.

Er hat sich bewußt in eine ausweglose Situation hineinbegeben, in die Wehrlosigkeit, ins Ausgeliefertsein. Er hat niemandem etwas verweigert. Seine Existenz war: „Liebet eure Feinde; tut Gutes denen, die euch hassen; segnet, die euch fluchen; betet für eure Verleumder! Wenn einer dich auf die rechte Wange schlägt, so halte ihm auch die andere hin; und wenn dir einer den Mantel nimmt, dem wehre auch nicht den Rock! Wer bittet, dem gib; und wer dir das Deine nimmt, von dem verlange es nicht zurück!" (Lk 6, 27–30.) Paulus schildert die innere Physiognomie des Freundes Jesu und damit Jesu selbst folgendermaßen: „Die Liebe ist langmütig, sie ist freundlich und ohne Neid, sie prahlt nicht und bläht sich nicht auf" (1 Kor 13, 4). Jesus war ,sanftmütig', ,barmherzig'. Er war ein ,Friedensstifter'. Deshalb konnte er die furchtbar-wunderbaren Sätze aussprechen: „Selig die Sanftmütigen, denn sie werden das Land erben! . . . Selig die Barmherzigen, denn sie werden Barmherzigkeit erfahren! . . . Selig die Friedensstifter, denn sie werden Söhne Gottes heißen!" (Mt 5, 5–9.) Paulus drückt die gleiche Haltung folgendermaßen aus: „Das möchte ich euch sagen, Brüder: die Zeit ist beschränkt! Möchten also hinfort jene . . ., die besitzen, so leben, als besäßen sie nichts, . . . die Weinenden so, als weinten sie nicht, und jene, die sich mit der Welt befassen, als machten sie keinen Gebrauch von ihr" (1 Kor 7, 29–31). Der Evangelist Lukas berichtet folgendermaßen: „Dann trug Jesus den Eingeladenen ein Gleichnis vor, denn er hatte bemerkt, wie sie sich die ersten Plätze auszusuchen strebten: ,Wenn du von jemand zum Hochzeitsmahle geladen bist, so setze dich nicht auf den ersten Platz' . . . Zu seinem Gastgeber aber sagte er: ,Wenn du ein Gastmahl zu Mittag oder zu Abend geben willst, so lade nicht deine Freunde oder deine Geschwister oder Verwandten oder reiche Nachbarn ein. Sie würden ja nur dich wieder einladen, und es würde dir nur Gleiches mit Gleichem vergolten. Sondern wenn du ein Gastmahl geben willst, so lade Arme, Krüppel, Lahme und Blinde ein. Selig wirst du sein, weil sie nicht die Möglichkeit haben, es dir zu vergelten. Es wird dir aber bei der Auferstehung der Gerechten vergolten werden‘" (Lk 14, 7–14). Herrlichkeit erwächst aus der bewußt gewählten und demütig nachvollzogenen Armseligkeit. Das ist die Summe der Existenz und der Lehre Jesu. Sie ist dargelegt in jenem mächtigen Heroldsruf, der sowohl bei Lukas als auch bei Matthäus am Anfang der Seligpreisungen steht: „Selig die Armen im Geiste, denn ihrer ist das Reich des Himmels" (Mt 5, 3; Lk 6, 20).

Jesus war alldem enthoben, was unser Wesen, durch Anfechtung, Kämpfe und Versuchung hindurch, zur Vollendung führt. Keine Versuchung kam ihm wirklich nahe. Er war menschlich; doch ist seine Menschlichkeit ‚menschlich' nicht zu verstehen.

Das Schweigen

Nachdem wir in den vorangehenden Abschnitten die menschliche Wirklichkeit Jesu ‚menschlich‘ zu verstehen suchten und dabei vornehmlich darauf achteten, was er sagte und tat, möchten wir in dieser abschließenden Betrachtung unsere Aufmerksamkeit seinem Schweigen zuwenden. Auf die Bedeutung des ‚Schweigens Jesu‘ hat zuerst der Apostolische Vater Ignatius von Antiochien, zweiter Nachfolger Petri auf dem antiochenischen Bischofsstuhl, hingewiesen. In seinem Brief an die Epheser steht der Satz: „Wer Christi Wort besitzt, kann auch sein Schweigen vernehmen.“ [76] Der Ausspruch, auf dem wir unsere ganze Betrachtung aufbauen möchten, steht in seinem Brief an die Magnesier. Dort nennt er Jesus „das aus dem Schweigen hervorgegangene Wort“ [77]. Jesus war ein stiller Mensch, aber nicht einfach so, wie andere gütige und tiefe Menschen still sein können. Sein ganzes Wesen brach gleichsam aus dem Schweigen hervor. Darin offenbart sich seine völlige ‚Andersartigkeit‘, ja Göttlichkeit.

Zuerst wollen wir uns mit *unserer seinshaften Unfähigkeit zur Stille* auseinandersetzen, um dann, im zweiten Teil, das Schweigen Jesu darzulegen. Unsere Stille ist ein überwundener Lärm. Jesu Sprechen war eine überwundene Stille. Das menschliche Wesen ist auf eine ‚Höhe‘ hin gebaut. Der Mensch läßt sich aus dem Stoff der Welt entstehen. Sein inneres Leben nährt sich von jenen Reizen und Eindrücken, welche durch die Sinnesorgane in das Nervensystem gelangen, um dort, in einem sehr komplizierten Vorgang der Reizverarbeitung, zu Sinneswahrnehmungen umgeformt zu werden. „Nihil est in intellectu, quod non erat prius in sensu.“ Dieser Spruch der mittelalterlichen Scholastik drückt eindeutig die ganze Angewiesenheit unserer Existenz auf die ‚Sinne‘ aus: Alles, was wir in unserer Seele tragen, mußte vorher – in irgendeiner Form – als Sinneswahrnehmung dorthin gelangen. Der Mensch ist also wesenhaft in die Welt verwiesen.

Er muß sein Inneres aus der Vielfalt der Dinge ‚sammeln'. Sein Wesen ist eine ‚von Grund auf werdende Natur' (‚substantia potentialis' der Scholastiker). Er ist dermaßen eingebunden in die Welt, daß es ihm nur durch eine große existentielle Anstrengung gelingt, sich von der Welt ‚abzuheben'. Diese ‚Abhebung' oder ‚Sammlung' des eigenen Seins ist ein ‚Sich-heraus-Stellen', ein Abstandnehmen und eine Grenzziehung. Aus der Vielfalt, aus dem ‚Lärm' der Welt zieht sich unser Wesen zu sich selbst zurück, wird ‚es selbst', wesentlich. In diesem ‚Rückzug' aus der Weltlichkeit entsteht ‚Bewußtsein'. Wir beobachten also, daß der Mensch in seiner existentiellen Entstehung aus dem ‚Lärm' der Dinge, Ereignisse und Eindrücke her kommt. Ja, er muß ontologisch aus diesem ‚Lärm' zu sich selbst kommen, muß zuerst in die Vielfalt der Welt eintauchen, um überhaupt etwas Inhaltliches in sich zu haben. Sonst wäre er ‚leer' und unbeschrieben. Das Bewußtsein entzündet sich erst an der Begegnung mit der vielfältigen Welt. Der Weg des Menschen zur seinshaften Stille ist also immer ein ‚Rückzug'. Bei diesem ‚Rückzug' verengt sich das menschliche Wesen. So entstehen die ‚Bilder' der Welt in der Seele. Dabei werden die Sinneswahrnehmungen zerlegt, strukturell geordnet, neu zusammengesetzt, miteinander verbunden, aus ihrem unmittelbaren Zusammenhang gehoben, neugestaltet. Die Welt wird durch die Bilder stiller und wesenhafter in der menschlichen Seele.

In den Bildern verliert die Welt ihre ‚Weltlichkeit'; sie geht in uns hinein, wird unser Wesen; sie ‚vergräbt' sich gleichsam in uns, transformiert sich in unser Blut. Die Bedeutungen vereinigen sich. Es entstehen sinnträchtige Gestalten, welche die vielschichtige und vieldeutige Wirklichkeit zusammenfließen lassen, sie auf ein anderes hin durchsichtig machen. Die gegensätzlichsten Sinneswahrnehmungen können sich in diesen Sinngestalten verschmelzen. So weisen die ringenden Gegensätze der Welt unwiderstehlich über sich hinaus. Es seien hier einige ‚wesenhafte Bilder' aufgeführt.

Aus den unzähligen Abwandlungen der Farben und der Lichter der Welt entsteht in uns das Bild des einen ‚Lichtes', worin das Leuchtende, Erwärmende, Erleuchtende und Glühende erfaßt wird. In diesem Bild versteht der Mensch, wohin er zu gehen hat. Im Bild des ‚Dunkels' erkennen wir, daß es ein Geheimnis gibt, ein Umherirren, eine Unbegreiflichkeit; wir fangen an, unser Dasein von einem ‚Noch-nicht-Erkannten' her zu deuten.

Das Bild der ‚Höhe‘ schenkt uns eine Ahnung von dem, das alles überragt, überfällt und überschattet, dessen Unfaßlichkeit nur durch die größten Anstrengungen des menschlichen Geistes erkundet werden kann. Das Bild der ‚Tiefe‘ bringt unserer Seele ein Verborgenes, Abgründiges und Innerliches nahe. Im Bild des ‚Frühlings‘ erahnt man oft etwas, das in der letzten Tiefe des Lenzrausches jubelt, etwas, das jünger ist als alles Junge, den ‚ewigen Frühling‘, die ‚ewige Jugend‘. Der ‚Sommer‘ als Bild läßt uns eine gesättigte Fülle erleben, den schweren Duft des Reifens der Frucht, den ‚ewigen Mittag‘, etwas, das strömt und nie verströmt. Im Bild des ‚Herbstes‘ erfahren wir etwas, das in ungreifbaren Höhen, in der kühlen Einsamkeit alles Werden und Vergehen überlebt. Und schließlich im Bild des ‚Winters‘ verstehen wir, daß das Leben sich verbergen kann, daß es oft sich verschweigt, daß es ins Innen lauscht, in die Innerlichkeit verstummt, wartet. In all diesen Bildern wird die Welt durchsichtig auf ein Anderes hin, auf etwas, das in den Sinneserfahrungen noch nicht ‚vorhanden‘ war, obwohl wir es aus ihnen ‚entfalten‘[78]. Das beweist übrigens eindeutig, daß bereits die Sinneswahrnehmungen von einem höheren Prinzip, vom Geist, durchformt waren.

Es gibt in unserer Seele noch andere Bilder, die uns dem ‚Noch-Unbekannten‘, dem ‚Bis-anhin-noch-nicht-Wahrgenommenen‘ einen Schritt näherbringen: die ‚Wanderung‘, der ‚Weg‘, die ‚Wüste‘, die ‚Enthüllung‘, die ‚Kindschaft‘, die ‚Vaterschaft‘, die ‚Geliebte‘, der ‚Retter‘, der ‚Bettler‘, die ‚Trunkenheit‘, das ‚Festmahl‘, die ‚Hochzeit‘ und andere mehr. Viele dieser Bilder sind uralt. Doch entstehen im menschlichen Bewußtsein immer wieder neue Bilder. Man denke nur an jenes Bild, ohne das die neuzeitliche Seelengeschichte der Menschheit gar nicht zu verstehen wäre, an den ‚Tanz auf den Trümmern der Bastille‘[79]. Das Wichtige und Bedeutende, das Einzig-Notwendige tauchen gleichsam aus der Vielfalt des ‚Noch-Bedeutungslosen‘ empor. In diesen Bildern vollzieht sich bereits ein wesentliches ‚Verstummen‘ der Welt. Sie sind aber noch immer ‚Lärm‘: vielfältig, in Spannung untereinander; sie bauen einander ab, wenn man sie sich voll auswirken läßt. Sie haben aber eine wichtige Eigenschaft: sie sind eindeutig ‚gefühlsbetont‘. Durch ihre Gefühlsbetontheit setzen sie sich noch mehr in die menschliche Wirklichkeit um. Ihre Gegensätzlichkeit verringert sich: sie werden ‚bedeutungsvoller‘, das heißt ‚stiller‘.

In einer Stimmung (die allerdings nicht mit einem ‚Gefühl‘ verwechselt werden darf) tritt eine sublime ‚Übereinstimmung‘ des Menschen mit der Wirklichkeit ein. Der Mensch wird gleichsam zum Instrument, auf dem, wenn es gut ‚gestimmt‘ ist, die ganze Welt ‚spielen‘ kann. Die Stimmungen sind gleichsam die Welt in der ‚dritten Potenz‘ (über die Sinneswahrnehmungen und die Bilder hinaus). Eine neue, gesteigerte, wesentlichere Einheit zwischen Mensch und Welt entsteht in den Stimmungen. Sehr stark hat Heidegger die ‚stimmungshafte Einheit von Innen- und Außenwelt‘ betont: „Die Stimmung kommt weder von ‚Außen‘ noch von ‚Innen‘, sondern steigt als Weise des In-der-Welt-Seins aus diesem selbst auf … Das Gestimmtsein bezieht sich zunächst nicht auf ein Seelisches, ist selbst kein Zustand drinnen, der dann auf rätselhafte Weise hinausgelangt und auf die Dinge und Personen abfärbt… Es ist eine existentiale Grundart der gleich-ursprünglichen Erschlossenheit von Welt, Mitdasein und Existenz.“ [80] Versucht man, die Vielfalt der Stimmungen zu überblicken, so sondern sich zunächst zwei große Gruppen der fröhlichen und der traurigen oder, etwas unbestimmter und doch genauer, der gehobenen und der gedrückten Stimmungen aus. Eine exakte Forschung sollte auf beiden Seiten zwischen verschiedenen Formen der Stimmungen unterscheiden. Unter den gehobenen Stimmungen gibt es die Albernheit, Ausgelassenheit, die Lustigkeit, die Fröhlichkeit und die Heiterkeit, dann die verschiedenen Formen des Glücks bis hinauf zur ‚Seligkeit‘ und ihrer subtilen mimischen Ausdrucksform, zum kaum wahrnehmbaren, stillen ‚Lächeln‘. Die entsprechende Reihe der gedrückten Stimmungen könnte folgendermaßen bezeichnet werden: Niedergeschlagenheit, Mutlosigkeit, Verzagtheit, Traurigkeit, Verdrossenheit, Verärgerung und Gereiztheit bis zu den verschiedenen Formen des Unglücks, zum Kummer und Leid, zur Trauer, Angst und Verzweiflung. Diese nur allzu ergänzungsbedürftige Systematik der Stimmungen zeigt bereits an, daß in ihnen die Vielheit der Bilder sich wesentlich verringert, sich in die Innerlichkeit des Menschen ‚verschweigt‘. Man sagt oft, nicht ohne Recht, man dürfe sich nicht zu sehr auf seine Stimmungen verlassen; sie seien zu sehr dem Augenblick unterworfen. Darin äußert sich eine große Lebensweisheit. Dennoch bilden die Stimmungen die Grundlage für eine umfassendere Wirklichkeit, die man ‚Werterlebnis‘ benennen könnte. Der Mensch findet, daß es auf die Dauer, auf lange Zeit hinaus, immer die gleichen Dinge, die gleichen Entscheidungen sind, die ihn glücklich oder unglücklich machen. Zwar kann sich hinter einer vordergründigen Befriedigung eine große Enttäuschung verbergen, doch lernt der Mensch ziemlich bald, das Talmi vom Gold zu unterscheiden. Sachte erhebt sich aus der Welt der Stimmungen eine Welt der Werte, eine Wertskala, an der der Mensch die Welt, die Mitmenschen und sich selbst mißt: eine Rangordnung der Werte[81].

Langsam unterscheidet der Mensch zwischen Werten verschiedener Prägung und Art, zwischen Triebwerten, Sinnwerten, Lebenswerten, zwischen sozialen, psychologischen, seelischen, geistigen und religiösen Werten. Es ist leicht einzusehen, daß die Werte infolge ihres Wesensgehaltes eine niedere oder höhere Klasse in der Wertskala einzunehmen haben. So drängt es den Menschen immer mehr danach, das zu erreichen, was wirklich Glück und nicht nur vordergründige Befriedigung bringt, also die höheren Werte.

In der konkreten Genese der menschlichen Intelligenz geht wahrscheinlich der Glückstrieb der Erkenntnis voraus. Um glücklicher zu werden, muß man das Glück kennen. So wird der Mensch existentiell, seinem konkreten Seinsnachvollzug nach, vom Glückstrieb her ,intelligent', ,seinseinsichtig'. Die Sinneswahrnehmungen, die Bilder, die Stimmungen und die Werturteile konzentrieren, ,verschweigen' sich im Menschen zur Vernunft, die eine Fähigkeit der ,Transparenz', der ,Seinsdurchsichtigkeit' ist.

Die Ausübung der Fähigkeit zur ,Seinsdurchsichtigkeit' eröffnet uns eine neue, von der Weltlichkeit der Welt klar abgehobene ,Welt'. Sie erlaubt uns, die Wesensgesetzlichkeiten der Wirklichkeit zu erkennen, diese also auf ihre geheimste Gestalt zu reduzieren und sie dadurch zu beherrschen. Doch ist die ,Weltbeherrschung' nicht die einzige, nicht einmal die höchste Funktion des erkennenden Geistes. Im Zuge einer gelebten Weltdurchsichtigkeit entwirft der menschliche Geist mit innerer Notwendigkeit einen neuen Seinsbezug, den der Kultur. Aus den vorhandenen Gegebenheiten der Welt läßt der Mensch eine andere Wirklichkeit emporsteigen, in der er ,ungebundener', freier leben kann als in der ,weltlichen' Welt: einen neuen ,Raum' unseres Daseins. „Dieser Raum ist anders gebaut als jener der unmittelbaren Wirklichkeit. Er ist nicht nur richtiger, schöner, tiefer, lebendiger als jener des täglichen Daseins, sondern hat eine eigene

Qualität: Ding und Mensch in ihm sind offen . . . In diesem Raum sind die Dinge untereinander und ist der Mensch ihnen allen in einer Weise nahe, wie das in der unmittelbaren Welt nicht der Fall ist."[82] Doch höher und mächtiger als jegliche Weltbewältigung und jegliches Kulturschaffen steigt aus dem Geist des Menschen die wirklich einheitstiftende Kraft empor: die Liebe. Die geistige Fähigkeit der Liebe macht es möglich, daß Wesen wirklich und nicht nur bildhaft ‚eins‘ werden. Das ist die eigentliche Höhe des Geistes, der ja in letzter Analyse ‚Fähigkeit der Einswerdung‘ genannt werden muß. In der Liebe kann der Mensch sich vollkommen sammeln durch eine vollkommene Hingabe. Auf den Höhen der Liebe herrscht dann endgültig die ‚Stille‘, die gesammelte Anwesenheit. Dergestalt baut sich das menschliche Dasein ‚empor‘, immer stiller, immer wesentlicher werdend.

Diese ganze Welt verringert sich in der menschlichen Seele schließlich zu vier großen, großartigen Sinnmittelpunkten, die man als die wesentlichsten Ideen des Menschseins betrachten kann[83]. Das ‚Universum‘ als das schlechthin Umfassende der Welt, die ‚Seele‘ als das eigentliche Wesen des Menschseins, ‚Gott‘ als derjenige, auf den alle unsere Wünsche nach ‚anderem‘ hinzielen, und schließlich das ‚Du‘, der Inbegriff des ‚Subjekts der Liebe‘, als die persönlichste Bezeichnung von jenem, wofür zu leben es sich wirklich lohnt. Die letzte Einheit, die wesentlichste Stille des menschlichen Daseins läßt sich also nur durch etwas verwirklichen, das (oder vielmehr: der) all diese vier Sinngehalte in sich vereinigt, das also zugleich das ‚Universum‘, die ‚Seele‘, der ‚Gott‘ und das ‚Du‘ ist. So steigt aus dem menschlichen Geist, der sich von der Sinnlichkeit her immer mehr in sich sammelt, mit immanenter Notwendigkeit die Idee des ‚Gottmenschen‘ empor. Der ‚Gottmensch‘ kann, da er als ‚Gott‘ über allen Weltbezügen ist, das ganze ‚Universum‘ erfüllen; er kann auch, da er Mensch ist, unsere ‚Seele‘, unsere innerste Innigkeit voll verwirklichen; er kann als unendliche und unerschöpfliche Wirklichkeit für jeden einzelnen Menschen dessen personhaftestes ‚Du‘ sein. So ‚verengt‘ sich das menschliche Dasein im ‚Gottmenschen‘, findet in ihm seine eigentlichste Erfüllung. Der ganze existentielle Werdegang des Menschen zentriert sich auf den ‚Gottmenschen‘, ist ohne ihn überhaupt nicht denkbar. Er ist das eigentlichste ‚Woraufhin‘ unseres Wesens, das seinshafte ‚Omega‘ der menschlichen Wirklichkeit. Der menschgewordene

Gott gehört zum Wesen unseres Menschseins[84]. Die ganze Struktur unserer Wirklichkeit ist auf ihn hin entworfen: die Struktur der menschlichen Wirklichkeit, in der sich die Welt sammelt und zur Bewußtheit gelangt. So wird der Satz des Kolosserbriefes, „alles ist auf ihn hin erschaffen" (Kol 1, 16), zur zentralsten Erkenntnis aller Erkenntnisse, und auch der Satz des Credos: „Er ist für uns Menschen vom Himmel herabgestiegen." Wird in diesem Satz nicht angedeutet, daß der ‚Gottmensch' die Bedingung der Möglichkeit des Menschseins überhaupt ist?[85]

Diese existentielle ‚Verengung' der menschlichen Wirklichkeit in die Stille hinein wurde in einem Bericht, den Aurelius Augustinus im neunten Kapitel seiner ‚Bekenntnisse' niederschrieb und den wir die ‚Vision von Ostia am Tiber' nennen, in einer gedrängten, aber die wesentlichen Strukturen unseres Daseins in Erfahrung bringenden Form ausgedrückt. Dieser Text, der den gemeinsamen „ascensus mentis ad Deum" (Aufstieg der Seele zu Gott) der Mutter und des Sohnes beschreibt, gehört zur kleinen Zahl jener Dokumente des inneren Lebens, die Maßstäbe des Daseins zu schaffen vermögen. Für unsere Zwecke genügt eine Wiedergabe der zentralen Stelle des Berichtes[86].

„Als schon der Tag nahe war, an dem sie aus diesem Leben scheiden sollte, da hatte es sich so gefügt, daß wir beide, sie und ich, allein an ein Fenster gelehnt standen, von welchem aus der innere Garten des Hauses sichtbar war, das wir bewohnten, dort zu Ostia am Tiber, wo wir uns, zurückgezogen vom Gedränge, von den Anstrengungen der langen Reise für die Überfahrt erholen wollten. Überaus lieblich war unsere einsame Unterhaltung. Wir befragten einander, welcher Art wohl dereinst das ewige Leben der Heiligen sein werde. Von Stufe zu Stufe durchwanderten wir die ganze Körperwelt, seine Werke innerlich bedenkend, besprechend und bewundernd. So gelangten wir zu unserem Geist, aber wir schritten auch über ihn hinaus, um schließlich in das Reich der unerschöpflichen Fruchtbarkeit zu gelangen. Und da wir so sprachen und uns nach der Wahrheit sehnten, berührten wir sie kurz mit dem vollen Schlag unseres Herzens. Dann seufzten wir auf und kehrten zu unseres Mundes Wortgeräusch zurück, wo das Wort beginnt und endet."[87]

Echte ‚Erfahrung' vollzieht sich immer in einem Rückzug ‚vom Gedränge'. Die urechte Haltung des Geistes ist – wie Heraklit sagt – ein „Hinhorchen auf die Wahrheit der Dinge", ein Abstandnehmen vom Gedränge der Uneigentlichkeiten, der

Halbheit, der Mittelmäßigkeit und des Geredes. In der Stille, mit staunenden, weitgeöffneten Augen sollte man in der Landschaft des Seins dahinwandeln. Die Fülle der Eigentlichkeit öffnet sich erst jenem Menschen, der eine allumhüllende Stille verwirklicht oder, anders ausgedrückt, der eine zärtlich zurückhaltende Höflichkeit dem ganzen Sein gegenüber zu seiner Wesenshaltung macht. Diese vornehme, dem Menschen des Geredes und des Gedränges so abhanden gekommene Haltung nannte J. H. Newman „das Wissen des Gentlemans", wobei er dem Wort ,gentleman' jene Bedeutung gab, die er in seinem Versuch ,The Idea of a University' aussprach: ein Mensch, der keinem Wesen Gewalt und Leid antut[88]. In einer solchen ,stillen Gelöstheit' öffnet sich die Wirklichkeit vor dem Menschen. Stille und Zurückgezogenheit (genauer: Zurückhaltung) befreien die Dinge zu ihrem eigentlichsten Sein. Sie lassen die Dinge von innen her aufleuchten. Deshalb gilt für den Menschen der ,Eigentlichkeit' die alttestamentliche Weisung: „Schmilz dein Gold und dein Silber zusammen und mach daraus eine Waage für deine Worte" (Sir 28, 29). Uns Menschen des Geredes wird das Schweigen wieder zum inneren Bedürfnis. Wenn es nur einmal ganz still wäre; wenn alles Ungefähre, Zufällige und Vielfältige verstummte; wenn das Geräusch, das unsere Sinne machen, aufhörte; dann könnte man vielleicht die Wirklichkeit bis an ihren Rand denken, sie mit einem ungeteilten Herzen lieben[89].

Wer das Eigentliche hören will, dem müssen einmal alle Stimmen stumm werden. Stille bedeutet aber nicht nur Abwesenheit des Redens. Sie ist nicht etwas Negatives, sondern selber ,etwas'. Sie ist eine Tiefe, eine Fülle, ein ruhiges Strömen verborgenen Lebens. Alles Echte und Große wächst in der Stille. Ohne das Schweigen verfehlen wir die Wirklichkeit, loten wir das Sein nicht aus. Es ist zutiefst wahr, was der wache Kierkegaard einmal aussprach: „Die Stillen sind das einzige bißchen Christentum, das wir noch haben." Was wird, wird still. „Und wir müssen auch da, wo wir einem anderen Menschen zugewandt sind, den Mut haben, zuweilen nicht zu schwatzen, sondern einfach mit unserem wachen Wesen bei dem anderen, für den anderen da zu sein. Müssen wieder Gespür bekommen für die gewaltig laute Sprache der seelisch erfüllten Gegenwart."[90] „Beisammen sein und die Stunden schlagen hören", nannte man es schlicht und dicht. Es ist ja nicht von ungefähr, daß gerade in den Kreisen eines gehobenen Menschentums die Kunst des Schweigens als besondere Pflicht geübt wird. Alle Klosterregeln fordern besondere Übungen des Schweigens. Denn erst im Schweigen fängt die Seele an, eines Größeren innezuwerden. Die Stille ist voll Größe und Eigentlichkeit. Das Wichtige spricht im Grund des Herzens. Zurückhaltend klopft es an die Pforte der Seele. Gewöhnlich ist seine Stimme kaum wahrnehmbar. Man sollte einmal aufrichtig um sich herum (vor allem aber in sich selbst) blicken, auf die Menschen in den Straßenbahnen, auf das arme geschminkte Mädchen hinter einer Schreibmaschine, auf die abgehetzte Hausfrau und auf den verzweifelt um sich schlagenden Mann: Wo strömt da noch verborgenes Leben, wo ist da noch Stille?

Die Stille wächst im menschlichen Dasein nicht von selbst. Sie ist eine Aufgabe. Es tut uns gerade heute not, daß wir ein verstaubtes Wort aus der Vergangenheit wieder hervorholen, das der ‚Sammlung‘. Die Sammlung ist der Sieg der Einheit auf dem Grund der Seele. Der ‚gesammelte‘ Mensch entspringt erst am Ende einer langen Bemühung, in einem Ausbruch aus den Mechanismen eingefahrener Gedankenverbindungen, aus der in die Seele wahllos hineingenommenen Vielfalt. Diese wesenhafte Stille entsteht meist nur am Ende eines langen und schwergeprüften Lebens. Wenn dann ein solcher ‚stiller Greis‘ mitten unter uns steht, dann spüren wir in uns eine neue Möglichkeit des Seins, ein großes Glück und einen Reichtum. Solche Menschen haben den tiefsten Grund berührt und dort das Wesentliche frei gemacht, das, was von keinem äußeren Umstand abhängig, was jederzeit und überall, sowohl im Schmerz wie auch in der Freude, gegenwärtig ist. Sie tragen das Glück einfach und selbstverständlich in sich, und dieses Glück gehört allen. Sie schenken es freigebig jenen, denen sie begegnen. Eine ganz besondere Kraft strömt aus solchen ‚stillen Greisen‘, die Kraft der geistigen ‚Durchsichtigkeit‘, die Milde. Es ist ein großes Unglück, eine geradezu tragische Begebenheit mit weitreichenden Folgen, wenn es in einer Zeit zwar viele ‚alte‘ Menschen gibt, aber nur wenige ‚Greise‘. Damit man nicht meint, daß ein junger Mann Dinge schreibt, von denen er unmöglich eine echte Erfahrung haben kann, möchten wir die Worte eines Menschen anführen, der selber im vorgerückten Alter war, als er diese Zeilen über die ‚alten Menschen‘, die keine ‚Greise‘ sind, niederschrieb: „Gelassenheit und Frieden erwarten wir von ihnen, statt dessen sind sie wunderlich, nervös und pedantisch, eine ständige Last für die geduldigen

Verwandten, die sie betreuen. Anstatt sich zu bescheiden, allmählich Distanz zu nehmen . . ., wollen sie die Konversation beherrschen und unbedingt ein Publikum für die Histörchen und Anekdoten aus ihrer Jugendzeit haben. Statt Menschen und Dinge mit Nachsicht zu beurteilen – von der Erfahrung eines langen Lebens würde man dies erwarten –, sind sie voll eingewurzelter Vorurteile und kritiksüchtig denen gegenüber, die sie nicht leiden mögen. Empfindlich sind sie und ängstlich bemüht, ihre Vorrechte zu wahren. Und dabei möchte man meinen, solcherlei Tand könnte ihnen doch nichts mehr bedeuten. Sie rühmen sich vergangener Leistungen, und dabei müßte sie das Naherücken des Gerichtes doch demütig machen. Gierig genießen sie die paar Freuden, die ihnen noch geblieben sind, und sollten doch eigentlich schon Abstand haben von den Genüssen der Erde.“[91] Diese Zeilen sind eigentlich nicht Kritik an den Alten – sie können oft nicht mehr anders –, sondern an uns allen, die so unfähig sind, der wesentlichen Stille entgegenzugehen.

Der Mensch kommt aus dem Lärm, wesenhaft. Die Stille ist für ihn ein Auftrag, ein oft unerreichbares oder erst am Ende langer Bemühungen erreichtes Ziel. Aus einem sein ganzes Wesen erfüllenden Lärm heraus muß er sich zur Stille durchringen. Das ist die Linie seines inneren Werdeganges. Bei Jesus von Nazareth kehren diese unserem menschlichen Wesen grundgelegten Verhältnisse radikal um. *Jesus kam von der Stille her und mußte sich zum Wort ‚durchringen‘.*

Die Stille Jesu ist eine Wirklichkeit, die uns beim Lesen des Evangeliums aus jedem Wort und aus jeder Tat engegenströmt, die man mit seinem ganzen Wesen verspürt, die sich dennoch, ja gerade deshalb, nur schwer in Worte fassen läßt. Um Jesus herum war kein Lärm; seine eigentlichste Tat vollzog sich nicht in einem großen Aufwand äußerer Ereignisse. Seine Macht war leise, und gerade deshalb so stark. Er hat lange, dreißig Jahre lang, geschwiegen: „Er zog mit ihnen hinab und kam nach Nazareth, und er war ihnen untertan“ (Lk 2, 51). Aus der Fülle des Schweigens trat er zu den Menschen hinaus, wartete geduldig, demütig und still, bis seine Stunde kam. Ein einziges Wort charakterisiert den Jesus der Evangelien, drückt seine Wesenshaltung aus: ‚praeia‘. Dieses Wort läßt sich in unserer Sprache nur sehr ungenau wiedergeben. Man übersetzt es üblicherweise mit ‚Sanftmut‘, ‚Milde‘ und ‚Friedfertigkeit‘. In Wirklichkeit aber ist es zugleich ‚Demut‘, ‚Bescheidenheit‘ und vor allem ‚Gelassenheit‘. Man gebraucht diese Bezeichnung auch in bezug auf einen Menschen, der ruhig, leise und friedlich spricht. Es ist das Wort, das in der Seligpreisung der Demütigen wiederkehrt (Mt 5, 5). Bedeutsam ist ferner, daß Jesus gerade jene Messiasprophetien auf sich selbst bezog, in denen seine Milde und Stille hervorgehoben wurde: „Es sollte sich erfüllen, was vom Propheten Isaias angekündigt ist: . . . ,Nicht streiten wird er und nicht schreien, noch wird auf den Straßen jemand seine Stimme hören'" (Mt 12, 17–19). Er hat zu den Menschen nur deshalb geredet, damit sie „Frieden haben in ihm" (Jo 16, 33). Jesus war kein Mensch, der schrie. „Sieh, dein König kommt zu dir, arm und einen Esel reitend, ein Füllen, das Junge des Jochtiers" (Mt 21, 5). „Während sie auf der Wanderung waren, kam er in einen Marktflecken. Da war eine Frau namens Martha, die ihn in ihr Haus aufnahm. Sie hatte eine Schwester, Maria mit Namen, die sich dem Herrn zu Füßen setzte, um seinem Worte zu lauschen. Martha aber machte sich viel zu schaffen mit der Bedienung. Sie trat hinzu und sagte: ,Herr, kümmert es dich nicht, daß meine Schwester mich in der Bedienung allein läßt? Sage ihr doch, sie solle mir zu Hand gehen!' Der Herr gab ihr zur Antwort: ,Martha, Martha, du machst dir Sorge und Unruhe um viele Dinge. Eins nur ist nötig. Maria hat sich den besten Teil erwählt, der ihr nie weggenommen wird'" (Lk 10, 38–42).

In Jesu Herz hatten immer die Stillen den Vorrang: die Liebe vor der Leistung, die Reinheit vor dem Erfolg, die Gesinnung vor dem Werk, das Schweigen vor der Rede. Die wichtigsten Entscheidungen seines Lebens fielen immer ,abseits in der Stille'. „In aller Morgenfrühe, während es noch dunkel war, erhob er sich und ging hinaus, um sich an einen einsamen Ort zu begeben und dort zu beten" (Mk 1, 35). „Alsbald nötigte er seine Jünger, das Boot zu besteigen und abzufahren, ihm voraus in Richtung auf Bethsaida, während er selbst das Volk entlasse. Nachdem er sich von ihm frei gemacht, stieg er den Berg hinan, um zu beten" (Mk 6, 45–46). Das einsame Beten Jesu ist ein ständig wiederkehrendes Motiv des Lukasevangeliums: „Unterdessen ließ alles Volk sich taufen, und auch Jesus ließ sich taufen. Während er betete, öffnete sich der Himmel" (Lk 3, 21–22). „Sein Ruf verbreitete sich immer mehr, und es kamen viele Leute hergelaufen, ihn zu hören und sich von ihren Krankheiten heilen zu lassen. Er hielt sich jedoch zurückgezogen in den Einöden, um zu beten" (Lk 5, 15–16). „In jenen Tagen begab sich Jesus auf den

Berg, um zu beten, und betete die Nacht über zu Gott. Als es Tag wurde, rief er seine Jünger herbei und wählte zwölf von ihnen aus, die er Apostel nannte" (Lk 6, 12–13). „Während er dann in der Einsamkeit betete und nur die Jünger bei ihm waren, stellte er an sie die Frage: ‚Für wen halten mich die Leute?'" (Lk 9, 18.) „Etwa acht Tage nach diesen Reden nahm er Petrus, Johannes und Jakobus mit sich und stieg auf den Berg, um zu beten, Während er betete, veränderte sich das Ansehen seines Angesichtes, und sein Gewand leuchtete in weißem Glanze" (Lk 9, 28–29). „Als er an einem Ort im Gebete verweilt und es eben vollendet hatte, sagte einer der Jünger zu ihm: ‚Herr, lehre uns beten'" (Lk 11, 1). „Dann ging er hinaus und begab sich wie gewohnt an den Ölberg. Auch die Jünger folgten ihm. Als er dort angekommen war, sagte er: ‚Betet, daß ihr nicht in Versuchung geratet!' Dann zog er sich ungefähr einen Steinwurf weit von ihnen zurück, warf sich auf die Knie und betete: ‚Vater, wenn du willst, laß diesen Kelch an mir vorübergehen! Doch nicht mein Wille, sondern der deine geschehe!' Da erschien ihm ein Engel vom Himmel und stärkte ihn. Als er in Angst geriet, betete er noch anhaltender. Sein Schweiß wurde wie Blutstropfen, die auf die Erde niederrannen. Nachdem er sich vom Gebete erhoben hatte und zu den Jüngern kam, fand er sie vor Traurigkeit eingeschlafen" (Lk 22, 39–45). Jesu äußeres Tun war vom Schweigen ganz unterfangen. Ihm kam es sehr wenig auf Kämpfe, Parteien, Organisationen und Institute an. Und er hat sich gerade darin als der Starke erwiesen. Sein Leben hatte nicht das Pathos der Großartigkeit. Jesu Wesen war eine bis ins letzte bereite Ruhe, Stille. Um diese wesenhafte Stille Jesu besser zu begreifen, möchten wir drei Ereignisse aus seinem Leben herausgreifen. Sie stellen drei Grundaspekte seines Schweigens dar.

Sein Schweigen war (erstens) ‚Prüfung'. „Jesus aber begab sich auf den Ölberg. In der Morgenfrühe kehrte er wieder zum Tempel zurück. Alles Volk strömte ihm zu, und er setzte sich und lehrte sie. Da führten die Schriftgelehrten und Pharisäer eine Frau herbei, die beim Ehebruch ergriffen worden war, stellten sie in die Mitte und sagten zu ihm: ‚Meister, dieses Weib ist auf frischer Tat beim Ehebruch ergriffen worden. Moses hat im Gesetze geboten, solche zu steinigen. Was sagst du dazu?' . . . Jesus bückte sich nieder und schrieb mit dem Finger auf den Boden. Als sie ihm weiter mit ihren Fragen zusetzten, richtete er sich auf und sprach zu ihnen: ‚Wer von euch ohne Sünde ist, werfe den ersten Stein auf sie!' Dann bückte er sich aufs neue und fuhr fort, auf den Boden zu schreiben. Als sie dies hörten, ging einer nach dem andern hinaus, die Ältesten voran, bis auf den letzten. So blieb Jesus allein mit der Frau zurück, die noch immer dastand. Jesus richtete sich auf und sagte zu ihr: ,Frau, wo sind sie? Hat dich keiner verurteilt?' Sie erwiderte: ,Keiner, Herr!' Da sprach Jesus zu ihr: ,Auch ich verurteile dich nicht. Geh hin, und von nun an sündige nicht mehr!'" (Jo 8, 1–11.) Das Schweigen Jesu brachte hier die Herzen in Bewegung: In den Herzen der Selbstgerechten entstand Beschämung, in den Herzen der Sündigen Umkehr. Niemand wurde verurteilt, dennoch wurden alle einer Prüfung unterzogen. Mit der Wahrheit wurde nicht gespielt, Sünde blieb Sünde; aber auch der Selbstgerechtigkeit wurde kein Vorschub geleistet. Milde ist immer Wahrheit. Das Schweigen der Milden läßt die Wahrheit aus unserem Herzen hervorbrechen. Um aber so schweigen zu können, mußte das ganze Wesen dieses jungen Propheten aus Nazareth von einer mächtigen seelischen Stille umhüllt gewesen sein.

Jesu Schweigen war (zweitens) ,Wissen'. Jesu Blick drang tief in die menschliche Existenz. Deshalb wußte er, wann und wie er schweigen mußte. „Die Männer, die ihn bewachten, verspotteten ihn. Sie versetzten ihm Schläge, verhüllten ihm das Antlitz und fragten: ,Weissage, wer hat dich geschlagen?' Und noch viele andere Schmähungen stießen sie wider ihn aus" (Lk 22, 63–65; Mt 26, 67–68; Mk 14, 65). Jesus schwieg. Es war da gar nichts zu sagen. Sein Schweigen war Antwort genug. Auch auf viele Fragen des Pilatus antwortete Jesus nicht: „Da fragte ihn Pilatus wieder und sagte: ,Antwortest du nichts?' . . . Aber Jesus antwortete nichts mehr, so daß Pilatus sich wunderte" (Mk 15, 4–5). Auch Herodes erhielt keine Antwort von Jesus: „Beim Anblick Jesu zeigte Herodes große Freude. Denn schon seit geraumer Zeit hätte er ihn gerne gesehen, da er von ihm gehört hatte und ein Zeichen von ihm zu sehen hoffte. Er stellte mit großem Wortschwall Fragen an ihn. Doch Jesus gab ihm keine Antwort. Die Hohenpriester und Schriftgelehrten waren auch zugegen und verklagten ihn scharf. Da bekundete ihm Herodes seine Verachtung mitsamt seinem Hofgesinde und ließ ihm zum Spotte ein weißes Kleid anlegen, um ihn so wieder zu Pilatus zurückzuschicken. Am selben Tage wurden Pilatus und Herodes Freunde, nachdem sie zuvor Feinde waren" (Lk 23, 8–12). Spöttern, Lügnern und Verächtern hatte Jesus nichts zu sagen. Menschen aber, denen das Leid aus dem Herzen hervorbricht, sagte er immer etwas, selbst wenn sie ihn nicht anzureden wagten, sondern nur leise den Saum seines Gewandes berührten. Wo aber nur Falschheit, Gemeinheit, Selbstgerechtigkeit und Verhärtung waren, konnte und durfte er nichts sagen, weil diese Menschen es mit dem Leben, mit dem Sein nicht gut meinten. Selbst zu Judas hat er ein Wort gesagt. Aber zu Henkersknechten, zu Pilatus und vor allem zu Herodes nichts. Man muß einmal die Berichte der Passion meditierend durchlesen, um davon ergriffen zu werden, wie eigenartig still und gesammelt er in seinem Leid war. Vor dem Richter, vor dem tobenden Volk stand er gelassen, mit einem wunderbaren Schweigen umhüllt. Die Stürme des Hasses, das Toben und der Lärm drangen nicht ein in seine Seele. Durch sein bloßes Dasein, durch die gesammelte Kraft seines Wesens war er mehr als all die andern, die da schrien, die, wie Lukas sagt, „mit großem Wortschwall Fragen an ihn stellten". Ein wissender Mensch unter Blinden. Hinter diesem Schweigen steht erst das Wirkliche, das Große, das Wundervolle. Es ist ein Reichtum und ein Glück, selbst im Leiden. Es ist gesammelte Gegenwärtigkeit, heilige Bereitschaft, innige Ruhe. Was gehen ihn doch jene an, die unehrlich sind, die sich selbst als gerecht betrachten, die über alles urteilen wollen, die nie die Verzweiflung, das stumme Leid erfahren haben? Was kann er ihnen sagen? Nichts! Und deshalb sagt er auch nichts. Er ließ dem Geschehen freien Lauf. Er wurde nie ‚pathetisch' im Leid, gab keine erschütternden Antworten; nichts brachte ihn aus der Fassung. Diese Menschen haben sich selbst verworfen, nicht ihn. List und Gewalt: damit hatte Jesus nichts zu tun. Daß er es aber wußte, daß er zu all dem schweigen konnte, gerade das übersteigt alles Menschliche.

Jesu Schweigen war (drittens) ‚Erbarmen'. Er schwieg, als Petrus ihn verleugnet hatte. „Nachdem sie ihn festgenommen hatten, führten sie ihn ab und brachten ihn in das Haus des Hohenpriesters. Petrus folgte von weitem, und als sie in der Mitte des Hofes ein Feuer angezündet und sich darum gelagert hatten, setzte sich Petrus unter sie. Da sah ihn eine Magd im Feuerschein sitzen, und indem sie ihn scharf ins Auge faßte, sagte sie: ‚Auch dieser war bei ihm!' Er leugnete es und rief: ‚Ich kenne ihn nicht, Weib!' Kurz darauf sah ihn ein anderer und sagte: ‚Auch du bist einer von ihnen!' Petrus aber sprach: ‚Mensch, ich bin es nicht!' Ungefähr eine Stunde später bekräftigte es ein anderer und sagte: ‚Ganz sicher, der war auch bei ihm, er ist ja ein Galiläer!' Petrus aber entgegnete: ‚Mensch, ich weiß nicht, was du sagt!' Und auf der Stelle, noch während er redete, krähte ein Hahn. Da wandte der Herr sich um und blickte Petrus an. Nun erinnerte sich Petrus des Wortes des Herrn, wie er zu ihm gesprochen: ‚Noch heute, ehe der Hahn kräht, wirst du mich dreimal verleugnen.' Und er ging hinaus und weinte bitterlich" (Lk 22, 54–62; Mt 26, 69–75; Mk 14, 66–72; Jo 18, 25–27). Lukas, der Evangelist der Barmherzigkeit, erwähnt ausdrücklich: „Da wandte der Herr sich um und blickte Petrus an." Petrus hat ihn verleugnet. Er sagte: „Ich kenne ihn gar nicht, diesen Menschen!" Ja, er sagte, „diesen Menschen". Und Jesus hob auf ihn einen schweigenden Blick. Und darauf ging Petrus hinaus und weinte bitterlich. Das war ein schonendes Schweigen. Es sagte: Dein Mund spricht jetzt schrecklich; ich weiß aber, daß dein Herz anders redet; wir zwei brauchen keine großen Worte, ja gar keine Worte. In diesem schweigenden Blick war Jesus dem armen Petrus näher, als alle seine Worte ihn hätten bringen können. Dieser Blick war Barmherzigkeit, wie das ganze Leben Jesu eine unbeirrbare, bis zum Kreuzestod nachvollzogene Barmherzigkeit war.

Krieg das nicht das Schweigen *Gottes*? Das Schweigen dessen, der unendlich hoch über uns ist und der gerade deshalb uns allen unendlich nahesteht! Wenn Jesus Gott ist, dann können wir seine schweigende Existenz begreifen. Denn Gott kommt vom Schweigen her. „Was auch in dieser Welt geschehen mag, alle Stürme, alles Toben und aller Lärm dringen nicht hinein in das innere Leben Gottes. Ob eine Welt kommt oder vergeht, die innern Meere des göttlichen Lebens ändern ihren Wogengang darob nicht. So reich und groß ist Gott, daß vor ihm keine Kreatur, kein Leid, keine Schuld, keine Sünde, keine Dunkelheit, auch kein Gutes in Betracht kommen kann, wenn er es nicht selbst eines Blickes würdigen will. Und das tut er, und das ist eigentlich das Wunder. Nicht so sehr das Schweigen Gottes ist verwunderlich und unbegreiflich, sondern sein Redenkönnen. Daß Gott zu uns ein Wort sagen kann, ein gutes Wort, daß er eine Kreatur aufnehmen, ein winziges Geschöpf an sein Herz nehmen kann, er, der Große, Unendliche, das ist eigentlich das Wunder, die Unbegreiflichkeit."[92] Und dieses ‚gute Wort' hat er durch Jesus von Nazareth zu uns gesagt, durch den schweigenden Gottmenschen, der die Vollendung unseres Lebens ist, ohne den wir, Geschöpfe und Sünder, in Dunkel und Verschlossenheit umherirren würden wie die Schafe, die keinen Hirten haben. Ein Mensch richtet sich vor uns auf, mächtig in seinem Reden und noch mächtiger in seinem Schweigen, die zweite göttliche Person, der unbegreifliche Gott, der zu einem leidenden Menschen geworden ist, unendlich fern und zugleich unendlich nah, still und schweigend und doch uns allen vertraut, der im unnahbaren Lichte wohnt und dennoch gütig und erbarmend ist. Im gekreuzigten Herrn erkennen wir uns ganz, im auferstandenen haben wir unsere Hoffnung. So ist unser Gott. Ihn beten wir an: Wir weinen und frohlocken vor dem, der uns geschaffen und erlöst hat, vor dem schweigenden Jesus, vor dem Herrn aller Güte.

Zehn Wege zu Christus haben wir durchgearbeitet, durchgebetet. Zehnmal nacheinander haben wir das Versagen unserer menschlichen Bemühung erfahren. Dabei entwuchs uns die Gestalt Jesu ins Unendliche. Wir standen erschüttert vor ihr. Das christliche Dasein baut sich von der persönlichen Wirklichkeit Jesu Christi her auf. Deshalb müßte der Christ einen ständigen, täglichen Umgang mit Jesus im Evangelium pflegen. Wenn er es tut, wird er selber noch andere, eigene Wege zu ihm entdecken. Die sind dann für ihn die wirksamsten. In Jesus erschien Gott als Freundlichkeit und Anmut. Unter unserem leisen Berühren öffnet sich die Gestalt Christi im Evangelium. Indem wir ihm in liebevollem Umgang begegnen, berühren wir Gott selbst.

Anmerkungen

Einleitung

[1] Ein erster Entwurf der hier vorgelegten Gedankengänge erschien unter dem Titel *Wege zu Christus. Gedanken zu einer philosophischen Christusbegegnung* (Orientierung, 22, 1958, S. 1 ff., 25 ff., 39 ff., 52 ff.). – Auf die in diesen Untersuchungen angewandte Methode des Scheiterns hat uns R. GUARDINI aufmerksam gemacht: „Wir haben schon manches Mal die Frage berührt, ob es eine Psychologie Jesu gebe. Die Antwort war immer die gleiche: Wenn Psychologie das bedeutet, was beim Menschen möglich ist, nämlich sein Wesensbild aus bestimmten Voraussetzungen des Werdens und der Artung her aufzulösen, dann gibt es sie für Jesus nicht, denn in ihm ist, was über alles Auflösen hinausliegt. Was man bei ihm kann, ist immer nur eines: sehen, zeigen, wie menschliche Deutung an jenem Anderen versagt. Das aber kann man . . . Aus Zügen wie dem, daß er des Wunders fähig ist, es aber nie gebraucht, um aus der entsetzlichen Enge seines Daseins herauszukommen, würde sich eine wirkliche ‚Psychologie Jesu‘ zusammensetzen. Sie würde nicht von einem Begriff, etwa dem des Gottmenschen, sondern von einer Wirklichkeit ausgehen; würde beobachten, verstehen, auf eben diesem Wege aber in das Unbegreifliche münden. Diesen Schritt aus dem Verstandenen ins Unverstehbare richtig und genau zu zeigen – das wäre die Psychologie Jesu" (*Der Herr. Betrachtungen über die Person und das Leben Jesu Christi*. Werkbund-Verlag, Würzburg, 1951[8], S. 533; siehe auch S. IX f., 16, 361 f.). – Auch in seinen anderen Schriften kehrt bei Guardini der gleiche Gedanke wieder: *Jesus Christus. Sein Bild in den Schriften des Neuen Testamentes* (Werkbund-Verlag, Würzburg, 1940, S. 17–18); *Die menschliche Wirklichkeit des Herrn. Beiträge zu einer Psychologie Jesu* (Werkbund-Verlag, Würzburg, 1958).
[2] Wir finden eine hervorragende erkenntnistheoretische Begründung der Methode der Konvergenz bei AUGUST BRUNNER: siehe besonders *Erkenntnistheorie* (Bachem, Köln, 1946; ‚Das Kriterium der Konvergenz‘, S. 77 ff.); *Die Grundfragen der Philosophie* (Herder, Freiburg i. Br., 1949[3], S. 26, 37, 177 f.). – Kardinal J. H. NEWMAN verstand in *An Essay in Aid of a Grammar of Assent* (neueste deutsche Ausgabe: *Ent-*

wurf einer Zustimmungslehre. Matthias-Grünewald-Verlag, Mainz, 1961) unter ‚convergent evidence‘ einen Kreis von Erkenntnissen, die alle radial auf dasselbe Zentrum hinweisen, und zeigte, daß der Konvergenzbeweis in der Frage der Gotteserkenntnis eine nicht unbedeutende Rolle spielt. – Die Ansichten Newmans fanden eine überraschende Bestätigung in der Ansprache, die Papst PIUS XII. am 1. Oktober 1942 zur Eröffnung der Sitzungen der Rota Romana hielt: „Zuweilen ergibt sich eine moralische Gewißheit nur auf Grund einer großen Anzahl von Indizien und Demonstrationen, die je und je für sich allein betrachtet keine echte Gewißheit zu erzeugen vermögen. Nur in ihrem Zusammenhang (suo complexu) erfaßt, verhindern sie es, daß in einem Menschen gesunden Urteils ein Zweifel aufsteigt, das Gegenteil könnte wahr sein. Bei solcher Denkweise handelt es sich nun keineswegs um einen Übergang von einer bloßen Wahrscheinlichkeit zu einer Gewißheit . . . Vielmehr handelt es sich um einen Zustand des Geistes, in dem wir erkennen, daß alle jene Feststellungen und Beweiselemente ihre letzte Grundlage in einer gemeinsamen Quelle, der sie entspringen, nämlich in der objektiven Wahrheit und in der Wirklichkeit haben müssen.“ – Zur ganzen Frage siehe: F. M. WILLAM, *Kardinal John Henry Newman und die kirchliche Lehrtradition* (Orientierung, 22, 1958, S. 61 ff.).

[3] Den Wesenskern des Christlichen bildet die Person Jesu Christi. Diese Person im eigenen Erlebnismittelpunkt haben, mit ihr im lebendigen Umgang stehen heißt Christ sein. Wenn somit das Wesen des Christlichen in einer innigen Beziehung mit der Person Christi besteht und wenn für uns die Gestalt Christi weitgehend zum Klischee geworden ist, dann ist das Wesentliche des Christlichen in unserem Dasein bedroht. Besonders in geistig wachen Laienkreisen wird heute diese Beunruhigung immer deutlicher ausgesprochen. Als Beispiel möchten wir das Buch von F. LEIST, *Moses, Sokrates, Jesus. Um die Begegnung mit der biblischen und antiken Welt* (Verlag Knecht – Carolusdruckerei, Frankfurt a. M., 1959) anführen. „Kommt dieser Mann Jesus nicht auch uns unwirklich vor? Oft ist es nur ein Gefühl, wenig greifbar, das aber wie eine hohe Mauer den Weg von uns zu ihm oder auch von ihm zu uns versperrt . . . Es gab so viel Gerede über diesen Jesus . . . Was weiß der durchschnittliche Mensch im Abendland von der Bibel? Der fehlende Umgang mit den Quellen hat zur Folge, daß sich ein unlebendiges Klischee bildet von einem Jesus oder Christus, das wenig mit der umfassenden Gestalt zu tun hat, wie sie in den Schriften erscheint. Wenn wir Kenntnisse sagen, so meinen wir nicht den kritisierten, gedächtnismäßigen Lernstoff . . . Daher kann das Klischee sich so zäh halten; zudem wird es von Kitsch und billiger Literatur immer noch unterstützt . . . Der Jesus, der dann noch gesichtet wird, wirkt kümmerlich, er besitzt zu viel Ähnlichkeit mit den Gipsfiguren . . . Wir müssen ständig neu den spannungsreichen Weg hin und her gehen, niemals ist auszuschöpfen, wer Jesus Christus ist. Jedesmal kann sich etwas Neues seines Wesens zeigen. Niemals errei-

chen wir das Ende, ständig geraten wir an die Grenze, da das Denken strandet . . . Linien seines Wesens zeichnen sich ab, aber sie verlieren sich im Unverstehbaren. Nichts ist einzuordnen, und eine Spannung, in der der ‚Atem stockt‘, zeigt das Unfaßbare, das alle Gedanken übersteigt . . . Man muß nach vielem Suchen und Fragen, das sich auf das Wesen Christi richtet, einmal erlebt haben, wie das ist, wenn die Gedanken zerbrechen. An der Grenze, da unser Verstehen und Begreifen scheitert und wir wissen, wir dürfen nicht mehr festhalten, da werden die Augen geöffnet; in einem vorübergehenden Augenblick steht vor uns das Wesen Jesu, des Christus, der alles Erkennbare übersteigt“ (S. 15–16, 278–280, 429–430). – Der Leser wird bald merken, daß in unserem Versuch absichtlich immer nur von ‚Jesus‘ und nie von ‚Christus‘ die Rede ist. Die einzelnen Abschnitte beginnen jeweils beim historischen ‚Jesus von Nazareth‘ und verlieren sich im Geheimnis, in ‚Christus‘. Freilich vollzieht sich in unserer Schrift der Übergang von ‚Jesus‘ zu ‚Christus‘ nicht auf der Ebene der exegetischen Forschung, sondern auf der der existentiellen Begegnung. Zur Ergänzung von der modernen Exegese her siehe: F. MUSSNER, *Der historische Jesus und der Christus des Glaubens* (Biblische Zeitschrift NF 1, 1957, S. 224–252; siehe ganz besonders die Anmerkung 2, S. 255, Literaturangabe); es wäre noch das bedeutende Sammelwerk *Der historische Jesus und der kerygmatische Christus* (hrsg. von H. RISTOW und K. MATTHIAE, Evang. Verlagsanstalt, Berlin, 1961) zu konsultieren. – Siehe auch: P. BIEHL, *Zur Frage nach dem historischen Jesus* (Theologische Rundschau, 24, 1956/57, S. 54 ff.); R. BULTMANN, *Das Verhältnis des urchristlichen Christuskerygmas zum historischen Jesus* (in: Der historische Jesus und der kerygmatische Christus, S. 233 ff.); E. FUCHS, *Zur Frage nach dem historischen Jesus* (Mohr, Tübingen, 1960); H. D. KNIGGE, *Glaube und historischer Jesus* (Una Sancta, 17, 1962, S. 6 ff.); W. G. KÜMMEL, *Das Problem des historischen Jesus in der gegenwärtigen Diskussion* (Deutsches Pfarrerblatt, 61, 1961, S. 573 ff.); X. LÉON-DUFOUR, *Jésus-Christ et l'historien* (Bull. du Comité des Études, 35, 1961, S. 342 ff.); J. M. ROBINSON, *Kerygma und historischer Jesus* (Zwingli-Verlag, Zürich, 1960); A. VÖGTLE, *Vom verkündigenden Jesus zum verkündigten Christus* (Der christliche Sonntag, 1963, S. 53 ff., 69 ff., 77 ff., 93 ff., 133 ff., 143 ff., 165 ff., 189 ff., 199 ff., 213 ff., 269 f., 301 ff., 325 ff., 369 ff. – Die Artikelserie wird während der Drucklegung dieses Buches fortgesetzt).

Die Liebe

[4] Zur Problematik ‚Kommunion – Kommunikation‘ siehe: H. R. SCHLETTE, *Kommunikation und Sakrament. Theologische Deutung der geistlichen Kommunion* (Herder, Freiburg i. Br., 1960, Quaestiones disputatae 8).

[5] R. GUARDINI, *Die Offenbarung. Ihr Wesen und ihre Formen* (Werkbund-Verlag, Würzburg, 1940, S. 107–108).

[6] Zur Vertiefung der hier entworfenen Gedankengänge: A. BRUNNER, *La personne incarnée. Étude sur la phénoménologie et la philosophie existentialiste* (Beauchesne, Paris, 1947); *Vom christlichen Leben. Gesammelte Aufsätze* (Echter-Verlag, Würzburg, 1962; siehe besonders ‚Vom Wesen und von der Würde der Liebe', S. 285 ff.); C. CIRNE-LIMA, *Der personale Glaube* (Rauch, Innsbruck, 1959); E. GORETH, *Metaphysik* (Tyrolia, Innsbruck, 1961; siehe besonders S. 542 ff.); J. DE FINANCE *Essai sur l'agir humain* (Gregoriana, Rom, 1962); J. GUITTON, *L'Amour humain* (Editions Montaigne, Paris, 1958; Livre de Vie, 37); G. MARCEL: Die beste Zusammenfassung seiner Ansichten findet man bei R. TROISFONTAINES, *De l'existence à l'être* (Nauwelaerts, Louvain – Vrin, Paris, 1953, 2 Bände; siehe besonders: ‚Aimer, c'est être', S. 29 ff., B. 2); E. MOUNIER: siehe bei C. MOIX, *La pensée d'Emmanuel Mounier* (Editions du Seuil, Paris, 1960; besonders S. 119 ff.); M. NÉDONCELLE, *La réciprocité des consciences. Essai sur la nature de la personne* (Aubier, Paris, 1946); E. WALTER, *Wesen und Macht der Liebe* (Lambertus-Verlag, Freiburg i. Br., 1955). – Über die zentrale Stellung der Liebe in der neutestamentlichen Botschaft siehe: H. U. VON BALTHASAR, *Glaubhaft ist nur die Liebe* (Johannes-Verlag, Einsiedeln, 1963); C. SPICQ, *Agapè dans le Nouveau Testament I–III* (Paris, Gabalda, 1958/59); *Die Nächstenliebe in der Bibel* (Benziger, Einsiedeln, 1961; Biblische Beiträge, NF 3); V. WARNACH, *Agape. Die Liebe als Grundmotiv der neutestamentlichen Theologie* (Patmos-Verlag, Düsseldorf, 1951).

[7] Wir haben die hier angedeutete Dialektik der menschlichen Liebe im Aufsatz *Entwurf einer philosophischen Eschatologie (I)* (Orientierung, 25, 1961, S. 252 ff.) eingehender erörtert.

[8] PH. LERSCH, *Aufbau der Person* (Barth, München, 1954[6], S. 224).

[9] Stellvertretend für viele, die dieser Erfahrung einen dichterischen Ausdruck gegeben haben, sei hier E. VAUGH angeführt. In seinem *Brideshead Revisited* stehen die folgenden Sätze: „Vielleicht ist unsere Liebe immer nur Andeutung und Symbol; ein Berg mit vielen unsichtbaren Kämmen; Türen, die sich öffnen, wie in einem Traum, nur um einen weiteren Teppichstreifen und eine andere Tür zu zeigen; vielleicht sind wir, du und ich, Vor-Bilder, und diese Traurigkeit, die mitunter zwischen uns tritt, entspringt einer Enttäuschung während unserer Suche; ein jeder strebt danach, durch das andere hindurch und darüber hinaus zu kommen, erhascht hier und da einen Blick auf den Schatten, der immer ein, zwei Schritt vor uns um die Ecke biegt" (Deutsche Ausgabe: *Wiedersehen mit Brideshead.* Claassen, Hamburg, 1955, S. 285).

[10] Einer der wenigen Philosophen, die menschliches Lieben auf diese letzten metaphysischen Hintergründe hin befragten, ist G. MARCEL. Er gab eine zusammenfassende Darstellung seiner Einsichten in der Schrift *Présence et Immortalité* (Flammarion, Paris, 1959, S. 179 ff. – Deutsche

Ausgabe: *Gegenwart und Unsterblichkeit.* Knecht, Frankfurt a.M., 1961, S. 285 ff.). – Siehe dazu unseren Aufsatz *Die Welt beginnt heute* (Orientierung, 24, 1960, S. 142 ff.).

Die Demut

[11] H. U. VON BALTHASAR, *Wahrheit* (Benziger, Einsiedeln, 1947, S. 236–237). – Zu unserer Analyse menschlicher Uneigentlichkeit siehe: M. HEIDEGGER, *Sein und Zeit* (Niemeyer, Tübingen, 1953[7], S. 126–130 und besonders S. 166–180).

[12] J. B. METZ, *Armut im Geiste* (Ars Sacra, J. Müller, München 1962, S. 56).

[13] Siehe unser Buch *Mysterium Mortis. Der Mensch in der letzten Entscheidung* (Walter-Verlag, Olten, 1963[2]).

[14] Sehr eindrücklich hat R. THIBAUT in seinem fast in Vergessenheit geratenen Buch *Le sens de l'Homme-Dieu* (Éditions Universitaires, Bruxelles – Desclée de Brouwer, Paris, 1946[2]) die ‚Unscheinbarkeit‘ Jesu aufgezeigt. – Bei Jesus von Nazareth liegt das Gewaltige hinter einem Schleier der Unauffälligkeit verborgen. Sehr bezeichnend ist, daß AURELIUS AUGUSTINUS, das vielleicht größte religiöse Genie des Abendlandes, sich jahrelang nicht zur verborgenen Größe Jesu durchringen konnte (siehe: *Confessiones*, VII, 20; 26). Sein Selbstzeugnis ist für uns von entscheidender Wichtigkeit: Eine große religiöse Ansprechbarkeit kann die Ursache sein, warum ein Mensch nur schwer das eigentliche Christusantlitz erkennen kann. – Über die gleiche Erfahrung berichtet H. DE LUBAC in seinem Buch *La rencontre du bouddhisme et de l'occident* (Aubier, Paris, 1952, S. 280 f.). Es sind nicht so sehr die Angriffe der allgemeinen ‚Religionsfeindlichkeit‘, gegen die das Christentum am schwersten zu kämpfen hat, sondern vielmehr die ‚Empörung‘ der ‚religiösen Herzen‘. Wenn unser Bestes sich gegen Jesus Christus auflehnt, wenn die lautersten Regungen unseres Wesens von ihm enttäuscht werden, dann ist das die größte Versuchung, die uns Christus, der ‚Stein des Anstoßes‘, bieten kann. Diese Möglichkeit des Ärgernisses wird immer größer, je mehr sich die religiöse Empfindsamkeit der Menschheit verfeinert. Viele Anzeichen sprechen dafür, daß die Menschheit ihre religiöse Ansprechbarkeit nicht nur nicht verliert, sondern sie noch entwickelt (siehe: CHR. DAWSON, *Enquiries into Religion and Culture.* Sheed & Ward, London, 1933, S. 67–94). Wäre das tatsächlich der Fall, so würde die Menschheit bald den Punkt erreichen, an dem die gefahrvollste Auseinandersetzung der Geister mit Christus stattfinden wird. Das Christentum hat nicht so sehr die Angriffe der Irreligiosität zu befürchten. Viel gefährlicher ist für uns die Auflehnung jener, die sich mit reinsten Absichten gegen Jesus, den sich verschleiernden, unscheinbaren Gott erheben.

[15] Einige Grundtexte in der Frage der christlichen Milde: Mt 5, 20–48;

Lk 6, 27–38; Mt 5, 1–12; Lk 6, 20–23; Röm 12, 16–21; 1 Kor 13, 1–13.
Siehe dazu unseren Aufsatz *Berufung zur Milde* (Orientierung, 24, 1960, S. 181 ff.).

[16] Siehe die bibeltheologische Darstellung von M. BRÄNDLE, *Theologie der Versuchung Jesu* (Der große Entschluß, 15, 1959, S. 292 ff.). – Ergänzend dazu: *Handbuch theologischer Grundbegriffe II* (hrsg. von H. Fries, Kösel, München, 1963, S. 780 ff.); R. SCHNACKENBURG, *Der Sinn der Versuchung Jesu* (Theologische Quartalschrift, 132, 1952, S. 297 ff.); H. SCHÜRMANN, *Das Gebet des Herrn. Aus der Verkündigung Jesu* (Herder, Freiburg i. Br., 1958); H. SEESEMANN, *Peira* (Theologisches Wörterbuch zum Neuen Testament, VI, 1959, S. 23 ff.; siehe besonders die Literaturangabe); H. VOGELS, *Die Versuchungen Jesu* (Biblische Zeitschrift, 17, 1926, S. 238 ff.).

Das Sprechen

[17] *Pensées de Blaise Pascal* (Éd. L. Brunschvicg, Hachette, Paris, 1904, B. 3, Fragm. 799, S. 237).

[18] Daselbst, B. 1, S. CXCII–III.

[19] H. BERGSON sieht bei den christlichen Mystikern eine „santé intellectuelle solidement assise". Ihre Kennzeichen sind: „Elle se manifeste par le goût de l'action, la faculté de s'adapter et de se réadapter aux circonstances, la fermeté jointe à la souplesse, le discernement prophétique du possible et de l'impossible, un esprit de simplicité qui triomphe des complications, enfin un bon sens supérieur. N'est-ce pas précisément ce qu'on trouve chez les mystiques dont nous parlons? Et ne pourraient-ils pas servir à la définition même de la robustesse intellectuelle?" *Les deux sources de la morale et de la religion* (Presses Universitaires de France, Édition du Centenaire, Paris, 1959, S. 1169).

[20] Mit erstaunlicher philosophischer Durchdringung befaßt sich G. MOREL mit dieser Struktur der mystischen Erfahrung in seinem umstrittenen Buch *Le sens de l'existence selon S. Jean de la Croix* (*Problématique*, 1960; *Logique*, 1960; *Symbolique*, 1961. – Aubier, Paris). Das Buch ist ein Versuch, das Wesen des Menschen von der Annahme her zu bestimmen, daß der Mensch erst in der Mystik seine Bestimmung erreicht und sich selbst verwirklicht („La vie mystique se définit comme la réalisation même de l'essence humaine" III, S. 29). Die Grundspannung der mystischen Erfahrung heißt bei G. Morel: „Une immanence de Dieu à l'homme perçue dans la perspective de la pure transcendance s'abolit donc en un sens, de même que le concept de transcendance se transcende à son tour" (II, S. 179). Von da aus könnte die ganze Dialektik der Gottbeziehung aufgezeigt werden. Siehe dazu: C. V. TRUHLAR, *Antinomiae vitae spiritualis* (Gregoriana, Rom, 1958); R. A. KNOX, *Christliches Schwärmertum. Ein Beitrag zur Religionsgeschichte* (Hegner, Köln-

Olten, 1957; siehe besonders die Abhandlung über die paradoxe Beschaffenheit der christlichen Mystik: S. 227–236). – Wir selber versuchten einmal die dialektische Struktur der Mystik (in sechs Antinomien und sieben Paradoxen) zu entwerfen: *Weisungen für Weise* (in: Orientierung, 24, 1960, S. 25 ff.).

[21] *Confessiones* IX 10; 25.

[22] *PG* 37 508 A.

[23] *D. Johannis Thauleri clarissimi theologi piissimae tam de tempore, quam de Sanctis homiliae* (Quentel, Coloniae, 1553; Sermo I. in Dominicam post octavam Epiphaniae, S. 114, Sp. 1).

[24] *Œuvres de Ruysbroeck l'Admirable* (besorgt von den Benediktinern von Saint-Paul de Wisques, Bruxelles, 1912, B. I, S. 140–141).

[25] *Enarrationes in Psalmos* 85; 12 (*PL* 371090).

[26] *Sermo* 52, 6; 16 (*PL* 38360).

[27] *In Johannis Evang. Tract. CXXIV* 13; 5 (*CSEL* 36133).

[28] *De doctrina christiana* I, 6; 6 (*PL* 3421).

[29] *Lateranense IV*. Def. contra Albigenses (*Denzinger* 428).

[30] *Vaticanum I*. Const. dogmatica de fide Catholica. Cap. I. De Deo rerum omnium creatore (*Denzinger* 1782).

[31] Siehe dazu unseren Aufsatz ‚*Ich glaube, hilf meinem Unglauben!'* *Reflexionen über die dialektische Struktur des ungläubigen Glaubens* (Der große Entschluß, 16, 1961, S. 444 ff., 500 ff., besonders S. 448 f.).

[32] „So wird er vom Licht her benannt: als das selbst Helle und alles andere Erleuchtende, das Glühende und Erwärmende – aber auch vom Gegenteil des Lichtes her: als die lebendige Nacht, das bergende, geheimnisvolle, schöpferische Dunkel. Ein anderes Bild kommt von der Weite des Himmels, dem Klaren, Hellen, alles Übergreifenden und Durchwaltenden: danach ist Gott die lichte Majestät, der in der Höhe Herrschende – aber auch von dessen Gegengestalt, der Höhle, dem Verborgenen, dem in die Tiefe Gehenden, Stillen, sich Verschweigenden: danach ist er Jener, der in der Mitte der Welt und des Herzens wohnt und von da her das Seiende über dem Nichts hält. Bilder für Gott sind der Reichtum des Lebens, des Geistes und des Herzens, das Überströmende, Blühende, Fruchtende – aber auch die Wüste, die Leere, das Reglose, Einsame. Bild für Gott ist der Vater, der zeugt und schenkt – aber auch das Kind, das beginnt, mehr wird, Erbe empfängt, die Zukunft hat. Der König, der Herrlichkeit hat, reich ist, tapfer, ruhmvoll – aber auch der Arme mit der Hoheit des Preisgegebenseins und der leeren Hände, und so fort. Diese Bilder kommen aus den Urgründen des Daseins und öffnen Durchblicke auf Gott." R. GUARDINI, *Die Offenbarung. Ihr Wesen und ihre Folgen* (Werkbund-Verlag, Würzburg, 1940, S. 37).

[33] „Die öffentliche Wirksamkeit Jesu, von der die Synoptiker (nach dem Modell der Petrusformeln) berichten, beginnt nach der Verhaftung des Täufers (Mk 1, 14) und dauert etwa anderthalb Jahre: In Mk 2, 23 ist Frühjahr (= Erntezeit), in Mk 14, 1 ist wieder Frühjahr (= Todespas-

sah). Das vierte Evangelium behandelt einen Zeitraum von etwa vier Jahren (zwischen fünf Passahfesten), in dem die Verhaftung des Täufers mitten inne liegt. In Jo 1, 29;41 ff. ist die Situation der Passahzeit vorausgesetzt. In Jo 2, 13;23 hören wir vom zweiten Passahfest. In Jo 3, 24 ist der Täufer noch tätig. In 4, 35 ist es Winter. Das dritte Passahfest bleibt unerwähnt. In Jo 5, 1 ist es Herbst, Laubhüttenfest. In Jo 5, 35 ist der Täufer nicht mehr tätig. In Jo 6, 4 steht das vierte Passahfest bevor. In Jo 7, 2 ist wieder Herbst, in Jo 10, 22 wieder Winter, Tempelweihfest. In Jo 11, 55 hören wir von dem fünften Passahfest, dem Todespassah. Man sieht, es ist unmöglich, den chronologischen Aufriß des Johannesevangeliums im engen Rahmen der synoptischen Darstellung unterzubringen. Wohl aber ist es möglich, den synoptischen Rahmen einzubauen in das johanneische Rahmenwerk. Das spricht (neben sehr vielen anderen Gründen) für das Recht der johanneischen Chronologie. Jesus hat etwa vier Jahre gewirkt, zunächst im Schatten des Täufers, dann in voller Selbständigkeit, manchmal im Norden, manchmal im Süden, in Jerusalem und anderwärts. Die Synoptiker lassen die täuferzeitliche Wirksamkeit Jesu beiseite und sprechen nur von dem letzten und entscheidenden Zeitabschnitt seiner Tätigkeit, der erst nach der Verhaftung des Täufers beginnt. Der vierte Evangelist korrigiert und integriert die synoptische Darstellung und behandelt den gesamten Zeitraum der Wirksamkeit Jesu, die täuferzeitliche Frühperiode und die abschließende Hochperiode." E. STAUFFER, *Jesus. Gestalt und Geschichte* (Francke-Verlag, Bern, 1957, S. 16–17).

[34] Die umfangreichste Sammlung solcher Texte: A. RENSCH, *Agrapha. Außerkanonische Schriftfragmente* (Texte und Untersuchungen, NF, B. 15, Heft 3/4, Leipzig, 1906[2]). Die jüngsten Ergebnisse der kritischen Agraphaforschung findet man bei J. JEREMIAS, *Unbekannte Jesusworte* (Beiträge zur Förderung christlicher Theologie. B. 45, Heft 2, Gütersloh, 1951). Diese Ergebnisse wurden teilweise noch eingeschränkt durch den Aufsatz von H. KÖSTER, *Die außerkanonischen Herrenworte* (Zeitschrift für die neutestamentliche Wissenschaft 48, 1957, S. 220 ff.). Die kritische Ausgabe des 1945 in Oberägypten gefundenen sogenannten ‚Evangelium nach Thomas' (eine Sammlung von 114 Aussprüchen Jesu) hat die Diskussion um diese ‚versprengten Herrenworte' neu aufleben lassen: *Evangelium nach Thomas.* Koptischer Text herausgegeben und übersetzt von A. Guillaumont, H.-Ch. Puech, G. Quispel, W. Till und Yassah Abd al Masih (E. J. Brill, Leiden, 1959; siehe die Literaturangabe S. VI–VII). Dazu noch: J. DORESSE, *L'Évangile selon Thomas* (Plon, Paris, 1959); W. C. VAN UNNIK, *Evangelien aus dem Nilsand* (Scheffler, Frankfurt a. M., 1960; siehe besonders den Aufsatz von J. B. BAUER, *Echte Jesusworte,* S. 108 ff.); O. CULLMANN, *Das Thomasevangelium und seine Bedeutung für die Erforschung der kanonischen Evangelien* (Kirchenblatt für die reformierte Schweiz, 116, 1960, S. 306 ff.) und *Das Thomasevangelium und die Frage nach dem Alter der in ihm enthaltenen Tradi-*

tion (Theologische Literaturzeitung, 85, 1960, S. 321ff.). – Siehe auch die aufschlußreiche Artikelfolge von M. BRÄNDLE, *Die bisher unbekannten Jesusworte; Der Apostel Thomas: Legendärer Autor: Evangelium nach Thomas; Echte und unechte Jesusworte: Parallele Jesusworte; Abwandlung von Jesusworten* (Christliche Kultur, 25, 1961, Nr. 41, 42, 43, 44, 45, 46).

[35] R. GUTZWILLER, *Die Gleichnisse des Herrn* (Benziger, Einsiedeln, 1960, S. 11).

[36] Die wohl bedeutendste Monographie über die Frage des Wunders ist das Buch von L. MONDEN, *Theologie des Wunders* (Herder, Freiburg i. Br., 1961).

Das Erbarmen

[37] Siehe dazu: *Die Werke der Barmherzigkeit*. Mit Beiträgen von J. M. Bauer, J. Bernhart, A. Goes, J. Chr. Hampe, K. Ihlenfeld, O. Karrer, W. Kramp, L. Rinser, E. Schaper, R. Schneider, J. M. Wehner (Herder, Freiburg i. Br., 1962).

[38] Siehe: H. KÖSTER, *Splagchnon* (Theologisches Wörterbuch zum Neuen Testament VII, 1962, S. 548ff.) und auch R. BULTMANN, *Eleos* (ebenda II, 1935, S. 474ff.). Viele überraschende Durchblicke enthält das Buch von J. GUILLET, *Leitgedanken der Bibel* (Räber, Luzern, 1954; siehe besonders S. 54ff.).

[39] G. VON LE FORT, *Der Kranz der Engel* (Benziger, Einsiedeln, 1947, S. 304–306, 320–321).

[40] Siehe bei G. MARCEL, *Journal métaphysique* (Gallimard, Paris, 1927, S. 178f., 181, 229); *Être et avoir* (Aubier, Paris, 1935, S. 160); *Du refus à l'invocation* (Gallimard, Paris, 1940, S. 102ff.).

[41] „Pour se convaincre de l'immortalité, il faut aimer", das ist die Schlußfolgerung der Überlegungen von R. TROISFONTAINES über die Liebe und Treue in seinem Buch *Je ne meurs pas . . .* (Éditions Universitaires, Paris, 1960, S. 31ff.). Sein Gedankengang ist dem von G. MARCEL verwandt; siehe: *Journal métaphysique* (Gallimard, Paris, 1927, S. 133); *Être et avoir* (Aubier, Paris, 1935, S. 104f., 198ff.); *Position et approches concrètes du mystère ontologique* (publié en appendice au volume *Le monde cassé*, Desclée, 1933, et repris en brochure chez Nauwelaerts, Louvain, 1949; siehe S. 289ff.); *Du refus à l'invocation* (Gallimard, Paris, 1940, S. 138); *Homo Viator* (Aubier, Paris, 1945, S. 205, 209ff.); *Le mystère de l'être II: Foi et réalité* (Aubier, Paris, 1951, S. 62f., 154, 157, 187f.); *Présence et immortalité* (Flammarion, Paris, 1959, S. 181ff.).

[42] Unsere Argumentation will also nicht aus der wunderwirkenden Tätigkeit Jesu auf seine Gottheit schließen, nimmt also nicht den Gang der gewöhnlichen apologetischen Beweise. Eine solche Beweisführung ist zwar grundsätzlich möglich, doch schwieriger und delikater, als man

es allgemein annimmt. Bedenken wir nur für einen Augenblick die doppelte Deutungsmöglichkeit der Wunder Jesu: „Theologisch ist mit dem historischen Nachweis der Wundertätigkeit Jesu noch gar nichts ‚bewiesen'. Die Wunder Jesu sind Zeichen, die nichts beweisen können oder wollen – wie Jesus selbst ein Zeichen Gottes ist und kein Gottesbeweis, ein Zeichen vielmehr, dem widersprochen wird (Lk 2, 34). Die Wunder Jesu sind nicht unwidersprechlich. Auch der Augenzeuge kann sie anfechten, verkennen, mißdeuten, kann sich gegen sie verschließen und verstocken, kann sie als Ärgernis und Gotteslästerung verdammen, nicht obgleich, sondern weil hier Jesus so handelt wie Gott selbst. Denn es gibt auch eine dämonische Imitatio Dei. Darum ist die Interpretation der Jesuswunder durch die jüdischen Gegner, die wir oben zunächst eingeklammert haben, nichts Belangloses, darum gehört sie zur Geschichte der Jesuswunder hinzu wie der Schatten zum Licht. Die Wunder Jesu rufen allenthalben die Krisis hervor, die Scheidung zwischen Glauben und Unglauben. Der Glaube spricht Ecce Deus. Der Unglaube spricht Ecce Satanas. Genau das ist die doppelte Reaktion auf die Wunder Jesu, die doppelte Deutung der Gestalt Jesu, von der die Evangelien immer wieder berichten." – E. STAUFFER, *Jesus. Gestalt und Geschichte* (Francke, Bern, 1957, S. 20). Trotz überspitzter Formulierung ist diese Feststellung Stauffers im Wesentlichen richtig. Deshalb haben wir unsere Aufmerksamkeit weniger auf das ‚Daß' als vielmehr auf das ‚Wie' der Wunder Jesu gerichtet. Wir fragten nicht danach, wie es möglich war, daß Jesus Wunder wirkte, sondern umgekehrt, warum er sich so wenig auf die Wundertätigkeit konzentrierte, weshalb er so relativ selten Wunder tat. Die reine Tatsache, ‚daß' Jesus Wunder wirkte, stand sogar für seine Gegner unverrückbar fest. Das Synedrium schickte eine Theologenkommission nach Galiläa, welche die Wunderfrage an Ort und Stelle untersuchte. Sie kam zum gutachtlichen Ergebnis: Er tut Wunder in der Vollmacht des Teufels – aber er tut Wunder (Mk 3, 22; vgl. Mt 9, 34; Jo 8, 48). Wegen seiner Wunder wurde ja Jesus für einen Volksverführer gehalten und verhaftet (Jo 11, 47–48; siehe auch Jo 7, 12). Selbst die Gegner Jesu konnten also das ‚Daß' seiner Wundertätigkeit nicht in Abrede stellen. Gerade das muß uns aber aufhorchen lassen. Nicht die Anerkennung der bloßen Tatsächlichkeit der Wunder Jesu führt uns zu ‚Christus', sondern die Deutung des ‚Wie', der Sinngestalt seiner Wundertätigkeit.

[43] Zur ganzen Frage siehe J. G. GOURBILLON, *Der Gott der Armen im Alten und Neuen Testament* (Patmos, Düsseldorf, 1961).

[44] Bedeutungsvoll sind in diesem Zusammenhang die Ausführungen von L. MONDEN über ‚Jesus als Wundertäter'. Besonders wird die stille Zurückhaltung, die Bescheidenheit der Wunder Jesu betont, jene Eigenschaft seiner wunderwirkenden Tätigkeit, die Tertullian als ‚tacita potestas', als ‚schweigende Macht', beschreibt: *Theologie des Wunders* (Herder, Freiburg i. Br., 1961, S. 103–125; siehe besonders S. 111–117).

[45] „Was unser Herr Jesus Christus leiblich vollzog, das wollte er geistig verstanden wissen. Denn er tat nicht Wunder um des Wunders willen" (AUGUSTINUS, *Sermo* 98, 3; *PL* 38, 592). „Dies hat sich vor unseren Sinnen abgespielt, auf daß unser Geist sich daran erbauen möge. Es wurde unseren Augen gezeigt, auf daß unser Verstand sich damit befassen möge, auf daß wir mit Staunen in seinen sichtbaren Werken den unsichtbaren Gott gewahren mögen und, zum Glauben erweckt und durch den Glauben gereinigt, auf unsichtbare Weise ihn zu sehen verlangen, den wir durch die sichtbaren Dinge als den Unsichtbaren kennengelernt haben" (AUGUSTINUS, *In Johannis Evangelium* 24, 1; *PL* 35, 1593). „Er kam (der Hauptmann), um die leibliche Genesung seines Knechtes zu erbitten, und als er fortging, hatte er selbst das Reich Gottes empfangen" (JOHANNES CHRYSOSTOMUS, *Comm. in Mt.* 8, 5–13; *PG* 57, 338). „Etwas anderes ist es, was die Wunder als Machthandlungen offenbaren und was sie als Glaubensmysterien zu uns sprechen" (GREGORIUS MAGNUS, *Homil. in Evangelia* I, 2; *PL* 76, 1082). Die Tatsache, daß die Väter bei der Anwendung dieses Prinzips häufig in eine subjektive Symbolik verfallen, ändert nichts am Wert dieses Prinzips.

Die Fremdheit

[46] Siehe unseren Beitrag *Pilgerstand* (Lexikon für Theologie und Kirche, VIII B., Herder, Freiburg i. Br., 1963, S. 507–508); J. PIEPER, *Bemerkungen über den ,status viatoris'* (Catholica, 4, 1935, S. 15–20).

[47] Wir versuchten, diese Dimension der Vorläufigkeit menschlichen Existierens in unserem Artikel *Meditationen über Tod, Gericht, Fegfeuer, Himmel und Auferstehung* (Lebendiges Zeugnis, Mai, 1963, S. 3–26) tiefer auszuloten.

[48] AURELIUS AUGUSTINUS belehrt uns über die Fremdheit des Menschen folgendermaßen: „Omnis homo in hac vita peregrinus est. In qua peregrinatione carnalis vitae quisque cor suum portat, et omne cor omni cordi clausum est" (*Ps.* 55; 9 – *PL* 36, 652). – „Ploremus cum in hoc saeculo, in regione mortuorum sumus, confitendo atque plangendo" (*Serm.* 47; 1, 1 – *PL* 38, 295). – „Quando homo potest non contristari? Inimicum patitur ex amico. Quae maior miseria in genere humano?" (*Ps.* 49; 22 – *PL* 36, 579). – „Vitam ergo habet anima in corpore corruptibili. Qualem vitam? Onera patitur, pondera sustinet. Ad ipsum Deum cogitandum, sicut dignum est ab homine cogitari Deum, quanta impediunt, veluti interpellantia de necessitate corruptionis humanae? quanta revocant? quanta a sublimi intentione detorquent? quanta interpellant? quae turba phantasmatum? qui populi suggestionum? Totum hoc in corde humano, tanquam de vermibus corruptionis huius scatet" (*Ps.* 102; 6 – *PL* 37, 1320). – „Tantamne profunditatem creditis esse in homine, quae lateat ipsum hominem in quo est?" (*Ps.* 100; 12 – *PL* 37, 1292). – „Intus in

conscientia, magna solitudo, qua non solum nullus hominum transit, sed nec videt" (*Serm.* 47; 14, 23 – *PL* 38, 312). – „In his ergo temporalibus, fratres, admonemus vos et exhortamur in Domino, ut non petatis aliquid quasi fixum" (*Ps.* 53; 5 – *PL* 36, 624). – „Ante abeunt pene, quam veniant; et cum venerint stare non possunt . . . Momentis transvolantibus cuncta rapiuntur, torrens rerum fluit" (*Ps.* 38; 7 – *PL* 36, 419). – „Sunt enim duo tortores animae . . . timor et dolor. Quando tibi bene est, times; quando male est, doles" (*Serm.* 124; 2, 2 – *PL* 38, 687). – „Quod tenes, perit a te" (*Serm.* 331; 1 – *PL* 38, 1459). – „Ad quaecumque (homo) pervenit, continuo vilescit ei quo pervenit. Incipiunt alia desideria, alia cara sperantur; quae cum venerint, quidquid tibi venit, vilescit" (*Serm.* 125; 1 – *PL* 38, 698). – „Ego in tempora dissilui, quorum ordinem nescio; et tumultuosis varietatibus dilaniantur cogitationes meae, intima viscera animae meae" (*Conf.* XI 29; 39 – *BT* 292). – „Idipsum nemo habet ex se . . . Quod corpus habet, non est idipsum, quia non in se stat . . . mutatur per mutationes locorum ac temporum . . . Anima humana nec ipsa stat . . . non es idipsum . . . Ergo idipsum nemo habet ex se" (*Ps.* 121; 6 – *PL* 37, 1262). – „Homo in se non est: mutatur enim et vertitur, si non participat eius qui est Idipsum" (*Ps.* 121; 8 – *PL* 37, 1624). – „Nunquam igitur in vita homo est, ex quo est in corpore isto moriente potius quam vivente" (*Civ.* 13; 10 – *CCL* 48, 392). – „Cum orientur et tendunt esse, quo magis celeriter crescunt, ut sint, eo magis festinant, ut non sint" (*Conf.* IV 10; 15 – *BT* 65). – „Quot optas gradus aetatis, tot simul optas et mortes aetatum" (*Ps.* 127; 15 – *PL* 37, 1686). – „In hoc enim mundo, in his tribulationibus saeculi, in hac turba multiplici scandalorum, quodam modo in captivitate gemimus" (*Ps.* 147; 5 – *PL* 37, 1917). – „Conquerebatur de scandalis et insidiis peccatorum, de circumlatrantibus et circuminsidiantibus malignis hominibus vasis diaboli, de superbis invidientibus iustis, inter quales necesse est vitam ducere, cum hic vivimus in peregrinatione nostra" (*Ps.* 139; 11 – *PL* 37, 1809).

[49] R. M. RILKE, *Duineser Elegien* (Insel-Verlag, Zweigstelle Wiesbaden, 1950, S. 17, Die vierte Elegie). – Siehe dazu: H. KREUTZ, *Rilkes Duineser Elegien* (C. H. Beck'sche Verlagsbuchhandlung, München, 1950, S. 59–60).

[50] R. GUARDINI, *Rainer Maria Rilkes Deutung des Daseins* (Kösel, München, 1953, S. 139–140).

[51] R. GUARDINI, *Jesus Christus. Geistliches Wort* (Werkbund-Verlag, Würzburg, 1957, S. 64).

Die Reue

[52] Siehe: L. JERPHAGNON, *Philosophie du repentir* (Nouvelle Revue Théologique, 91, 1959, S. 392–399).

[53] M. NÉDONCELLE, *De la Fidélité* (Aubier, Paris, 1953, S. 169–170).

⁵⁴ A. BRUNNER, *Reue als geschichtliche Macht* (Stimmen der Zeit, 88, 1963, S. 427–430); siehe auch: *Reue und Vergebung* (Geist und Leben, 25, 1952, S. 98–106).
⁵⁵ M. SCHELER, *Reue und Wiedergeburt*, in: Vom Ewigen im Menschen (Gesammelte Werke, Bd. 5, Francke-Verlag, Bern, 1954⁴).

Der Glaube

⁵⁶ P. TILLICH, *Dynamics of Faith* (Allen & Unwin, London, 1957, S. 1 ff.); deutsch: *Wesen und Wandel des Glaubens* (Ullstein, Berlin, 1961, S. 9 ff.) – Hier muß eine wichtige Frage angeschnitten werden. Der Sinn unserer Behauptung, Christus hätte nicht menschlich geglaubt, ist nur: er hat die menschliche Unsicherheit und Gefährdung anders erlebt als wir; seine Existenz war ‚gelichtet‘; er lebte nicht ins Dunkle und Ungewisse hinein. Mit dieser Feststellung wird die Frage, ob Christus überhaupt keinen ‚Glauben‘ vollzog, nicht entschieden. R. GUARDINI zum Beispiel würde jeglichen Glaubensvollzug bei Christus ablehnen: „So sagt zum Beispiel Jesus auf das eindringlichste, der Glaube bilde die christlich-religiöse Haltung einfachhin; läßt man aber dem Worte seinen Sinn, dann sieht man, daß es im Verhalten Jesu das, was ‚Glauben‘ heißt, nirgendwo gibt, während er doch zu dem, den er seinen ‚Vater‘ nennt, im lebendigsten und genauesten Verhältnis steht" (*Jesus Christus. Sein Bild in den Schriften des Neuen Testamentes*. Werkbund-Verlag, Würzburg, 1940, S. 17). – Anderseits müssen wir zugeben, daß das in den Evangelien geschilderte Bewußtsein Christi das Bewußtsein eines Fragenden, Lernenden, Überraschten, innerlich Erschütterten war, ja dessen, den eine tödliche Gottverlassenheit überfiel. All das legt uns nahe, Christus als den ‚Anführer und Vollender des Glaubens‘ zu betrachten, in dem Sinn, daß er uns im Glauben vorangegangen ist, diesen in schwersten Anfechtungen bewahrt und ihn damit auf die Stufe höchster Vollendung erhoben hat (Hebr 12, 2). – Selbst wenn wir im Bewußtsein Christi einen ‚Glauben‘ annehmen, bleibt unsere Beweisführung gültig: Christus hat seinen ‚Glauben‘ völlig anders, das heißt ‚gelichtet‘, ‚unmittelbar‘ und ‚ungefährdet‘ gelebt; sein Glaube hatte die Qualität der ‚Lichthaftigkeit‘, die unser Glaube nicht besitzt. – Freilich bleibt dabei die dogmatische Frage noch ungelöst, wie ein ‚Glaube‘ bei Christus mit der ‚unmittelbaren Gottesschau‘ sich vereinbaren läßt. Diese Frage ist aber nicht wesentlich verschieden vom Problem der Christologie, wie in Christus auf Erden der Pilgerstand und der unmittelbare Gottesbesitz koexistent sein konnten (simul viator et comprehensor). Nach den Untersuchungen von K. RAHNER (*Dogmatische Erwägungen über das Wissen und Selbstbewußtsein Christi.* – Schriften zur Theologie V, Benziger, Einsiedeln, 1962, S. 222–245) und von E. GUTWENGER (*Bewußtsein und Wissen Christi.* Rauch, Innsbruck, 1960) dürfte eine Antwort auf diese Frage un-

schwer zu finden sein. Das gleiche gilt übrigens auch für das Problem des nächsten Abschnitts, für die Frage der Hoffnung.

[57] Die Bezeichnung ‚Urvertrauen‘ für jenen Glauben, den wir hier meinen, prägte A. RÖPER in ihrem sehr anregenden Buch *Die anonymen Christen* (Matthias-Grünewald-Verlag, Mainz, 1963; vgl. S. 86).

[58] Siehe zu dieser Frage unseren Aufsatz ‚*Ich glaube, hilf meinem Unglauben!*‘ (Der große Entschluß, 16, 1961, 444–449, 500–503).

[59] *In Joh.* tr. 48 (*PL* 35, 1745). – Siehe auch: J. MOUROUX, *Ich glaube an dich. Die personale Struktur des Glaubens* (Johannes-Verlag, Einsiedeln, 1951², besonders S. 29–35).

[60] Mit beeindruckender denkerischer Strenge behandelte G. SIEWERTH in: *Das Sein als Gleichnis Gottes* (Kerle-Verlag, Heidelberg, 1958) die grundsätzliche Doppelheit unserer Seinserfahrung. Gott tritt dem menschlichen Geist in jedem seinsbezogenen Geistesakt nahe, und gleichzeitig entzieht er sich in seine transzendente Abgeschiedenheit. Die Gottbezogenheit des Geistes ereignet sich in einer ‚Annäherung durch Abstand‘. Jeder Schritt des Transzendierens läßt den Abgrund des Unterschiedes noch tiefer klaffen. Diese Grundstruktur der ‚Gottesnähe durch Gottesabstand‘ im menschlichen Geist ist die metaphysische Vorbedingung einer Glaubensdialektik, wie wir sie zu beschreiben suchten.

[61] Die geradezu klassisch gewordene Beschreibung dieser dem Glauben innewohnenden ‚heiligen Empörung‘ ist das erschütternde Buch PETER LIPPERTS *Der Mensch Job redet mit Gott* (Verlag Ars Sacra, Josef Müller, München, 1934).

[62] K. RAHNER, *Der Glaube des Priesters heute* (Orientierung, 26, 1962 S. 215ff., 227ff.).

[63] „Denn so gehört es sich: Er (Gott) muß über alles hinaus der Größere sein . . . und dies nicht allein in dieser Welt, sondern auch in der kommenden, damit Gott immer der Lehrende bleibe, der Mensch aber immer als Schüler lerne von Gott. Sagt auch der Apostel, daß, wenn alles übrige untergegangen sein wird, diese drei noch verharren: Glaube, Hoffnung und Liebe. Denn immerdar bleibt unerschütterlich unser Glaube zu unserem Lehrer hin, der uns die Gewißheit gibt, daß er der alleinig wahre Gott ist, daß wir ihn wahrhaft immerdar lieben, weil er der einzige Vater ist, und daß wir daraufhin auch hoffen dürfen, wieder etwas mehr von Gott geschenkt zu bekommen und von ihm zu lernen, weil er der Gute ist und unausschöpfbaren Reichtum besitzt, ein Reich ohne Ende und unbegrenzte Belehrung“ (IRENÄUS VON LYON, *Adversus Haereses* II 28, 3). – Siehe auch H. U. VON BALTHASAR, *Theologie der Geschichte* (Johannes-Verlag, Einsiedeln, 1950², S. 19–22), vor allem aber: K. RAHNER, *Über den Begriff des Geheimnisses in der katholischen Theologie* (Schriften zur Theologie IV, Benziger, Einsiedeln, 1960, S. 51–99). – Ist das Geglaubte immer größer als unsere bereits verwirklichte Gegenwart, so kann dieses Hineinschreiten ins Geheimnis kein Ende nehmen. Solange Glaube bleibt, bleibt auch ewiges Voranschreiten, bleibt eine immer neu

erlebbare und immer tiefer erfüllbare Gegenwart. Daß selbst der Himmel nicht als Erstarrung aufgefaßt werden darf, geht aus der Unermeßlichkeit Gottes hervor. Ist nämlich Gott im radikalen Sinn unermeßlich, so muß unser Bei-Gott-Sein im Himmel als ein unaufhörliches Hineinwachsen, Hineinschreiten in die Vollendung verstanden werden. Ein Zustand ewiger Neuheit steht uns also im Himmel bevor, einer Neuheit, die uns immerdar umgestaltet zu Göttlicherem hin. Gott wird im Himmel unser Wesen gänzlich erfüllen. Die Erfüllung selbst wird aber unser Sein so ‚erweitern‘, daß wir im nächsten Moment von Gott noch mehr erfüllt werden können. Somit ist jede Erfüllung ein neuer Anfang. Der endgültig ‚gefundene‘ Gott ist kein Gott. Augustinisch ausgedrückt: Wir suchen Gott, um ihn zu finden, während unseres irdischen Lebens; wir suchen Gott, nachdem wir ihn fanden, in der ewigen Seligkeit; damit man ihn suche, um ihn zu finden, ist er verborgen; damit man ihn suche, nachdem man ihn fand, ist er unermeßlich. – Kann man Größeres über den Menschen aussagen?

[64] R. GUARDINI, *Glaubenserkenntnis* (Herder, Freiburg i. Br., 1963, Herder-Bücherei, 141, S. 101–104).

Die Hoffnung

[65] „Respondeo dicendum quod magnanimitas ex suo nomine importat quamdam extensionem animi ad magna" (THOMAS VON AQUIN, *Summa theologica*, IIa IIae, 129, 1).

[66] E. BLOCH, *Das Prinzip Hoffnung* (Suhrkamp-Verlag, Frankfurt a. M., 1959, 2 Bde.); *Tübinger Einleitung in die Philosophie I* (Edition Suhrkamp 11, Frankfurt a. M., 1963). – Siehe auch unseren Aufsatz *Begriffene Hoffnung* (Orientierung, 25, 1961, S. 40–44).

[67] LESZEK KOLAKOWSKI, *Der Mensch ohne Alternative. Von der Möglichkeit und Unmöglichkeit, Marxist zu sein* (Piper, München, 1960, S. 134).

[68] K. RAHNER, *Kleines Kirchenjahr* (Verlag Ars Sacra, München, 1963, S. 97).

[69] PASCHASIUS RADBERT, *De fide, spe et caritate 2, 7.*

[70] Siehe dazu: J. PIEPER, *Über die Hoffnung* (Hegner-Bücherei, Summa-Verlag, Olten, 1948⁴).

[71] THOMAS VON AQUIN, *Summa theologica* Ia IIae, 40, 6.

Die Versuchung

[72] Siehe dazu die sehr aufschlußreichen Untersuchungen von J. B. METZ, *Christliche Anthropozentrik. Über die Denkform des Thomas von Aquin* (Kösel, München, 1963; hauptsächlich S. 41–95, darunter vor allem S. 64–67).

[73] Was SCHILLER in seinem abstrakten Idealismus und in der für uns nicht mehr ganz nachvollziehbaren Naturschwärmerei in seinem Columbus-Gedicht aussagte, ist letzten Endes eine genaue Beschreibung menschlicher Eigentlichkeit:

„Immer, immer nach West! Dort muß die Küste sich zeigen.
Traue dem leitenden Gott und folge dem schweigenden Weltmeer!
Wär sie noch nicht, sie stieg jetzt aus den Fluten empor.
Mit dem Genius steht die Natur im ewigen Bunde:
Was der eine verspricht, leistet die andre gewiß.“

[74] Siehe zu unseren Überlegungen den Aufsatz, in dem der Autor die ganze Not der ‚heiligen Existenz' auszusprechen verstand: P. LIPPERT, *Die Versuchungen der Heiligen* (Stimmen der Zeit, 130, 1936, S. 145–152, Zitat: S. 152).

[75] Siehe Anmerkung 16. – „La signification fondamentale de l'histoire des tentations est donc de montrer que Jésus est bien le Fils de Dieu, selon la déclaration que vient de lui en être faite au moment du baptême; mais en même temps de montrer qu'il n'a pas voulu l'être suivant l'attente commune de ses contemporains; il est resté fidèle à la mission que Dieu lui avait assignée, malgré ce que pouvaient avoir d'attirant les idées d'un messianisme temporel, où il a reconnu les suggestions de Satan. Cette page nous apparaît ainsi comme un des sommets théologiques de l'Évangile, un condensé du messianisme chrétien“ (J. DUPONT, *L'Arrière-fond biblique du récit des tentations de Jésus.* – New Testament Studies, Cambridge, 3, 1957, S. 287–304; Zitat: S. 304). – Wir möchten den Ausdruck „eine schon von den Evangelisten theologisch strukturierte Deutung“ im Sinne Duponts verstanden wissen: Die Versuchungsgeschichte enthält mehr als einen einfachen Bericht über eine (innere oder äußere) Begebenheit im Leben Jesu. Sie ist darüber hinaus eine Deutung seiner heilsgeschichtlichen Stellung.

Das Schweigen

[76] „Wer Christi Wort besitzt, kann wahrhaftig auch sein Schweigen vernehmen, damit er vollkommen sei, damit er durch sein Wort wirke und durch sein Schweigen erkannt werde“ (IGNATIUS VON ANTIOCHIEN, *Brief an die Epheser*, 15; 2).

[77] IGNATIUS VON ANTIOCHIEN, *Brief an die Magnesier*, 8; 2.

[78] E. PRZYWARA, *Gott. Fünf Vorträge über das religionsphilosophische Problem, 1926* (Religionsphilosophische Schriften, Johannes-Verlag, Einsiedeln, 1962, S. 245–372; Text: S. 272–273).

[79] E. BLOCH, *Tübinger Einleitung in die Philosophie I* (Edition Suhrkamp, 11, Frankfurt a. M., 1963, S. 132 ff.).

[80] M. HEIDEGGER, *Sein und Zeit* (M. Niemeyer, Tübingen, 1953[7], S.

136–137). – Siehe dazu: O. FR. BOLLNOW, *Das Wesen der Stimmungen* (Klostermann, Frankfurt a. M., 1956³).

[81] Siehe dazu: K. RAHNER, *Die Ignatianische Logik der existentiellen Erkenntnis. Über einige theologische Probleme in den Wahlregeln der Exerzitien des heiligen Ignatius* (Ignatius von Loyola. Seine geistliche Gestalt und sein Vermächtnis. Echter-Verlag, Würzburg, 1956, S. 343–405).

[82] R. GUARDINI, *Über das Wesen des Kunstwerks* (Wunderlich, Tübingen und Stuttgart, 1952⁴, S. 35–36).

[83] Zum Ganzen siehe: IMMANUEL KANT, *Kritik der reinen Vernunft* (zur Definition der Idee: B 377; B 378; B 379; B 384; zur ‚Ableitung der Ideen‘: B 379; B 391; zur Frage der regulativen Funktion der Ideen: B 672; sie geben dem Denken Richtung: B 380; sie systematisieren es: B 380; sie stellen es vor Aufgaben: B 384; B 380; sie richten die Forschung auf das Unbedingte: B 384; B 391; B 394; sie schaffen im Denken Zusammenhang: B 672; B 675; sie sind Produkte der schöpferischen Vernunft: B 701; B 353; B 354). In seiner Ideenlehre hat Kant unsere Aufmerksamkeit auf eine bedeutungsvolle Tatsache, auf den Dynamismus der Vernunft gelenkt. Die geniale Intuition Kants wurde für die christliche Philosophie vor allem von J. MARÉCHAL in seinem Werk *Le point de départ de la métaphysique* (B. 1–5. Éditions du Museum Lessianum, Louvain; Alcan, Paris, 1922/26; siehe besonders Cahier V, *Le thomisme devant la philosophie critique*) erschlossen. Der Versuch, zwischen Transzendentalphilosophie und Personalismus eine Verbindung herzustellen, zwang uns dazu, das ‚Du‘ (Bedingung personalen Selbstseins; Inbegriff aller Personbeziehungen) in die Reihe der Ideen aufzunehmen. Erst so wurde es möglich, die Idee des ‚Gottmenschen‘ als die unbedingte Bedingung allen Seins und Denkens philosophisch zu entwerfen.

[84] RUDOLF KASSNER, der dunkle, esoterische und für viele schwer zugängliche Philosoph, hat in verschiedenen Essays, besonders aber in seiner letzten Schrift *Der Gottmensch und die Weltseele* (Eugen Rentsch-Verlag, Zürich-Erlenbach, 1960), aufgezeigt, daß der Mensch nicht als Maß aller Dinge betrachtet werden kann, daß unser Menschsein aufgebrochen ist auf eine unendliche Vollendung hin. Der Mensch hat „keinen Abschluß" in sich selbst. Um den Menschen „in Bewegung zu halten", muß das Ziel „unendlich fern und zugleich unendlich nah sein". Dieses ‚unendlich Ferne‘ und ‚unendlich Nahe‘ ist der ‚Gottmensch‘. In ihm verwandelt sich Gott nicht einfach ins Menschliche, sondern öffnet das Menschliche auf das Göttliche hin, schafft die Bedingung der Möglichkeit unendlicher Offenheit. „Nun ist das Unendliche genau soweit wie nahe, unendlich nahe und ferne." „Wir können aus der äußeren, berührbaren, faßbaren Welt ins Ewige vorstoßen." Von nun an ist überall Ende, aber das Ende ist stets Anfang: „Was heißt Mitte und Fülle der Zeit anderes, als daß im Anfang stets das Ende ist, als daß Anfang und Ende stets zusammenfallen."

[85] Zugleich ist aber der ‚Gottmensch' menschlich unerreichbar, also wesenhaft ein Geschenk, Gnade, die nie gefordert werden kann. Trotzdem vollendet sich unser Menschsein in ihm. Demnach ist die Vollendung unseres Menschseins reine Gnade. Diese Dimension des ‚Notwendigen und zugleich Unerreichbaren' hat M. BLONDEL in äußerster Schärfe herausgestellt: „La philosophie, quand elle s'applique à suivre le déploiement intégral de l'action humaine, aboutit à considérer le surnaturel comme indispensable en même temps qu'inaccessible à l'homme" (H. BOUILLARD, *Blondel et le Christianisme*. Éditions du Seuil, Paris, 1961, S. 67, siehe auch ff.).

[86] Eine umfassendere Deutung dieses Textes: L. BOROS, *Was heißt Philosophieren* (Orientierung, 25, 1961, S. 136–141).

[87] *Confessiones* IX, 10; 23–24 (*PL* 32, 773–74).

[88] „It is almost a definition of a gentleman to say he is one who never inflicts pain. This description is both refined and, as far as it goes, accurate. He is mainly occupied in merely removing the obstacles which hinder the free and unembarrassed action of those about him; and he concurs with their movements rather than takes the initiative himself. His benefits may be considered as parallel to what are called comforts or conveniences in arrangements of a personal nature: like an easy chair or a good fire, which do their part in dispelling cold and fatigue, though nature provides both means of rest and animal heat without them. The true gentleman in like manner carefully avoids whatever may cause a jar or a jolt in the minds of those with whom he is cast; all clashing of opinion, or collision of feeling, all restraint, or suspicion, or gloom, or resentment; his great concern being to make every one at their ease and at home. He has his eyes on all his company; he is tender towards the bashful, gentle towards the distant, and merciful towards the absurd; he can recollect to whom he is speaking; he guards against unseasonable allusions, or topics which may irritate; he is seldom prominent in conversation, and never wearisome. He makes light of favours while he does them, and seems to be receiving when he is conferring. He never speaks of himself except when compelled, never defends himself by a mere retort, he has no ears for slander or gossip, is scrupulous in imputing motives to those who interfere with him, and interprets every thing for the best. He is never mean or little in his disputes, never takes unfair advantage, never mistakes personalities or sharp sayings for arguments, or insinuates evil which he dare not say out. From a long-sighted prudence, he observes the maxim of the ancient sage, that we should ever conduct ourselves towards our enemy as if he were one day to be our friend. He has too much good sense to be affronted at insults, he is too well employed to remember injuries, and too indolent to bear malice. He is patient, forbearing, and resigned, on philosophical principles; he submits to pain, because it is inevitable, to bereavement, because it is irreparable, and to death, because it is his destiny. If he engages in controversy of any kind, his disciplined

intellect preserves him from the blundering discourtesy of better, perhaps, but less educated minds; who, like blunt weapons, tear and hack instead of cutting clean, who mistake the point in argument, waste their strength on trifles, misconceive their adversary, and leave the question more involved than they find it. He may be right or wrong in his opinion, but he is too clear-headed to be unjust; he is as simple as he is forcible, and as brief as he is decisive. Nowhere shall we find greater candour, consideration, indulgence: he throws himself into the minds of his opponents, he accounts for their mistakes. He knows the weakness of human reason as well as its strength, its province and its limits. If he will be an unbeliever, he will be too profound and large-minded to ridicule religion or to act against it; he is too wise to be a dogmatist or fanatic in his infidelity. He respects piety and devotion; he even supports institutions as venerable, beautiful, or useful, to which he does not assent; he honours the ministers of religion, and it contents him to decline its mysteries without assailing or denouncing them. He is a friend of religious toleration, and that, not only because his philosophy has taught him to look on all forms of faith with an impartial eye, but also from the gentleness and effeminacy of feeling, which is the attendant on civilization. Not that he may not hold a religion too, in his own way, even when he is not a Christian. In that case his religion is one of imagination and sentiment; it is the embodiment of those ideas of the sublime, majestic, and beautiful, without which there can be no large philosophy. Sometimes he acknowledges the being of God, sometimes he invests an unknown principle or quality with the attributes of perfection. And this deduction of his reason, or creation of his fancy, he makes the occasion of such excellent thoughts, and the starting-point of so varied and systematic a teaching, that he even seems like a disciple of Christianity itself. From the very accuracy and steadiness of his logical powers, he is able to see what sentiments are consistent in those who hold any religious doctrine at all, and he appears to others to feel and to hold a whole circle of theological truths, which exist in his mind not otherwise than as a number of deductions.

Such are some of the lineaments of the ethical character, which the cultivated intellect will form, apart from religious principle. They are seen within the pale of the Church and without it, in holy men, and in profligate; the form the *beau-idéal* of the world; they partly assist and partly distort the development of the Catholic. They may subverse the education of a St. Francis de Sales or a Cardinal Pole; they may be the limits of the contemplation of a Shaftesbury or a Gibbon." (*The Idea of a University,* London, 1852, S. 208–211.)

[89] „Wenn es nur einmal so ganz stille wäre.
Wenn das Zufällige und Ungefähre
verstummte und das nachbarliche Lachen,
wenn das Geräusch, das meine Sinne machen,

189

mich nicht so sehr verhinderte am Wachen:

Dann könnte ich in einem tausendfachen
Gedanken bis an deinen Rand dich denken
und dich besitzen (nur ein Lächeln lang),
um dich an alles Leben zu verschenken
wie einen Dank.

(R. M. RILKE, *Das Stundenbuch I,* Das Buch vom mönchischen Leben, 1899).

[90] R. EGENTER, *Schweigen und Wort* (Stimmen der Zeit, 140, 1947, S. 199).

[91] R. KNOX, *Semper agens, semper quietus* (Seelsorger-Verlag, Herder, Wien, 1961, S. 156–157).

[92] P. LIPPERT, *Unseres leidenden Herrn Reden und Schweigen vor den Menschen* (Herder, Freiburg i. Br., 1938, S. 296–297).

Die einzigartige Begabung, dem modernen Menschen
die großen Wahrheiten, die Christus lehrte, in klarer
Sprache nahezubringen, hat Boros weltbekannt gemacht.

In dem neuen Buch

Ladislaus Boros

Weihnachtsmeditationen

135 Seiten. Leinen

verbindet er die Weisheit gläubiger geschichtlicher
Vergangenheit mit den tiefsten Bedürfnissen unserer
bedrohten Zeit.
Diese Meditationen zum Ereignis von Weihnachten
kreisen um die zentrale Frage nach dem Sinn menschlicher Existenz und Aufgabe in der Welt.
Die beinah vergessene Realität von Weihnachten heißt
Befreiung, Erlösung. Christus gibt uns die Mittel,
Mensch zu werden.
Boros weist nach, wie jeder Einzelne betroffen und
aufgerufen ist durch die göttliche Tat, deren Sinn wir
neu erfassen und nachvollziehen müssen. Seine Aussagen schenken Hoffnung und die weihnachtliche
Freude, auf den Weg zum Menschen gelangen zu
können.

bei Walter

Herderbücherei

Herders Theologisches Taschenlexikon

Herausgegeben von Karl Rahner

bietet dem Benutzer in über 450 Großartikeln alles, was er für die Auseinandersetzung mit der Theologie und Bibelwissenschaft der Gegenwart, für ein vertieftes Glaubensverständnis und für den kritischen Verkündigungsdienst braucht.

Ab September 1972 erscheint monatlich ein Band im Umfang von 400 Seiten.

Herders Theologisches Taschenlexikon in 8 Bänden (Herderbücherei Nr. 451–458) DM 9.90, Fr. 12.90, S 75.25 je Band